Brigitte Hamann

Nichts als Musik im Kopf

Das Leben von Wolfgang Amadeus Mozart

Ueberreuter

CIP-Titelaufnahme der Deutschen Bibliothek

Hamann, Brigitte:
Nichts als Musik im Kopf: das Leben von Wolfgang Amadeus Mozart /
Brigitte Hamann. – Wien: Ueberreuter, 1990
ISBN 3-8000-2321-0

J 1802/2
Umschlag von Beate Dorfinger
Printed in Austria

Inhalt

Vorwort

Es gibt viele Bücher über Mozart – all zu viele, das meine ich auch. Warum also nun noch eines? Und warum ausgerechnet dieses? Fehlt also doch eines? Ich glaube schon: denn für Anfänger in Sachen Mozart ist das Angebot sehr spärlich. Überdies beschränken sich die meisten Bücher für Kinder und Jugendliche auf süße Geschichten von »Wolferl« und »Nannerl«, ohne sich groß um historische Zusammenhänge zu scheren und ohne verläßliches Wissen zu vermitteln. Sie unterschätzen damit ihre Leser.

Meine Aufgabe habe ich darin gesehen, Mozart-Neulingen von etwa zwölf Jahren an eine möglichst vergnügliche und verläßliche Einführung in Leben und Werk Mozarts zu geben. Das Buch soll Spaß machen und Wissenswertes vermitteln, vor allem aber zur Musik hinführen. Tiefschürfende Erklärungen Mozartscher Musik habe ich gar nicht erst versucht und mich statt dessen auf Handfestes – historische Tatsachen – beschränkt. Erleben muß diese Musik jeder für sich allein.

Die historischen Tatsachen der Biographie können das Wunder Mozart freilich nicht erklären, ganz im Gegenteil: Die Lebensgeschichte dieses häßlichen, oft überheblich auftretenden Menschen Mozart, wie ihn seine Zeitgenossen erlebten, harmonisiert wenig mit der herrlichen Musik, die seinem Kopf und seinen Händen scheinbar so mühelos entströmte. Ich habe nicht versucht, diese Widersprüche zu verringern und im nachhinein eine Harmonie zwischen Mensch und Werk herzustellen. Dieser so irritierende Widerspruch, diese Unerklärbarkeit des Genies gehört zum Phänomen Mozart dazu.

So können hier zwar die Stationen im Leben dieses Menschen des 18. Jahrhunderts, sein Alltag, seine musikalischen Vorbilder, seine Wirkung auf die Zeitgenossen, die Abfolge seiner Hauptwerke und vieles andere dargestellt werden. Der entscheidende Rest – das Wunder der Mozartschen Musik und das Geheimnis ihrer Entstehung – bleibt unerklärbar. Nichts ist einfach bei Mozart, so leicht verständlich auch vieles scheint. »Süß« und »lieb« war weder der Mensch Mozart, noch wird es seine Musik je sein.

Noch etwas Persönliches: Das Schreiben dieses Buches hat – von sehr viel Mozart-Musik begleitet – ein langes Arbeitsjahr mit großer Freude erfüllt. Es brachte Entspannung in hektischer Zeit und Trost in manchen Kümmernissen. Ich wünsche mir sehr, daß diese Freude auch beim Lesen zu spüren ist.

Wien, im Sommer 1990   Brigitte Hamann

bedeutet: Hier gibt es ein Mozart-Museum

Kindheit in Salzburg

Nein, die Eltern Mozart merkten nicht sofort, daß ihr kleiner Sohn ein Wunder war. Um das zu erkennen, brauchten sie vier Jahre. Vorerst waren sie nur besorgt um das Leben ihres siebten Kindes, geboren am 27. Januar 1756 und tags darauf im Dom zu Salzburg getauft auf folgende Namen:

Johannes Chrysostomus (das war der Tagesheilige vom 27. Januar), Wolfgangus (das deutete auf die Mutter, die aus St. Gilgen am Wolfgangsee stammte), Theophilus (das war der Name des Paten, auf deutsch: »Gottlieb«, lateinisch: »Amadeus«).

Rufname sollte Wolfgang sein.

Die Eltern hatten zu Recht Angst um das Leben des Neugeborenen. Denn bereits fünf Geschwister waren als Säuglinge gestorben, nur die inzwischen vierjährige Maria Anna (»Nannerl« genannt) war am Leben geblieben. Und diesmal war auch die Mutter sehr schwach. Sie hatte keine Milch für das Kind. Das war damals für ärmere Leute eine Katastrophe (die reicheren konnten sich eine Amme leisten), denn Kuhmilch ist für Babys schwer verträglich. So beschlossen sie, dem kleinen Wolfgang nur Wasser mit Gersten- oder Haferschleim zu geben, eine sehr riskante Diät, die viele Kinder sterben ließ. Die Mozarts aber glaubten fest daran, daß diese Wasserdiät dem Buben das Leben gerettet hatte.

Freilich: Wolfgang wurde mit dieser Nahrung, die er bis ins dritte Lebensjahr bekam, nicht kräftig. Er blieb klein und schwach und lernte auch erst sehr spät laufen. Viel lieber saß der Kleine auf dem Fußboden unter dem Klavier und hörte still zu, wenn der Vater der großen Schwester Nannerl Unterricht gab. Vater Mozart war »fürsterzbischöflich salzburgischer Hofviolonist und Hofkompositeur«, also Musiker in der Hofkapelle des Erzbischofs von Salzburg.

Der Kleine saß auch unter dem Klavier, wenn die Freunde des Vaters kamen: der Hof- und Feldtrompeter Andreas Schachtner, der Hofkapellmeister, der Hoforganist, die Hornisten und Violinisten

Mozarts Geburtshaus in der Salzburger Getreidegasse 9, heute Museum

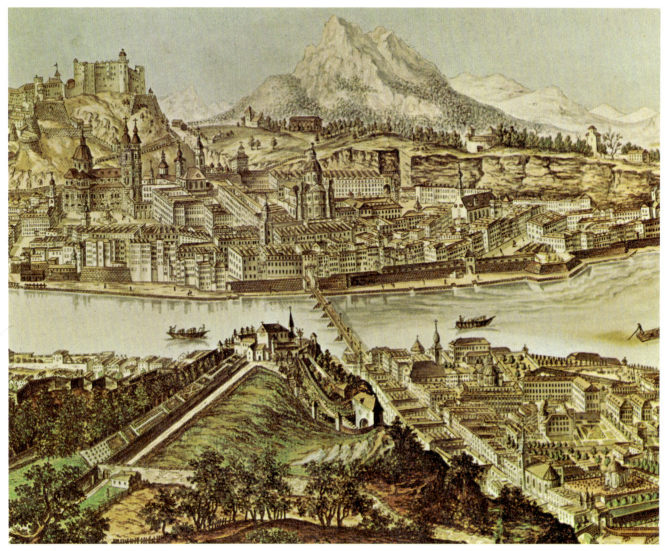

Ansicht der Salzburger Altstadt und der Festung Hohensalzburg

und Flötisten und Posaunisten und Cembalisten der Fürsterzbischöflich Salzburgischen Hofmusikkapelle. Sie alle gingen in der Mozart-Wohnung im dritten Stock der *Getreidegasse 9* aus und ein und probierten die neuen Serenaden und Sinfonien und Trios und Streichquartette und Bläserquintette und Huldigungsarien für den Erzbischof. Alle Salzburger Musiker komponierten (mehr oder weniger gut) für den täglichen Gebrauch – Musik für die Tafel, die »Kammer« des Erzbischofs, für Kirchen und Feste und Klosterschulen. Es war nicht üblich, Werke älterer Meister aufzuführen.

Leopold Mozart war ein besonders guter Komponist, bekannt für seine lustigen Sinfonien: die »Musikalische Schlittenfahrt«, wo er Pferdeglocken bimmeln, Hunde bellen und Peitschen knallen ließ, eine »Bauernhochzeit« mit recht derben Volkstänzen. Aber natürlich schrieb er auch Passionsmusik, Klaviersonaten, Serenaden, Violinkonzerte und viele ernste Sinfonien. Die Freunde hörten gerne auf seinen Rat, waren immer sehr beschäftigt und achteten gar nicht auf den kleinen Buben, der unter dem Klavier saß.

Das Land Salzburg (das erst 1816 österreichisch wurde) war damals einer von vielen hundert deutschen Kleinstaaten. Regiert wurde es von einem Erzbischof: Es war also ein katholisches geistliches Fürstentum, wo Kirchen und Klöster eine große Rolle spielten. (Die Protestanten waren einige Jahre vor Mozarts Geburt grausam aus dem Land vertrieben worden.) Die Landeshauptstadt hatte etwa zehntausend Einwohner und verdankte ihren Reichtum (und ihren Namen) dem Salzbergbau und der Salzschiffahrt. Zu Weihnachten bekamen alle Diener des Erzbischofs (auch Vater Mozart) Salz aus den erzbischöflichen Salinen geschenkt.

Salzburg war und ist berühmt für seine Schönheit: an beiden Ufern der Salzach gelegen, von Bergen umgeben, mit vielen prächtigen Kirchen, dem Stadtschloß des Fürsterzbischofs, schönen Bürgerhäusern und der alten Festung auf dem Berg über der Stadt, dem Hohensalzberg. Von dieser Festung aus spielte jeden Morgen und jeden Abend das alte Hornwerk (eine riesige mechanische Orgel, genannt der »Salzburger Stier«) ein Lied über die Stadt. Die Melodien wechselten monatlich, und sechs der zwölf Monatslieder stammten von Leopold Mozart. (Heute werden davon noch zwei, und zwar die Musik für den Mai [menuetto pastorale] und den September [Die Jagd], gespielt.) Der kleine Wolfgang wurde schon früh auf den Hohensalzberg getragen, um dort die Musik des Vaters zu hören.

Der damals regierende Erzbischof Graf Schratten-

bach war ein Freund des Theaters und der Musik. Er liebte seine kleine Hofkapelle, die ihm täglich nach dem Abendessen ein Konzert geben mußte und bei Festen und Gottesdiensten spielte. Dreißig Musiker gab es in dieser Hofkapelle. Sie unterstanden dem Hofküchenmeister wie die Köche und Lakaien, die das Essen auftrugen. Dann gab es noch fünfzehn Kapellknaben, arme Waisenkinder, die den Musikern helfen mußten, dafür in der Residenz wohnten, eine gute Musikerausbildung bekamen

Der Vater: Leopold Mozart

11

und später in die Hofkapelle übernommen wurden. Wolfgang kannte sie alle, denn Vater Mozart gab ihnen Unterricht in Violine und Klavier und Komposition. Er war ein berühmter Geigenlehrer und gab in Wolfgangs Geburtsjahr ein Buch über das Violinspielen heraus, das auch in fremde Sprachen übersetzt wurde.

Ob der Bub wohl auch musikalisch war, so wie die große Schwester? Sehr sorgsam prüfte Vater Mozart das Gehör des Kindes, denn gut zu hören ist ja die Hauptvoraussetzung für einen Musiker. Er hielt dem Kleinen Uhren vor, die tickten, ließ ihn den Klang von Glas hören, von Spieluhren, zupfte auf der Geige und schlug einfache Töne auf dem Klavier an: Ja, das Kind freute sich daran. Bald sang es mit der Schwester die kleinen Kinderlieder – es lernte rasch.

Wolferls gutes Gehör war nicht selbstverständlich. Denn das Kind hatte von Geburt an eine Besonderheit, die den Eltern zunächst Angst machte: Sein Gehörgang war nicht voll entwickelt und sein äußeres Ohr etwas verkrüppelt. (Dieser Geburtsfehler beschäftigte später immer wieder die Gelehrten: Hatte er etwas mit dem ganz außerordentlich feinen Gehör Mozarts zu tun? War er etwa ein äußeres Zeichen seines Genies? War es nur ein Zufall, daß ausgerechnet der bei Mozart am feinsten ausgebildete Sinn, das Gehör, mit einem defekten äußeren Ohr zusammenfiel? Keiner der Gelehrten hat bisher eine Antwort gefunden. Das eine hat mit dem anderen wohl wirklich nichts zu tun.)

Und dann kam endlich der Tag, an dem Wolfgang – er war schon über drei Jahre alt – die ersten Schritte ging, noch ein wenig wacklig. Aber er konnte es, Gott sei Dank. Und diese ersten Schritte wackelte er von der Mutter bis zum Klavier. Er hämmerte aber mit seinen Händen nicht einfach darauf herum, wie es andere kleine Kinder tun. Nein, er suchte sich eifrig bestimmte Tonfolgen zu-

sammen, die Terzen, also den Kuckucksruf »Kuk-kuk, Kuk-kuk«, und sang dazu und strahlte vor Glück und Stolz. Die Mutter und der Vater und Nannerl schauten verdutzt – und lachten.

Von nun an war das Klavier Wolfgangs liebstes Spielzeug. »Ich möchte auch spielen!« bettelte er. »Bitte, Papa, laß mich auch lernen wie die Nannerl!« Die Siebenjährige hatte schon regelmäßigen Klavierunterricht, lernte fleißig und machte dem Vater sehr viel Freude. Der dreijährige Wolfgang hörte dem Unterricht von seinem Stammplatz unter dem Klavier aus eifersüchtig zu. Er war so lästig, bis der Vater einwilligte und ihm einfache Melodien auf dem Klavier beibrachte. Die Hände des Vierjährigen waren eigentlich noch viel zu klein, sie konnten weiter auseinanderliegende Töne gar nicht gleichzeitig anschlagen. »Willst du nicht noch etwas warten, bis deine Finger größer und kräftiger werden?« schlug der Vater vor. Aber Wolfgang war sehr eigensinnig: »Ich lasse meine Finger einfach schnell hin- und herhüpfen, schau, Papa, so!«

Der Vierjährige lernte mit Riesenschritten. Der Vater notierte diese Erfolge stolz in einem Notenbüchlein: »Dieses Menuett hat der Wolfgangerl im vierten Jahr gelernt«, heißt es da, und ein anderes habe der Kleine »um halb zehn Uhr abends in einer halben Stunde gelernt«.

War das nicht zu anstrengend für einen kleinen Buben? Der Vater versuchte ihn mit Spielen abzulenken, aber es half gar nichts. Wolfgang wollte nur Musik, und alles, was er tat, mußte mit Musik verbunden sein. Wenn er zum Beispiel mit Freund Schachtner Spielzeug von einem Zimmer ins andere trug, sangen sie dazu im Takt ihrer Schritte, und Schachtner mußte dazu auf seiner Geige spielen.

Auch vor dem Zubettgehen spielte der Kleine jeden Abend ein musikalisches Spiel: Er stellte sich vor dem Vater auf einen Sessel, so daß sie fast gleich groß waren. Dann sangen sie zweistimmig folgendes, von Wolfgang erfundenes (und ganz unverständliches) Gutenachtlied: »Oragna figata fa marina gamina fa« auf etwa diese Melodie:

Dann küßte der Bub den Papa auf die Nasenspitze und versicherte ihm: »Nach dem lieben Gott kommt gleich der Papa.« Manchmal auch: »Wenn du alt bist, Papa, will ich dich in einer Kapsel immer mit mir herumtragen.« Die Kapsel würde den alten Vater vor kalter Luft bewahren, müsse aber natürlich ein Glas haben, damit er den Papa auch immer sehen könne. (Fabulieren liebte Mozart sein Leben lang.)

Die Freunde schauten aufmerksam auf den kleinen Buben. Außerordentlich, was dieses schwächliche Kind schon alles konnte! Wolfgang würde sicherlich einmal ein guter salzburgischer Musiker werden wie sein Vater.

Eines Tages kam der Geiger Wenzl in die Getreidegasse, um mit Leopold Mozart und Andreas Schachtner ein neues Streichtrio auszuprobieren. Der vierjährige Wolfgang hörte wie immer dabei zu, wurde dann aber lästig und verlangte laut und energisch: »Ich will die zweite Geige spielen!« (Diese Unterhaltung ist von Schachtner wörtlich überliefert.)

Der Vater schüttelte ärgerlich den Kopf: »Närrisches Kind. Stör uns nicht!«

Ebenso ärgerlich kam es aber von Wolferl zurück, denn er war ja gerade im Trotzalter: »Ich will aber spielen.«

»Du hast ja noch nicht geigen gelernt.«

»Zweite Violine spielen ist ganz einfach«, sagte der Kleine. »Das muß ich doch nicht erst lernen!«

Wolfgangs Kindergeige

Der Vater wurde ärgerlich: »Geh fort, Wolferl, und laß uns endlich in Ruhe spielen!« Freund Wenzl war schon ungeduldig. Was für ein ungezogenes Kind! Onkel Schachtner jedoch, der den Buben sehr liebte, bat den Vater: »Mach ihm doch die Freude, Leopold.«

Leopold Mozart lenkte ein, um Ruhe zu haben: »Also dann geig meinetwegen mit Herrn Schachtner, aber so stille, daß man dich nicht hört, sonst mußt du fort.«

Der Kleine kam glückstrahlend, setzte seine Kindergeige an, schaute in das Notenbuch und tat so, als ob er spielte – nein, er spielte wirklich die zweite Stimme vom Blatt ab und ohne Fehler. Schachtner schaute erstaunt: War das möglich! Er setzte seine Geige ab, um besser hören zu können. Das war ein Wunder! Dann hörte Wenzl zu spielen auf und dann der Vater. Alle drei schauten den Buben erschrocken an.

Der aber wurde ärgerlich. »Sapperlot«, sagte er leise (denn der Vater hatte ihm dieses schlimme Wort verboten). »Weiterspielen, weiterspielen!«

Und dann spielten sie weiter ihre Streichertrios, Papa Leopold die Bratsche, Wenzl die erste Violine und der vierjährige Wolfgang die zweite Violine – alles, was sie für diesen Tag vorbereitet hatten. Die Erwachsenen konnten sich kaum konzentrieren, denn immer mußten sie nachdenken: Woher konnte der Bub Geige spielen? Da stimmte etwas nicht. Aber an Zauberei glaubten die drei Musiker nicht. Ein Trick? Nein, es konnte nur ein Wunder sein.

Als sie fertig waren, schaute der Kleine triumphierend die Erwachsenen an: »Nun seht ihr, daß ich Geige spielen kann!« Und dann wollte er unbedingt auch die erste Geige versuchen, also die führende und schwerste Partie. Schachtner: »Wir machten zum Spaß einen Versuch, und wir mußten uns fast zu Tode lachen.« Der Bub spielte, ohne steckenzubleiben, aber doch mit vielen Fehlern, worüber er sich sehr ärgerte. Die Erwachsenen wiederum fanden das komisch.

Es war und blieb erstaunlich: Der Vierjährige hatte nur durch Beobachten und Zuhören und heimliches Ausprobieren Geigespielen gelernt. Schachtner schaute den Buben forschend an. Es war doch eigentlich gar nichts Besonderes an diesem Kind: Es war nicht besonders schön, nicht besonders groß, nicht besonders gescheit. Es war kindisch und trotzig wie alle Kinder in diesem Alter. Aber was die Musik anging, war es ein Wunder.

Salzburger Hoftrompeter in seiner Uniform – wie sie auch Andreas Schachtner trug

Laut und ein wenig feierlich sagte er zu Vater Leopold: »Der Bub wird nicht nur ein Musiker wie wir, er ist etwas ganz Besonderes, besser als wir alle hier in Salzburg.«

Dem Vater liefen vor Aufregung und Rührung Tränen übers Gesicht. Er hatte auf einmal große Angst. Wie behandelt man ein Wunderkind, das aber eigentlich auch ein ganz normales Kind ist? Ob er, Leopold Mozart, auch alles richtig machen würde mit so einem ganz besonderen Kind? Und da Leopold ein frommer Mann war, betete er zu Gott, daß er ihm die Kraft geben möge, mit dem Wunder in seinem Haus richtig umzugehen. Eines wußte er: Er mußte dem Buben nun auch Geigenunterricht geben – zusätzlich zum Klavier.

Die achtjährige Nannerl rückte hinter dem kleinen Bruder mehr und mehr in den Hintergrund, so fleißig sie auch Klavier übte und so wunderbar sie auch spielte. Ob sie eifersüchtig war? Jedenfalls zeigte sie es nicht. Nach allem, was wir wissen, liebten die beiden Kinder einander sehr.

Kurze Zeit später ereignete sich im Hause Mozart wieder etwas Wunderbares. Schachtner ging eines Tages mit Leopold Mozart nach Hause und fand dort den vierjährigen Wolfgang eifrig beim Schreiben. (Wieder schrieb Schachtner zu unserer Freude die folgende Szene auf.)

»Was machst du da?« fragte der Vater.

Wolfgang, sehr geschäftig: »Ein Konzert für das Klavier. Der erste Teil ist bald fertig.«

Der Vater schmunzelte voll Stolz: Wie gerne Wolferl doch »Papa spielte«! Wie er so tat, als könne er auch schon Noten schreiben für Konzerte und Sinfonien, wie er, der salzburgische Hofkompositeur Leopold Mozart! Mit einem kleinen Lächeln (auf so ein herziges Kinderspiel mußte ein Vater doch eingehen!) bat er den Kleinen: »Laß sehen. Das muß was Sauberes sein.«

Wolfgang trotzig: »Nein, es ist noch nicht fertig.«

Der Vater nahm ihm das Papier weg. Zunächst sah er nichts als riesige Tintenflecke: Das Kind hatte die Feder viel zu tief in den Tintentopf gehalten und mit jedem Strich einen großen Klecks auf das Papier gemacht. Diese Kleckse hatte es dann mit der Hand ausgewischt. So eine Schmiererei!

Die beiden Erwachsenen lachten darüber, wie man halt über kleine Kinder lacht, die noch nicht mit Feder und Tinte umgehen können.

Dann aber schaute der Vater genauer hin und sah, daß mitten in den Tintenklecksen Noten geschrieben waren. Das war ja gar kein Kindergeschmier! Das war wirkliche Musik, wenn auch in einem wirren Durcheinander aufgeschrieben! Denn der vierjährige Wolfgang konnte zwar schon Noten lesen, aber sie noch nicht richtig aufschreiben. Erschrokken schaute Freund Schachtner: Leopold starrte auf die Tintenkleckse mit den Noten und fing an zu weinen, aber nicht vor Ärger oder Schmerz, sondern vor Freude.

»Sehen Sie, Freund, wie alles richtig und nach der Regel gesetzt ist«, sagte er aufgeregt und zeigte Schachtner das Blatt. »Nur kann man es nicht brauchen, weil es so außerordentlich schwer ist, daß es kein Mensch zu spielen im Stande wäre.«

»Dafür ist es auch ein Konzert«, unterbrach ihn Wolfgang stolz. »Man muß eben so lange üben, bis man es herausbringt.«

Und dann ging er zum Klavier, um zu zeigen, wie er sich das Konzert vorstellte. »Sehen Sie, so muß es gehen« – und er versuchte zu spielen, konnte es aber nicht recht. Der Vater und Freund Schachtner

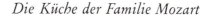

Die Küche der Familie Mozart

verstanden trotzdem, was gemeint war: ein schweres, kompliziertes »Konzert« für Klavier. Viel zu schwer für ein Kind, aber richtige Musik.

Nun also wollte Wolfgang auch komponieren und die Regeln kennenlernen, wie die Töne harmonieren. War das nicht zu viel für einen Vierjährigen? Das Kind bettelte so lange, bis der Vater nachgab. Später schilderte der Vater, wie er diesen Unterricht anlegte: Zunächst ließ er den Buben »stehlen«, anders gesagt: Wolfgang lernte leichte, fremde Kompositionen auswendig. »Am Anfang tut es nichts, bis daß Courage kommt.« Dann leitete er das Kind an, diese Melodien zu variieren, eigenes auszuprobieren, ganz einfach, mit sehr viel Freude und Stolz an der Arbeit.

Da er noch Schwierigkeiten mit dem Schreiben hatte, spielte der Kleine seine Musik auf dem Klavier dem Vater vor, und dieser notierte sie in Noten. So ging es Schritt für Schritt. Als Fünfjähriger schon schrieb Wolfgang hübsche kleine Tänze für Klavier, und als Sechsjähriger ein Menuett und Trio für Klavier, das später als die Nummer 1 in das berühmte Köchelverzeichnis, das Werkverzeichnis des großen Wolfgang Amadeus Mozart, aufgenommen wurde.

Nur Trompeten konnte Wolfgang nicht leiden, was den »Hof- und Feldtrompeter« Schachtner etwas betrübte. Denn Wolfgang lief stets ängstlich davon, wenn Schachtner seine Trompete mitbrachte. Der Klang der Trompete war ihm zu laut, die Töne nicht rein genug. Schachtner: »Wenn man ihm eine Trompete nur vorhielt, war es ebensoviel, als wenn man ihm eine geladene Pistole aufs Herz setzte.« Vater Mozart wollte dem Kind diese Angst austreiben: »So kindisch bist du, Wolferl, vor einer Trompete Angst zu haben.« Und eines Tages bat er Schachtner, dem Kind kräftig entgegenzublasen. Schachtner: »Aber mein Gott! Hätte ich mich nicht

dazu verleiten lassen. Wolfgangerl hörte kaum den schmetternden Ton, war er bleich und begann zur Erde zu sinken.« Wenn er nicht sofort mit dem Blasen aufgehört hätte, so hätte das Kind sicherlich Krämpfe bekommen, die gefürchteten »Fraisen«. Diese Furcht legte sich erst, als Wolfgang etwa zehn Jahre alt war. (Später komponierte er dann auch für Trompete.)

Freund Schachtner schrieb über Wolfgang: »Überall zeigte sich ein liebendes, zärtliches Gefühl in ihm.« Er habe seine Freunde »oft zehnmal an einem Tag« gefragt, ob sie ihn lieb hätten. Wenn man aus Spaß nein sagte, weinte er.

Die beiden Mozart-Kinder waren hier in Salzburg nie einsam. Sie hatten einen Hund, Katzen und Vögel – und natürlich viele, viele Freunde, die sie sehr liebten. Viele Gäste kamen ins Haus, denn vor allem Mutter Mozart war eine sehr gesellige, heitere Frau. Sie liebte es, Freunde und Nachbarn und Kinder und Hunde und Katzen um sich zu scharen und Spaß zu machen. Die Freunde der Eltern hatten meist viele Kinder, und so traf man einander stets in großer Runde.

Da war die Familie Hagenauer, denen das Wohnhaus Getreidegasse 9 gehörte. Im Parterre des Hauses hatten sie eine »Spezereiwarenhandlung«, die im ganzen Haus einen herrlichen Duft verbreitete – und wo die Mozart-Kinder Süßigkeiten probieren durften. Von den elf Hagenauer-Kindern war Kajetan Wolfgangs bester Freund. Wolfgang bewunderte den um zehn Jahre älteren vor allem beim Orgelspielen, wobei er ihm die Orgelbälge treten durfte. Ursula Hagenauer war Nannerls Freundin. Dann gab es noch den fürsterzbischöflichen Leibarzt Dr. Barisani mit acht Kindern, die in Nannerls und Wolferls Alter waren, und die Kinder des »Antekameradieners und Hofchirurgen« Gilowsky. Am Sonntag trafen sich die befreundeten Eltern und Kinder beim beliebten Scheibenschießen der Salz-

Schützenbildchen der Bölzlschießgesellschaft

burger Schützengilde, dem »Bölzlschießen«, im Sommer in den Gärten, im Winter in den größeren Wohnungen der Mitglieder. Der Reihe nach hatte jeder die Pflicht, eine Schießscheibe zu liefern und die anderen damit zum Lachen zu bringen: Denn diese Schießscheiben wurden mit spöttischen Versen und Bildern bemalt über lustige Begebenheiten in Salzburg. Eine Scheibe zeigte zum Beispiel »die Gilowsky Catherl«, wie sie »beim Kerschbaumergewölb über den Staffel fällt und den nacketen Arsch herzeigt«. Prüde war man in Salzburg nicht, und empfindlich durfte Katherl ebensowenig sein wie die anderen so Verhöhnten.

Besonders Mutter Mozart freute sich an derben Späßen. Sie dichtete gerne und schlecht und warf mit unfeinen, bäuerlichen Ausdrücken wie »Arsch« und »Scheiß« und »Brunzen« nur so um sich. (Wolfgang wurde darin ihr gelehriger Schüler. Nannerl jedoch war viel ernsthafter.)

Im Salzburger Freundeskreis trat der fünfjährige Wolfgang 1761 zum ersten Mal öffentlich auf: Er wirkte als Sänger in einem Singspiel am erzbischöflichen Namenstag mit. Sein ganzes Leben lang sang

Wolfgang sehr gerne: geistliche Lieder für den Gottesdienst, alte Volkslieder und – zusammen mit seinen Freunden – lustige Kanons.

An erster Stelle stand für die beiden Mozart-Kinder der »Herr Vater«. Alles, was sie lernten, lernten sie von ihm: Klavier- und Violinespielen, komponieren, rechnen, schreiben, Französisch und Italienisch und alles andere.

In eine Schule gingen sie nie. Es gab damals noch keine Schulpflicht. Die meisten Kinder mußten arbeiten – im Haus, im Garten, beim Schafehüten oder Semmelaustragen oder Blumenbinden oder tausend anderen Beschäftigungen.

Auch Wolfgangs und Nannerls Freunde arbeiteten.

Ursula Hagenauer, Nannerls Freundin

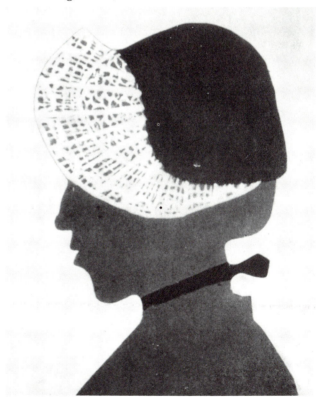

Vater, Mutter und Schwester versuchen gegen Mitternacht, Wolfgang zum Schlafen zu bewegen (so stellte sich ein späterer Mozart-Verehrer die Szene jedenfalls vor).

Das hieß für ein Musikerkind: ein Instrument lernen, um bei der Kirchenmusik mitzumachen, Noten abschreiben (denn gedruckte Noten wurden in Salzburg kaum verwendet), im Kirchenchor singen, Orgelbälge treten und ähnliches.

Als die übergroße Begabung seiner beiden Kinder immer deutlicher wurde und sich immer klarer zeigte, daß sie sich zu etwas ganz Außerordentlichem entwickelten, beschloß Vater Leopold, sein Leben zu ändern und sich ganz in den Dienst dieser »Wunderkinder« zu stellen. Das war ein großes Opfer für ihn. Denn bisher hatte er gedacht, ein recht guter Musiker und Komponist zu sein – und daß er vielleicht einmal salzburgischer Kapellmeister werden würde. Darauf verzichtete er nun zugunsten der Kinder.

Wir haben Vater Mozart viel zu danken: Kaum je ist ein Komponist als Kind so liebevoll und gleichzeitig sachverständig in die Musik eingeführt worden wie Wolfgang Mozart durch seinen Vater. Er war ein einzigartiger Lehrer: Er zwang die Kinder nicht zu stundenlangem Tonleiterüben, wie das damals üblich war, sondern machte aus der Musik ein wunderschönes Spiel, ließ die Kinder mit der Musik spielen, eigenes ausprobieren, ihre Phantasie erproben und schrieb für sie hübsche Melodien.

Freilich wurde Leopold Mozart auch oft kritisiert: Er habe die Kinder ausgenützt, hieß es, sie überfordert. Sicherlich sah der Vater, daß er über die Kinder mehr Erfolg in der Welt haben würde als mit seiner eigenen Arbeit. Daß er vielleicht durch sie zu Geld kommen könne. Aber eines war ganz sicher: Vor allem Wolfgang zog es mit aller Macht zur Musik. Alles, was mit Musik zusammenhing, war gut. Und alles, was ihn davon ablenkte, war für ihn schlecht. Und so lustig er sonst war – beim Musizieren durfte niemand wagen, einen Spaß zu machen. Da war er ernst und konzentriert.

Besonders gern phantasierte der Kleine am Klavier, dachte sich unendliche Melodien aus – und das am liebsten am späten Abend, bis in die Nacht hinein. Die Eltern mußten ihn geradezu vom Klavier weglocken, um ihn zum Schlafen zu bringen.

Die Probereise

Als Wolfgang sechs und Nannerl zehn Jahre alt waren, konnten sie genug, um ihre Künste öffentlich zu zeigen. Der Vater hatte Großes vor: Nicht in Salzburg, sondern im Ausland sollten seine Kinder berühmt werden. Er fühlte sich verpflichtet, »der Welt ein Wunder zu verkündigen, welches Gott in Salzburg hat lassen geboren werden. Ich bin diese Handlung dem allmächtigen Gott schuldig, sonst wäre ich die undankbarste Kreatur.«

»Die Welt« für Leopold Mozart war damals Wien, die Haupt- und Residenzstadt all der vielen Länder, die von der Kaiserin Maria Theresia, der Königin Ungarns und Böhmens, regiert wurden. Wenn Wolfgang in Wien Erfolg hatte, dann war er berühmt.

Leopold Mozart war ein vorsichtiger, gescheiter Mann: Die Kinder hatten noch nie ein Konzert gegeben, noch nie eine Reise gemacht, und nun als erstes gleich ein Kaiserschloß? Nein: Sie mußten zuerst eine kleinere Probereise machen und ein Probekonzert geben – in München. Die Hauptstadt Bayerns war nur drei Tagesreisen von Salzburg entfernt (heute braucht man mit der Eisenbahn neunzig Minuten). Kurfürst Max III. Joseph mit dem Beinamen »der Vielgeliebte« war ein Musikfreund.

Also auf nach München!

Zwar war in Europa Krieg, der nun schon sechs Jahre dauerte und das Reisen gefährlich machte.

Die vierspännige, vollbepackte Postkutsche auf der beschwerlichen Reise durch die Alpen

Aber Leopold Mozart wagte es trotzdem. Die Zeit verging schnell, bald würden die Kinder wachsen und keine Wunderkinder mehr sein. Und wer wußte schon, wie lange dieser Krieg noch dauern würde? (Daß er ein Jahr später zu Ende ging und dann den Namen »Siebenjähriger Krieg« bekommen sollte, konnte man ja noch nicht wissen.)

Im Frühjahr 1762 ging also die Reise nach München. Ob die Kinder wirklich Erfolg hatten? Vielleicht irrte sich der Vater! Vielleicht gab es in Bayern Kinder, die noch bessere Musiker waren als sie! Und war der Kurfürst von Bayern wirklich musikalisch genug, um das »Wunder« der Mozart-Kinder zu erkennen?

Alle vier Mozarts, Vater, Mutter und Kinder, waren sehr aufgeregt, als sie in der Postkutsche saßen. Es war ihre erste große Reise, und das Reisen war damals, zumal mit Kindern, sehr mühsam, teuer und anstrengend. Die Postkutschen ratterten schwerfällig über die schlechten Straßen, blieben bei Regen im Lehm stecken, und wenn sie über einen Stein fuhren, schwankten sie bedrohlich. Es gab viele Unfälle: Manchmal brachen die Räder oder die Deichseln, und alle Passagiere fielen in den Straßengraben. Manchmal wurde auch ein Pferd wild, oder es brach krank zusammen, oder es wollte einfach nicht mehr. Den Kutschern war auch nicht immer zu trauen: Sie schliefen gelegentlich auf ihrem Kutschbock ein, wenn sie zu viel Schnaps getrunken hatten – dann gingen die Pferde mit der ganzen Postkutsche durch. Manchmal lauerten auch Räuber in einsamen Waldgegenden und raubten die Reisenden aus.

Wenn es draußen kalt war, war es auch in der Postkutsche kalt. Die Reisenden hüllten sich in Mäntel ein und steckten die eiskalten Füße in gefütterte Säcke. Sie wickelten den Kopf in Wollschals – und froren trotzdem bitterlich. Bei Regen regnete es

herein. Wenn es trocken war, staubte es, so daß man ganz schmutzig bei der nächsten Poststation ankam. Außerdem saßen die Leute ganz eng in der Postkutsche und konnten sich kaum rühren. Da saß man mit wildfremden Leuten tagelang eng beieinander – und ärgerte sich. Der eine redete zu viel, der andere trank ständig und hatte einen Schwips, wieder ein anderer war eklig schmutzig, bei jedem Wackeln fiel man auf ihn.

Diese fremden Mitreisenden störten auch den erwachsenen Mozart am allermeisten in der Postkutsche. Nichts mache ihm mehr Sorge »als die Traurigkeit, nicht reden zu können, was man will und was einem gelegen ist«, weil immer irgendwelche Fremde zuhörten.

Der sechsjährige Wolfgang war ein lebhaftes Kind und mußte nun acht oder neun Stunden am Tag unbeweglich in der Kutsche sitzen. Er fand das Reisen gar nicht so lustig, wie man sich das heute vorstellt, wenn man das berühmte Posthorn hört – oder Mozarts Posthorn-Serenade.

Und immer die Angst: Ob die Kinder die Strapazen auch aushalten würden? Ob sie nicht zu selten zum Üben kämen und dadurch allzu viel vergäßen? Bei jeder Station, wenn die Pferde getränkt wurden und ihren Hafer fraßen, der Kutscher sein Essen bekam und die Reisenden ausruhten, holten die Kinder ihre »stumme Tastatur« aus dem Gepäck und übten darauf, um die Finger gelenkig zu erhalten. Eine »stumme Tastatur« ist ein Apparat, der zwar Klaviertasten hat, aber keinen Ton herausbringt. Wolfgang aber brauchte die Musik. Fingerübungen ganz ohne Musik haßte er.

Der Kleine rannte lieber bei jeder Poststation auf die Tanzdiele zum Klavier und versuchte, darauf zu spielen. Doch jedesmal schlug er den Deckel nach ein paar Tönen verärgert wieder zu: Das Klavier war verstimmt! Die Töne waren einen Halb-, einen Viertelton zu hoch oder zu tief. Auf so einem

Kurfürst Maximilian III. Joseph von Bayern am Cello, neben ihm die Kurfürstin und eine Schwester, Gemälde von J. N. Groth

schlechten Klavier konnte er, Wolfgang Mozart, doch nicht spielen! Sapperlot!

Jeder Wirt schüttelte über das schlimme Kind den Kopf: »An diesem Klavier haben schon berühmte Musiker gespielt. Es wird wohl auch für dich gut genug sein, Kleiner!« Aber Wolfgang blieb trotzig: »Nein, das Klavier ist mir zu schlecht!«

Der Vater machte sich Sorgen: Wenn sie wirklich die große Reise nach Wien machen würden, wo sollten die Kinder üben? Sollten sie etwa ein schwe-res Klavier in der Postkutsche mitnehmen, bei jeder Poststation zum Üben auspacken?

Beim Konzert am Münchner Hof, vor Kurfürst Maximilian III. Joseph und dessen Hofstaat, mußte sich der kleine Wolfgang an sehr viel Neues gewöhnen: an den verspiegelten, mit Marmor ausgekleideten Konzertsaal mit ungewohnter Akustik, an das prächtig verzierte Klavier, die vielen Kerzen in den Kristallustern (in Salzburg brannte meist nur ein einziges Licht am Abend, denn Kerzen waren teuer), vor allem aber an die vielen vornehm angezogenen Leute, die ihm zuhörten.

Einige von ihnen meinten allerdings, die Musik sei nur der Hintergrund für ihre Unterhaltung. Und andere mußten sich unbedingt an einer leisen, schönen Stelle schneuzen! So unmusikalische Menschen hatte Wolfgang in Salzburg nicht erlebt. Sapperlot! Sie sollten gefälligst still sein! schimpfte er, aber ohne daß es jemand hörte.

Zum Schluß wurde der kleine Musiker gelobt. Aber er freute sich nicht, sondern wurde sehr verlegen. Ganz ängstlich schaute er drein und begann zu weinen. Der Vater machte sich darüber keine Sorgen: In Wien würde sich diese Verlegenheit bei den nächsten Konzerten schon geben.

Den Sommer über wurde in Salzburg fleißiger denn je musiziert. Die Salzburger Freunde gingen nun schon ehrfürchtig mit dem sechsjährigen Wolfgang und der elfjährigen Nannerl um: Sie waren inzwischen schon fast berühmt und würden bald vor der großen Kaiserin in Wien auftreten.

Nach Wien zur großen Kaiserin

Am 18. September 1762 ging die große Reise los, mit vielen Taschen und Koffern und einem Reiseklavier im Gepäck. Nach zwei Tagen erreichten sie mit der Postkutsche Passau, die schöne Bischofsstadt an der Donau.

Doch der Fürstbischof hatte es nicht eilig, die Wunderkinder aus Salzburg anzuhören. Er ließ die Familie Mozart wie gewöhnliche Bittsteller fünf Tage warten (Vater Leopold berechnete besorgt die hohen Hotelkosten), dann empfing er nur Wolfgang, nicht aber Nannerl. Als Honorar für das Konzert erhielt der kleine Künstler einen einzigen Dukaten – etwas mehr als vier Gulden. Das war etwa die Summe, die die vier Mozarts täglich an reinem Reise- und Übernachtungsgeld brauchten. Das fing ja gut an! In derselben Zeit hätten sie in Linz achtzig Gulden einnehmen können, ärgerte sich der Va-

ter und drängte zur Weiterfahrt, donauabwärts auf einem Donauschiff.

Es war die erste Schiffsreise der Kinder, und sie hatten ein wenig Angst vor den Wasserstrudeln der Donau, von denen sie schon so viele düstere Legenden gehört hatten. Aber: »Aus dem Strudel und Wirbel macht man mehr, als an der Sache selbst ist«, schrieb Vater Leopold Mozart beruhigend nach Salzburg.

Es war alles gar nicht so schlimm wie befürchtet. »Die Kinder sind lustig, und überall so, als wären sie zu Hause. Der Bub ist mit allen Leuten, besonders mit den Schiffsoffizieren, so vertraulich, als wenn er sie schon seine Lebenszeit hindurch gekannt hätte.« In Linz, im Gasthof »Zur Dreifaltigkeit«, organisierte Vater Mozart ein Konzert, zu dem er selbst die Karten verkaufte. Es war das erste öffentliche Auftreten der Wunderkinder, brachte Erfolg, viel Geld und eine gute Reklame für Wien. Denn einige der Zuhörer reisten danach gleich nach Wien weiter und verbreiteten dort die Nachricht über die beiden Salzburger Wunderkinder. Der Ruhm ging ihnen nun schon voraus, er gelangte bis zum Wiener Kai-

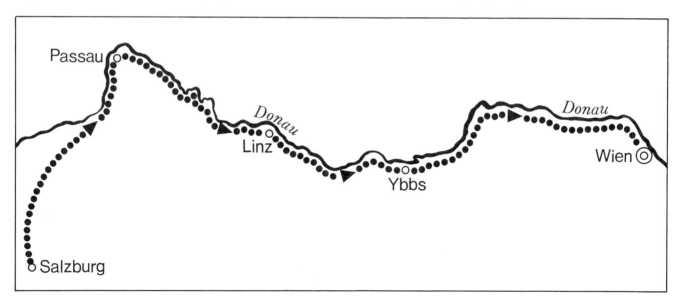

serhof – während die Familie Mozart noch mit dem Schiff langsam weiter donauabwärts fuhr.

Sie brauchten für die Strecke von Linz nach Wien (die ein Zug heute in zwei Stunden bewältigt) drei Tage mit zwei Nachtstationen. Unterwegs konnten sie manchmal, wenn das Schiff Aufenthalt hatte, aussteigen und – nein, nicht in ein Gasthaus gehen wie die anderen Reisenden, sondern in die Kirche. Sie konnten ja nicht ständig zum Üben das Reiseklavier auspacken. Statt dessen lernte Wolfgang nun, Orgel zu spielen, und hatte so in jeder Kirche ein Instrument zum Üben.

Er spielte auch in Ybbs in der Franziskanerkirche. Die Franziskanermönche saßen gerade mit Gästen beim Mittagessen. Als sie das herrliche Orgelspiel hörten, standen sie vom Tisch auf und liefen in die Kirche hinüber, um den Organisten kennenzulernen. Als sie nun den kleinen Buben an ihrer Orgel spielen sahen, wunderten sie »sich fast zu Tode«. So berichtete jedenfalls Leopold Mozart stolz nach Salzburg.

Am 6. Oktober 1762 kamen sie endlich in Wien bei der Schiffsanlegestelle am »Rotenturm-Tor« an – und hatten erst einmal Angst vor der Zollstation: Sie waren ja Ausländer. Der Zöllner, damals noch Mautner genannt, kam und sichtete das Gepäck, all die vielen Kisten und Koffer, vor allem aber das Reiseklavier.

»Ein Klavier? Was wollen Sie in Wien mit dem Klavier? Etwa verkaufen?« sagte der Mautner streng und rechnete sich schon eine hohe Zollgebühr aus. »Aber nein«, rief Wolfgang fröhlich. »Wir sind Musiker. Wir geben Konzerte in Wien und brauchen das Klavier zum Üben.«

Der Mautner schaute den kleinen Buben an: »Musiker? Du, Kleiner?«

Der Vater wollte alles der Reihe nach erzählen, und Nannerl versteckte sich ängstlich hinter der Mutter. Aber Wolfgang nahm seine Kindergeige und fing

Die kleine Stadt Ybbs an der Donau

an, darauf ein kleines Menuett zu spielen, mitten in dem Durcheinander von Gepäckstücken und aufgeregten Reisenden.

Der Zöllner machte erstaunte Augen, bedankte sich artig für den Kunstgenuß, erkundigte sich weiter nach den Konzertplänen, erbat sich die Adresse. Er wolle die Mozarts einmal besuchen, ob er dürfe? Aber natürlich, sagte der Vater. Von einer Zollgebühr wurde nicht mehr gesprochen. Wolfgang strahlte vor Stolz, und die Mutter war sehr erleichtert.

War das hier ein Lärm! Ein Durcheinander! Ein Stoßen und Puffen! Die Familie Mozart, umgeben von vielen Kisten und Koffern und dem Reiseklavier, war ganz verschreckt wegen der vielen Leute.

*Das »Schanzl« in Wien, die Zollstation am Roten-
turmtor, mit den Türmen der Stadt Wien*

Wien hatte damals rund 200 000 Einwohner, also
zwanzigmal so viel wie Salzburg, und am Hafen
ging es besonders hektisch zu, mit all den Fremden
und den Lasten, die dort auf- und abgeladen wurden.

Zum Glück fanden die verschreckten Salzburger
einen Helfer, der ihnen einen Lastträger mit einem
großen Schubkarren herbeirief. Sie verluden darauf
das Klavier, die Koffer und Taschen. Nur seine
Geige hielt Wolfgang fest unter dem Arm. So
machten sie sich auf den Weg durch die große,
enge, fremde Stadt.

Die Mutter fühlte sich ganz verloren und schaute
den Vater hilfesuchend an. Aber der war selbst ganz
verwirrt und rief nur aufgeregt ein ums andere Mal:
»Immer zusammenbleiben! Wir dürfen uns jetzt
nicht verlieren!« Die Kinder hielten einander fest an
der Hand.

In Wien war es, obwohl erst Anfang Oktober,
schon sehr kalt, es regnete und stürmte, und auf
manchen Dächern lag schon Schnee. Sie stapften
sehr müde und ängstlich durch die Gassen und
fürchteten sich vor dem starken Verkehr: große
Pferdewagen mit Lasten, Reiter, Kutschen und
viele, viele Leute zu Fuß, oft mit kleinen Handwa-
gen für ihr Gepäck. An den Straßenecken verkauften Händler ihre Waren, neben den Hauseingängen
spalteten Männer das Brennholz. Frauen mit weiten
Röcken schleppten Wassereimer in die Häuser,
bloßfüßige Kinder trugen Semmeln und Zeitungen
aus. Hunde und Katzen streunten herum und suchten im herumliegenden Mist nach Freßbarem. Kar-
ren mit Steinen und Holz versperrten immer wieder
den Weg: In Wien wurde viel gebaut. Das Häm-
mern verband sich mit dem Hufeklappern und den
Kaufrufen der Händler: Wien war eine schrecklich
laute Stadt. Die Kinder sahen viele fremde Trachten
und in all dem Durcheinander sehr elegante Herrschaften, die umherflanierten und vor denen die anderen scheu auswichen.

Ganz erschöpft kamen sie in ihrem Gasthaus an –
und erschraken. Düster und armselig war es hier!
Sie bezogen ein sehr dunkles Zimmer, über das
Leopold Mozart an einen Salzburger Freund
schrieb: »Das Zimmer ist tausend Schritt lang und
einen Schritt breit – Sie lachen? – uns ist in der Tat
nicht lächerlich, wenn wir einander auf die Hühner-
augen treten.«

Das Zimmer hatte nur zwei Betten für vier Personen, und Vater Leopold beklagte sich bitter, daß die
Kinder, die mit den Eltern in einem Bett schlafen

mußten, »uns wenigstens alle Nacht ein paar Rippen eintreten«. Trotz der Enge war das Quartier fürchterlich teuer. Wolfgang fühlte sich ganz krank und matt.

Während die Kinder fleißig übten (das Reiseklavier stand nun ja auch noch in dem engen Raum), die Mutter die Konzertkleider herrichtete und die Perücken frisch puderte, war der Vater ständig unterwegs, um Leute zu sehen und Konzerteinladungen auszumachen. Es war keine Zeit zu verlieren, denn jeder Tag in Wien ohne Konzert – also ohne Geldeinnahme – war verloren und teuer.

Leopold Mozart merkte schon bald, wie überall gespart wurde. In Wien erzählte man sich, daß die österreichischen Kriegskassen schon so leer waren, daß die Kaiserin ihre Silbersachen hatte verkaufen lassen. Es gab längst keine schönen Feste mehr im prächtigen Spiegelsaal des Schlosses Schönbrunn, und Komponisten und Musiker stöhnten, weil sie nur mehr wenige Aufträge bekamen.

Kaiser Franz und Kaiserin Maria Theresia mit ihren Kindern in Schloß Schönbrunn

Was sollten sie nur tun, wenn die kaiserliche Einladung ausblieb? dachte Leopold Mozart. Sein ganzer Reiseplan, ja sein Lebensplan für die beiden Wunderkinder beruhte auf dieser kaiserlichen Einladung. Waren sie einmal zu den Majestäten vorgelassen und dort beifällig aufgenommen, dann gehörte ihnen Europa. Dann waren sie berühmt – und verdienten Geld. Also versuchte der Vater weiter sein Glück, gab Empfehlungsschreiben ab und bat alle ihm bekannten Musiker um Rat und Fürsprache.

Natürlich besuchte er auch die kaiserliche Oper, wo gerade das neueste Werk des kaiserlichen Hofkompositeurs Christoph Willibald Gluck herausgekommen war: »Orpheus und Euridike«. Aber an diesem Abend konnte sich Vater Mozart kaum auf die Musik konzentrieren, denn er hatte ein sehr schönes Erlebnis: Er hörte den Erzherzog Leopold (einen Sohn der Kaiserin, den späteren Kaiser Leopold II.) von seiner Loge in eine andere hinüberrufen, »daß ein Knab in Wien sei und so trefflich das Klavier spiele«. Die Haupt- und Residenzstadt Wien war also schon auf das Wunder Mozart vorbereitet! Sogar die Kaiserfamilie hatte bereits von den Salzburger Wunderkindern gehört!

Und wirklich: Kaum waren sie einige Tage in Wien, da traf die ersehnte kaiserliche Einladung ein. Sie durften vor den Majestäten in Schloß Schönbrunn spielen!

Sie übten noch mehr als sonst, obwohl sich Wolfgang immer noch recht krank und einsam fühlte. Die Salzburger Freunde fehlten ihm so sehr hier im fremden Wien!

Am 13. Oktober 1762 fand das Ereignis statt, auf das die ganze Familie Mozart lebenslang stolz war: Wolferl und Nannerl durften in Schloß Schönbrunn der Kaiserfamilie ihre Künste zeigen, und zwar im schönen Spiegelsaal. Da saßen sie dann in der ersten Reihe auf goldenen Sesseln: der behäbige Kaiser Franz (er war zwar Kaiser des Deutschen Reiches, hatte aber dort nicht viel zu sagen, weil die deutschen Fürsten ihre Länder ganz selbständig regierten), daneben, sehr mütterlich und sehr dick, die mächtige Herrscherin Maria Theresia, die seit zweiundzwanzig Jahren ihre vielen Länder regierte, daneben die vierundzwanzigjährige Erzherzogin Maria Anna, der einundzwanzigjährige Kronprinz Joseph (der spätere Kaiser Joseph II.) mit seiner hübschen jungen Frau Isabella, die zwanzigjährige Maria Christine, die neunzehnjährige Maria Elisabeth, die sechzehnjährige Maria Amalia, der fünfzehnjährige Peter Leopold (der spätere Kaiser Leopold II.), die zwölfjährige Johanna, die elfjährige Maria Josepha, die zehnjährige Marie Karoline (die spätere Königin von Neapel-Sizilien), der achtjährige Ferdinand, die sechsjährige Maria Antonia (die spätere Königin Marie Antoinette von Frankreich) und der jüngste, der fünfjährige Maximilian, der spätere Fürsterzbischof von Köln und Münster. Mit fast allen diesen Prinzen und Prinzessinnen hatte Mozart später noch zu tun.

Nannerl und Wolferl spielten einzeln und vierhändig Klavier, Wolfgang auch Geige. Dann führte er eigene Kompositionen vor und sang schließlich zu Nannerls Klavier noch einige Lieder.

Die Kaiserfamilie konnte sehr gut beurteilen, daß diese beiden kleinen Musiker Außerordentliches leisteten. Denn alle Kaiserkinder spielten selbst mindestens ein Instrument (die Buben Violine oder Cello, die Mädchen Klavier) und hatten berühmte Musiker als Lehrer. Und wenn sie gemeinsam musizierten, bildeten sie ein kleines Privatorchester.

Begeistert klatschten sie nun Beifall und riefen »Bravo«. Die Hofdamen und Kavaliere, die Fürsten und Grafen, auch der Obersthofmeister taten es ihnen nach. Nannerl und Wolfgang verbeugten sich brav, wie der Vater es ihnen beigebracht hatte, und strahlten vor Stolz.

Dann stand Kaiser Franz auf, ein sehr gemütlicher

Erzherzogin Maria Antonia in einem Aquarell von Jean-Etienne Liotard

Mann mit einem dicken Bauch in einem wunderschön gesticktem Gewand. Er ging zum Klavier und gab dem kleinen Wolfgang eine Aufgabe: Wolfgang solle nicht mit allen zehn Fingern spielen, sondern nur mit einem – und eine schöne Melodie selbstverständlich. Alle Kaiserkinder waren ganz still, ob der Kleine die Aufgabe wohl lösen könnte (denn sie alle hätten es sicher nicht gekonnt). Erzherzogin Antonia, die nur drei Monate älter war als der kleine Musiker, schaute Wolfgang mitleidig an: So eine schwere Aufgabe! Ein wenig genierte sie sich für ihren Vater, daß er den kleinen Künstler so in Bedrängnis brachte.

Doch Wolfgang zeigte gerne, was er konnte, und spielte mit einem Finger ein kleines Menuett (auch wenn die Aufgabe eigentlich unter seiner Würde war – aber »Sapperlot« sagte er nicht, schließlich war er in Schönbrunn).

Kaiser Franz hatte noch eine zweite Aufgabe: Die Tasten wurden mit einem schwarzen Tuch verdeckt. Ob Wolfgang wohl auch durch das Tuch hindurch, also ohne die Tasten zu sehen, spielen könne? Wieder schaute Maria Antonia ängstlich zu Wolfgang, doch dieser lachte nur und nickte stolz: Er würde das schon schaffen! Dann setzte er sich und spielte durch das Tuch hindurch ganz sicher und ohne Fehler ein kleines Menuett.

Die Zuhörer klatschten begeistert. Vor allem die kleine Maria Antonia konnte sich vor Freude gar nicht fassen. Und Wolferl lachte sie strahlend an: Das Mädchen gefiel ihm sehr.

Der Kaiser lobte Wolfgang und nannte ihn den »kleinen Hexenmeister«.

Schließlich wurde der Sechsjährige ungeduldig. Es war ja sehr ehrenvoll, hier vor der Kaiserfamilie zu spielen. Aber diese Aufgaben waren viel zu leicht für ihn und viel zu kindisch – auf verdeckten Tasten spielen und mit einem Finger! Er war doch kein Affe im Zirkus und auch kein Clown! Er war ein richtiger Musiker! Das verstanden zwar seine Salzburger Freunde, aber der Kaiser Franz verstand das nicht. Und so nett die kleine Maria Antonia auch war: Sie verstand es auch nicht. Der Vater hatte ihm doch gesagt, daß die kaiserliche Familie aus lauter Musikkennern bestand. Und nun diese Tändeleien!

Und dann schaute der Sechsjährige den Kaiser Franz recht energisch an und sagte gar nicht sehr respektvoll: »Ist Herr Wagenseil nicht hier? Der soll herkommen. Der versteht es.« Georg Christoph Wagenseil war kaiserlicher Hofkompositeur und Klavierlehrer der Kaiserin, ein berühmter Mann. Eigentlich war Wolfgangs Bitte sehr keck. Aber

Wagenseil, der unter den Zuhörern war und sehr wohl verstanden hatte, daß da etwas ganz Besonderes vor sich ging, kam bereitwillig zum Klavier. Wolfgang sagte sehr selbstbewußt und so, als wenn er ein alter Kollege des kaiserlichen Hofkompositeurs wäre: »Ich spiele ein Konzert von Ihnen, Monsieur Wagenseil. Sie müssen mir umwenden.« Und so assistierte der große Wagenseil dem kleinen Mozart und streichelte ihm nach dem Konzert bewundernd die Wange: »Du bist ein richtiger Musiker.« Und Wolfgang strahlte vor Glück und Stolz. Triumphierend schaute er auf die kleine Maria Antonia, die ihm zuwinkte.

Jetzt erst wurde es so richtig gemütlich. Kaiser Franz bat Leopold Mozart zu einem Gespräch in

Der Spiegelsaal von Schönbrunn, wo das Konzert der Wunderkinder stattfand

ein Nebenzimmer. Die Kinder durften miteinander spielen. (Wenn Nannerl nur nicht so schüchtern gewesen wäre!) Maria Antonia ließ ihren kleinen Hund frei laufen. Beim Konzert hatte sie ihn ganz still auf ihrem Schoß gehalten. Nun tollten sie im großen Saal mit den wunderschönen Spiegeln und Lampen umher. Aber der Parkettboden in Schönbrunn war nicht nur vornehm, mit edlen Hölzern ausgelegt, sondern auch sehr, sehr glatt. Auf seinen neuen, feinen Schuhen rutschte Wolfgang aus. Und er wäre vor allen kaiserlichen Hoheiten auf den Boden gefallen, wenn Maria Antonia ihn nicht aufgefangen hätte.

Dankbar lachte er die kleine Prinzessin an, gab ihr einen Kuß und flüsterte ihr dabei ins Ohr: »Du bist lieb. Wenn ich groß bin, werde ich dich heiraten!« (Aber vielleicht ist das auch eine Legende, denn niemand konnte hören, was der spätere große Komponist Mozart der späteren Königin von Frankreich wirklich ins Ohr flüsterte.)

Alle Angst vor den Majestäten war nun verflogen. Die elfjährige Nannerl war zwar immer noch ein wenig scheu, aber Wolfgang zeigte seine Freude und seine Zuneigung wie immer sehr offen, worüber Leopold Mozart nach Salzburg schrieb: »Der Wolferl ist der Kaiserin auf den Schoß gesprungen, hat sie um den Hals bekommen und rechtschaffen abgeküßt. Kurz, wir sind von drei bis sechs Uhr bei ihr gewesen.«

Sein ganzes Leben lang war Wolfgang auf diese drei Stunden stolz. Vielleicht waren sie die glücklichsten Stunden seines Lebens.

Durch alle Aufregungen waren die Kinder nun sehr, sehr müde. Aber ausruhen konnten sie sich noch lange nicht: Sie mußten von Schönbrunn aus »schnurgerade« in ein Adelspalais fahren, um dort noch am selben Abend – für ein Honorar von sechs Golddukaten – ein Konzert zu geben. Auch dort hatten sie ein aufregendes Erlebnis: Eine kleine

28

Die neuen Galakleider waren so prächtig, daß Vater Mozart die Kinder darin malen ließ. Bei Nannerl wurde allerdings gespart: Nur ihr Kopf wurde auf eine fertige Schablone gemalt. In Wirklichkeit war

ihr Kleid aus schwerem weißem Taft, mit weißen Spitzenärmeln und prachtvoller Stickerei – also weit kostbarer als das Kleid, mit dem sie auf diesem Bild abgebildet ist.

Mohrin, die im Gefolge einer berühmten Sängerin zuhörte, küßte den kleinen Wolfgang als Dank für sein schönes Konzert. Zuerst ein Kuß von der kleinen Maria Antonia, dann einer von der Kaiserin und nun von einer Mohrin! (Noch nie hatte Wolfgang einen Menschen mit so schwarzer Haut gesehen.) Die Mozarts konnten den großen Ruhm kaum fassen. Vater Leopold schwärmte in einem Brief an die Salzburger Freunde: »Wien macht alle Leute zu Narren.«

Zwei Tage später fuhr ein vornehmer Wagen vor

dem bescheidenen Gasthaus der Mozarts vor. Dem Wagen entstieg der kaiserliche »Geheime Zahlmeister« in seiner prächtig bestickten Hofuniform. Er übergab Vater Mozart ein Paket und kündigte an, die Kinder recht bald für ein weiteres Konzert abholen zu lassen, und zwar zu einem Sonderkonzert für die beiden jüngsten Erzherzöge, den achtjährigen Ferdinand und den fünfjährigen Maximilian.

In dem Paket waren zwei kostbare Kleider, »Galakleider« genannt, als Geschenk für die Wunderkinder. Die Kleider waren nicht neu, sondern gebraucht: Nannerls Kleid gehörte bisher einer kleinen Erzherzogin und Wolfgangs Kleid dem Erzherzog Maximilian (er war freilich ziemlich dick, und die Weste mußte für Wolfgang sehr viel enger genäht werden). Am Kaiserhof war es üblich, die abgelegten Kinderkleider an Untergebene zu verschenken.

Die Freude über dieses Geschenk war in der Familie Mozart riesengroß. Denn die Kinder brauchten ja besonders schöne (und leider sehr teure) Kleider für ihre Konzerte. Und nun konnten sie wie kleine Prinzen auftreten.

Wieder einige Tage später erhielten die Mozarts vom kaiserlichen Zahlmeister einen Lederbeutel mit hundert Golddukaten als Honorar. Das waren etwa 420 Gulden und mehr, als Leopold Mozart in Salzburg im ganzen Jahr verdiente.

Und nun wollte jedermann in Wien die beiden Salzburger Kinder sehen und hören: Hatte doch die Kaiserin höchstpersönlich sie empfangen und belohnt. Vater Leopold war stolz und glücklich und schrieb in sein Tagebuch: »Die Herrschaften bestellen uns schon vier, fünf, sechs bis acht Tage im voraus, um nicht zu spät zu kommen.«

Die beiden Salzburger Wunderkinder waren die Sensation dieses Winters in Wien. Ein Zuhörer schrieb nach dem Konzert in sein Tagebuch: »Das arme Kerlchen spielt wunderbar. Er ist klug, lebhaft, allerliebst. Seine Schwester ist eine kleine Meisterin. Er klatscht ihr Beifall.« Und weiter: Eine Dame habe dem Buben einen Kuß gegeben, »worauf er sich den Mund wischte«. (Immer diese Küsse! Sapperlot!) Das Gelächter der vornehmen Damen über diese unwirsche Reaktion war groß. Nein, wie herzig dieses Wunderkind war, wie naiv! Vater Mozart: »Alle Damen sind in meinen Buben verliebt. – Ich habe noch niemanden gehört, der nicht sagte, daß es unbegreiflich sei.«

Als Dank für ihre Konzerte erhielten die Kinder

Hochherrschaftliche Kutsche in Wien

viele schöne Geschenke (freilich waren dem Vater feine Golddukaten lieber): Uhren, Ringe, Broschen, eine Kindergeige für Wolfgang und sogar vergoldete Schuhschnallen.

Die Fürsten und Grafen zeigten ihre Gunst und ließen die Wunderkinder zum Konzert mit vornehmen Kutschen und livrierten Dienern abholen und nachher auch wieder nach Hause bringen. So fuhren sie oft viermal am Tag hochherrschaftlich durch Wien spazieren, denn sie gaben mindestens zwei Konzerte täglich. Wie weich und leise diese großen Kutschen durch die Straßen rollten! Wie sich die Kinder in die Samtpolster schmiegten! Mit Grauen dachten sie an die langen Fahrten in der Postkutsche zurück. Der Vater versprach, so bald wie möglich einen eigenen Wagen zu kaufen.

Nie mehr in seinem Leben hatte Wolfgang so viel Erfolg, war er so umschwärmt wie in diesen Wiener Wochen. Er lernte die prächtigsten Paläste kennen und bewegte sich ganz natürlich unter all den feinen Leuten, ganz so, als gehöre er dazu – aber nicht als einer von ihnen, sondern als etwas ganz Besonderes, dem sie zu huldigen hatten: Wolfgang, das Wunderkind. Sein ganzes Leben lang hatte er Sehnsucht nach diesem Luxus.

Krankheiten und neue Pläne

Die musikalischen Wunderkinder waren ein solch arbeitsames Leben nicht gewöhnt. Wolfgang fühlte sich immer matter und klagte über Kopfweh. Doch der Vater war so begeistert von all den Erfolgen, daß er die Klagen nicht ernst nahm.

Vor dem zweiten großen Konzert in Schönbrunn klagte Wolfgang über Schmerzen an der Hüfte, war weinerlich und bleich. Das Galagewand mit den Goldborten und dem Spitzenhemd, auf das er doch so stolz war, freute ihn nicht. Auch zu Scherzen mit den kleinen Prinzen war er diesmal nicht aufgelegt. Brav spielte er mit Nannerl das Konzert, war aber, wie der Vater bemerkte, »nicht recht wie sonst«.

Beim Schlafengehen fieberte er stark, und es zeigten sich schmerzhafte, große Flecken auf seiner Haut. Vater Leopold gab der Luftveränderung die Schuld. Aber das Fieber und die Flecken wurden schlimmer, der Sechsjährige immer schwächer. Die große Angst ging um: Waren es die Pocken? Leopold Mozart fürchtete eine Strafe des Himmels dafür, »daß wir vierzehn Tage hintereinander gar zu glücklich waren«.

Es waren gottlob nicht die Pocken, aber doch eine schwere Krankheit, eine Art Scharlach. Für die nächsten acht Tage mußten alle Konzerte abgesagt werden (denn Nannerl allein wollten die Leute nicht hören). Diese Absagen waren gar nicht so einfach: Ein Bote oder der Vater selbst mußten die Nachricht in rund zwanzig Häusern persönlich abgeben und dafür mit einem teuren Mietwagen große Entfernungen in der Stadt zurücklegen. Eine Verehrerin der Wunderkinder schickte einen Arzt, der ein großer Musikliebhaber war und sich rührend bemühte. Fast zwei Wochen lang lag der Bub mit hohem Fieber sehr schwach in dem dunklen Gasthauszimmer in dem schlechten, engen Bett. Schließlich bekam er auch noch einen Stockzahn (mit sechs Jahren ist das ja normal), der aber eiterte und ihm Schmerzen und eine ganz geschwollene Backe machte. Kurz, er war in einem jämmerlichen Zustand.

Der geängstigte Vater ließ in Salzburg Messen für den Sohn lesen – und rechnete genau aus, wieviel Geld ihnen durch die abgesagten Konzerte entgangen war: fünfzig Dukaten, über zweihundert Gulden. Je länger Wolfgangs Krankheit dauerte, desto knapper wurde das Geld. Dazu kam eine andere Sorge: Leopolds Urlaub war abgelaufen, er hätte schon längst in Salzburg sein müssen. In langen Briefen bat er seine Salzburger Freunde, für ihn um Gnade zu bitten und einen Teil seiner Aufgaben zu übernehmen. Wenn ihm nur nicht gekündigt wurde!

In dieser Situation kam dem Vater so recht zu Bewußtsein, auf wie unsicherem Grund die Zukunft seiner Familie stand. Alles hing von der Gesundheit dieses sechsjährigen Knaben ab. Und Wolfgang war ein sehr schwächliches Kind.

Aber das Fieber sank, und der Himmel lichtete sich, als Wolfgang, sehr klein und schwach geworden, ans Klavier ging und – vor Glück strahlend – wieder seine geliebte Musik machte.

Wunderschön war sein erster Spaziergang: An der Hand des Vaters ging der Kleine bei strahlendem Wetter über die alte Stadtmauer, von wo sie einen prächtigen Blick über Wien hatten, hinaus zur Karlskirche, um Gott für Wolfgangs Genesung zu danken und für die Zukunft zu beten. Am Tag darauf statteten sie auch dem Arzt ihren Dank ab: mit einem kleinen Hauskonzert.

Und dann warteten sie wieder auf eine kaiserliche Einladung. Die blieb aber aus, und auch die ande-

Vater und Sohn Mozart unter den Gästen der kaiserlichen Hoftafel, Ausschnitt aus einem Gemälde von Martin von Meytens, das heute noch in Schloß Schönbrunn zu sehen ist.

ren großen Gönner blieben zurückhaltend. Die Neugierde an den Wunderkindern war abgeflaut, die erste Sensation vorüber. Wien hatte viele andere Sensationen und viele andere Feste und Konzerte. Das Wichtigste aber: jedermann hatte Angst vor den Pocken und einer Ansteckung. Hatte der Bub nicht noch leichte Hautflecken?

Immerhin wurden die Mozarts zur öffentlichen Galatafel in die Hofburg eingeladen, mit vielen hundert anderen. Die Eingeladenen hatten die Ehre, der kaiserlichen Familie beim feierlichen Speisen zu-

sehen zu dürfen, zu essen gab es dabei nichts. Aber immerhin: die große Kaiserin erkannte Vater Leopold unter Hunderten von Zuschauern und rief ihm von der Tafel aus zu: »Ist der Bub wieder gesund?« (Wenig später erkrankte eins der Kinder der Kaiserin, die zwölfjährige Johanna, wirklich an den Pocken und starb. Die Pocken verschonten weder arm noch reich, und die Angst vor der Krankheit saß tief, bei der Kaiserin ebenso wie bei der Familie Mozart und jeder anderen Familie dieser Zeit.)

Während sie auf Einladungen warteten, kamen die

Kinder zur Ruhe – und zum Lernen: Klavier, Geige und Gesang, Komponieren, Schreiben, Rechnen, Lesen, Italienisch und Französisch waren die Gegenstände des Studiums. Endlich fanden sie auch Zeit, die berühmte kaiserliche Oper zu besuchen: Wie herrlich klang das Orchester, wie wunderbar waren die Sänger! Wolfgang liebte die Oper leidenschaftlich.

Da sie für die Rückreise dringend Geld brauchten, nahmen sie schließlich eine Reise nach Preßburg in Ungarn in Kauf, gaben dort Konzerte und kauften sich für das Honorar endlich einen eigenen Wagen – »sonst hätten wir ganz gewiß ein paar Rippen weniger nach Hause gebracht«, schrieb Leopold Mozart. Denn die Straßen in Ungarn waren schlecht, »voller tiefer Gruben und Schläge«.

Zu Beginn des neuen Jahres 1763 trafen sie dann wieder in Salzburg ein und erzählten, wie es ihnen am Kaiserhof ergangen war. Alle waren stolz auf die Salzburger Wunderkinder, die es so weit gebracht hatten. Erzbischof Schrattenbach schimpfte gar nicht wegen des allzu langen Urlaubs, im Gegenteil: Er beglückwünschte Leopold Mozart zu den Erfolgen in Wien und machte ihn zum Vizekapellmeister. Zum Dank musizierten die Kinder am Namenstagsfest für den Erzbischof und wurden nun auch in der Heimat gefeiert.

Wolfgang ging es gar nicht gut: Er war sehr mager und sehr klein für sein Alter und wurde kurz nach der Heimkehr wieder krank. Diesmal hatte er so starke Schmerzen in den Fingern, daß er weder Geige noch Klavier spielen konnte. Ein schweres Fieber kam dazu und große Müdigkeit. Wieder ging das große Gespenst um: die Pocken? Aber es war ein Gelenkrheumatismus, von dem sich das Kind nur langsam erholte.

Schonen konnte sich der Siebenjährige nicht, denn der Vater bereitete schon die nächste Reise vor: nach Paris, vielleicht noch weiter nach London.

Ganz Europa sollte die Salzburger Wunderkinder kennenlernen!

Die Reise würde sehr teuer werden, und es war gar nicht so sicher, ob sie mit Konzerten viel verdienen würden. Die Salzburger Freunde halfen und sammelten Geld. Bürgermeister Haffner gab hundert Gulden, ein Mitglied der Bölzlschießgesellschaft dreihundert Gulden, auch andere waren großzügig. Wer auch immer mächtige und reiche Freunde am

Preßburg, die ungarische Krönungsstadt

Eine idyllische Familienszene im Schattenriß, die eine Darstellung der Familie Mozart sein könnte

Weg hatte, schrieb Empfehlungsbriefe: Man solle die Salzburger Kinder doch bitte gastlich aufnehmen und fördern! Der Erzbischof zahlte Vater Leopold das Jahresgehalt aus (etwa 350 Gulden) – und gab ihm einen langen Urlaub: ein oder zwei oder gar drei Jahre, genau konnte man das jetzt noch nicht wissen.

Die Mutter besserte die Galakleider aus. Wir wissen nicht, ob sie Angst vor der großen Reise hatte oder nicht: Anna Maria Mozart war eine gesunde, humorvolle Frau, die, ohne zu klagen, alle Unbequemlichkeiten auf sich nahm und mit ihren derben Späßen ihre Familie immer wieder aufmunterte.

Leopold Mozart war monatelang mit der Reisevorbereitung beschäftigt, schrieb viele Briefe und rechnete, rechnete. Täglich würden sie sechzig, siebzig Kilometer weit kommen. Paris aber war mehr als tausend Kilometer entfernt, ungerechnet die vielen Umwege, die sie machen mußten, um in Schlössern Konzerte zu geben. Diese Einnahmen brauchten sie unterwegs dringend: Jeder Reisetag kostete mindestens vier Gulden und der Aufenthalt in Paris noch viel mehr. Paris war die teuerste Stadt Europas.

Sie würden durch viele Länder fahren, viele Zollstationen passieren müssen: überall andere Landesherren, anderes Geld, immer andere Kutscher mit anderen Dialekten und Sprachen, überall anderes Essen, fast jede Nacht ein anderes Nachtquartier. Die Kinder mußten trotz aller Strapazen zum Üben kommen, denn wenn sie nicht gut waren, war die ganze Reise sinnlos.

Es war auch für Vater Mozart die erste ganz große Reise, und nun hatte er eine riesige Verantwortung für die ganze Familie und vor allem (was für ihn immer im Mittelpunkt stand) für das »Wunder«, nämlich das einzigartige Talent seines kleinen Sohnes. Wolfgang sollte in Paris nicht nur vorspielen (natürlich auch vor dem mächtigen König Ludwig dem Fünfzehnten!), sondern auch berühmte Musiker kennenlernen, in die Welt der Gesellschaft – aber auch der Musik – eingeführt werden. Ein ehrgeiziges Programm, das dieser bescheidene Musiker aus dem kleinen Erzbistum Salzburg für seine Kinder vorbereitete.

Diesmal nahmen sie sogar einen Diener mit, den zwanzigjährigen Sebastian Winter, den die Kinder sehr liebten. Er war ausgebildeter Figaro, wie damals die Friseure hießen. Ein Figaro war im 18. Jahrhundert ein wichtiger Mann, nicht nur zum Frisieren und Rasieren, sondern vor allem, um die kostbaren Perücken, ohne die niemand bei Hof erscheinen durfte, zu pflegen und sachgerecht weiß zu pudern. Zu ihren Galagewändern mußten auch die Mozart-Kinder bei ihren Konzerten weiß gepuderte Perücken tragen mit einem Zopf. Sebastian sollte aber auch Botengänge und Einkäufe machen, Konzertkarten verkaufen und ähnliches, denn damit hatte Vater Mozart in Wien viel kostbare Zeit verloren.

Inzwischen war in Paris auch der große Krieg zu Ende gegangen, der nun als »Siebenjähriger Krieg« in die Geschichte einging. So machten sich die Mozarts Anfang Juni 1763 im eigenen Wagen auf die große Reise in die Fremde.

Quer durch Europa

Die Salzburger Freunde schauten besorgt dem wackligen Wagen mit dem großen Gepäck nach: Wenn das nur gutging!

Es ging nicht gut. Schon vor der ersten Station, in Wasserburg am Inn, brach ein Hinterrad. Es gab einen großen Krach, die Pferde konnten nicht weiter, der Wagen kippte um. Die Reisenden krochen erschrocken heraus: Gottlob, sie waren alle unverletzt. Aber was nun? Sie standen am Straßenrand und sahen sich in der einsamen Gegend um. Zum Glück kamen aus einer nahen Mühle Helfer. Sie brachten ein anderes, allerdings viel zu kleines Rad, fällten ein Bäumchen und befestigten damit das unpassende Rad am Wagen. Ängstlich stiegen Mutter Mozart und die beiden Kinder ein. Leopold Mozart ging mit Sebastian zu Fuß, um den Wagen nicht noch mehr zu belasten. Schwankend setzte sich das Gefährt in Bewegung. So kamen sie, sehr, sehr erschöpft und wenig vornehm, in Wasserburg am Inn an.

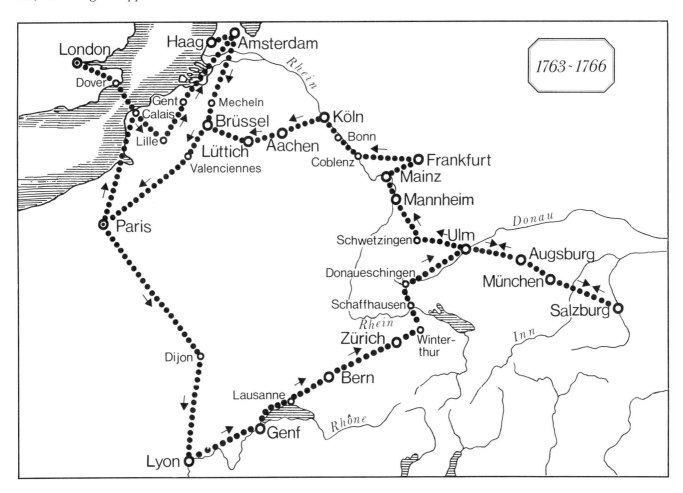

Drei Tage dauerte es, den Wagen wieder reisefähig zu machen: »Der Wagner hackte und schnitt. Der Schmied sengte und brannte und schlug tapfer drauf.« Vater Mozart rechnete verzweifelt die Extrakosten: Er mußte ja während dieser Reisepause außer seiner Familie und dem Diener auch noch den Kutscher und die Pferde versorgen. Aber: »In Gottes Namen. Es ist besser zehn Räder als ein Fuß oder ein paar Finger.«

Und wieder wurde die Wartezeit zum Lernen genützt: Der Vater brachte Wolfgang an der Orgel der Wasserburger Kirche bei, mit Pedal, also den Füßen, zu spielen. Stolz berichtete er nach Salzburg, der Bub habe »den Schemel hinweggerückt und stehend präambuliert und das Pedal dazu getreten, und zwar so, als wenn er es schon viele Monate geübt hätte. Alles geriet in Erstaunen. Es ist eine neue Gnade Gottes, die mancher nach vieler Mühe erst erhält.«

In München, der ersten großen Station, fuhren die Mozarts gleich nach Nymphenburg, dem Sommerschloß der bayrischen Kurfürsten. Hier spazierten sie so lange durch den Park, bis sie einen Verwandten des Kurfürsten trafen, der sie noch vom letzten Konzert kannte. Sie wurden sofort eingeladen, und für denselben Abend noch wurde ein Vorspiel im Schloß arrangiert. Die Kinder kamen erst nach elf Uhr abends ins Bett – nach einem langen Reisetag und einem anstrengenden Konzert bei Hof.

Beim nächsten Konzert zeigte der Siebenjährige etwas ganz Besonderes: Er spielte nicht nach Noten, sondern ganz frei nach seiner Phantasie auf dem Klavier und dann auch auf der Geige. Er spielte so lange, daß Nannerl gar nicht dazu kam, ihre Künste zu zeigen. Von nun an war dieses freie Phantasieren stets der Höhepunkt des Programms – und das blieb so bis zu Mozarts Tod.

Weitere Einladungen füllten die zehn Münchner Tage randvoll aus. Erleichtert rechnete Leopold Mozart die Einnahmen zusammen: 175 Gulden allein von der kurfürstlichen Familie, nicht schlecht für den Beginn der Reise.

Von München ging es weiter nach Augsburg, in Leopold Mozarts Vaterstadt. Hier hatte er sich besondere Mühe gegeben und eine Werbung in die Zeitung setzen lassen. Darin wurden die Künste der beiden Wunderkinder lang gepriesen, »deren Vater ein sehr berühmter Virtuos und besonders geschickter und glücklicher Komponist ist«. »Diese zwei außerordentlichen Kinder mußten sich zweimal bei Seiner Majestät dem Kaiser und bei dero Majestät der Kaiserin Königin ... hören lassen; sie wurden mit großen Geschenken begnadigt und dann von der größten Noblesse des Wienerischen Hofes eingeladen und aller Orten ansehnlichst beschenket.«

In Augsburg war Vater Mozart überhaupt nicht sparsam: Die Augsburger sollten wissen, wie weit er, der Buchbindersohn, es im Ausland gebracht hatte. Sie wohnten im vornehmsten Hotel der Stadt, den »Drei Mohren«, auch wenn dies eigentlich zu teuer war. Dann kaufte Leopold vom berühmten Augsburger Klavierbauer Andreas Stein ein Reiseklavier. Es kostete mindestens zweihundert Gulden und tat nun viele Reisejahre lang gute Dienste. Wolfgang nannte es zärtlich »artiges Klavier«.

Die Kinder liebten es, mit dem Vater durch die Stadt zu bummeln. Sie sahen das Rathaus mit dem berühmten goldenen Saal, dann *Leopolds Geburtshaus* am Frauentor, das Jesuitengymnasium St. Salvator, wo er Latein, Griechisch, Mathematik und Geschichte gelernt und ein gebildeter Mensch geworden war, die Kirche St. Ulrich, wo er Sängerknabe gewesen war. Als sechzehnjähriger armer Bub hatte er die Stadt verlassen und war zum Studium nach Salzburg gezogen – und nun kam er als fürsterzbischöflich salzburgischer Hofkompositeur mit zwei weltberühmten musikalischen Wunderkindern in seine Heimat zurück.

Die Frauentorstraße in Augsburg, wo Leopold Mozarts Geburtshaus steht

Die Kinder lernten den Onkel Franz Alois Mozart kennen, der die Buchbinderwerkstatt vom Großvater übernommen hatte. Dieser Onkel hatte eine vierjährige Tochter, Maria Anna Thekla, von den Mozart-Kindern auf schwäbisch »Bäsle« genannt, also »kleine Base« (kleine Cousine). Später sollte das »Bäsle« Wolfgangs beste Freundin werden, jetzt aber war sie noch zu klein für den ja schon siebenjährigen Vetter.

Wie hatte sich Leopold Mozart auf Augsburg gefreut, und wie wurde er enttäuscht! Die Augsburger Bürger waren sparsam und gaben nicht gerne Geld für ein Konzert aus. Leopold Mozart klagte über geringe Einnahmen: »Augsburg hat mich lange aufgehalten und mir wenig, ja nichts genützt. Denn was einkam, das ging auch wieder weg, weil alles ungemein teuer ist.«

Nach dem Reiseplan ging es nun durch Schwaben: von einem Fürstenschloß zum anderen. Unterwegs wurde bei jeder Poststation das kostbare neue Reiseklavier behutsam ausgepackt und ins Gasthaus getragen, damit die Kinder üben konnten.

Aber auch während der Fahrt konnten sie sich nicht ausruhen: Vater Leopold nützte diese Stunden, um Unterricht zu geben, in Kompositionslehre, in Rechnen und Schreiben. Die Kinder hatten ein

Brett vor sich auf dem Schoß, darauf ein Papier – und konnten so während der Fahrt schreiben. Sein ganzes Leben lang behielt Wolfgang diese Sitte bei, trug auch als Erwachsener in einer kleinen Tasche stets frisches Notenpapier bei sich und nützte in der Kutsche manche Stunde zum Arbeiten.

Ganz eifrig lernten die Mozarts auf dieser Reise Französisch: Der Diener Sebastian konnte diese Sprache schon sehr gut und machte mit ihnen Konversation. Leopold und Nannerl strengten sich dabei besonders an. Wolfgang war dagegen mehr mit seinen Noten beschäftigt, und Mutter Mozart gab sich kaum Mühe. Sie plauderte salzburgerisch wie eh und je und konnte auch später kaum ein Wort Französisch.

Trotz aller Beschäftigung aber wurde es beim Fahren sehr oft langweilig. Dann erzählte Wolfgang von einem Königreich mit dem Namen »Rücken« (keiner wußte, wie dieser Name zustande kam), wo er als König der Kinder regierte. Er erzählte von seinen fröhlichen und begabten Untertanen, von Städten und Dörfern, denen er Namen gab. Der Diener Sebastian, inzwischen Wolfgangs bester Freund, zeichnete nach Angaben des »Königs« genaue Landkarten dieses Königreiches. So verbrachten die fünf Reisenden manche lustige Stunde, während sie von einem fremden Ort zum andern fuhren. (Noch als Erwachsener unterhielt Mozart seine Mitreisenden gerne mit lustigen Geschichten.)

Die Mozarts lernten Ulm kennen mit dem berühmten Münster und der großen Orgel, auf der Wolfgang spielen durfte.

Sie wollten weiter nach Stuttgart zum Herzog von Württemberg, für den sie ein Empfehlungsschreiben hatten. Der Herzog war aber in seinem Sommerschloß Ludwigsburg, und so fuhren sie dorthin. Doch der Herzog war nicht zu sprechen!

Leopold Mozart war wütend. So lang waren sie ge-

Gasthof zum Waldhorn
LUDWIGSBURG.

fahren, und der Herzog wollte die Wunderkinder nicht anhören! Nur einer konnte daran schuld haben: der aus Italien stammende herzogliche Oberkapellmeister. Dieser wolle »die Deutschen an diesem Hofe ausrotten« und lasse nur Italiener vor, schimpfte Vater Mozart. Außerdem glaube dieser Italiener nicht, »daß ein Kind deutscher Geburt so ein Musikgenie und so viel Geist und Feuer haben könne«. Man spürt, wie neidisch Leopold Mozart war auf »diese Italiener«, die überall an den Fürstenhöfen verwöhnt wurden und sehr viel Geld bekamen, weit mehr als er beim Erzbischof.

Wie Leopold Mozart erfuhr, erhielt dieser »Italiener« (ein damals sehr berühmter Komponist) ein Gehalt von viertausend Gulden jährlich, nebst Futter für vier Pferde, Holz und Licht, dazu je ein Haus in Stuttgart und eins in Ludwigsburg. Wie war er, Leopold Mozart, dagegen arm mit seinen 350 Gulden Jahresverdienst! Er hatte weder Pferde noch ein Haus. »Das bekommen nur die Italiener«, schimpfte er.

Von klein auf hörte Wolfgang seinen Vater auf »die Italiener«, die »Welschen« schimpfen. Er, Wolfgang Mozart, würde beweisen, daß er besser sei als sie alle, schwor er sich.

Vater Mozart tat dem italienischen Musiker aber unrecht: Es war der Herzog selbst, der keine Musik wollte. Er liebte nichts mehr als seine Soldaten und gab das meiste Geld für seine Armee aus. Vater Leopold berichtete zornig über den württembergischen Hof: »Sie hören ohne Unterlaß auf der Gasse nichts als: Halt! Marsch! Schwenkt euch! etc. Sie sehen nichts als Waffen, Trommeln und Kriegsgeräte.« Die Soldaten seien sehr elegant, trügen alle weiß gepuderte Perücken und »kohlschwarz geschmierte« Bärte: »Das Soldatenwesen wird bis zur Ausschweifung getrieben. Denn zwölf- bis fünfzehntausend Soldaten sind zum Ernste zuwenig und zum Spaß zu kostbar, folglich zuviel.«

Zu allem Überfluß beschlagnahmte der Hof auch noch die Postpferde, die die Mozarts für die Abreise brauchten. So mußten sie noch einen Tag länger in Ludwigsburg bleiben. Mutter Mozart versuchte vergeblich, den erbosten Ehemann zu beruhigen.

Verärgert fuhren sie weiter zum nächsten Fürstenhof nach Bruchsal, dem wunderschönen neuen Schloß des Kurfürsten von Speyer, wo sie mit der Hofmusikkapelle musizierten.

Dann ging es nach Schwetzingen, dem Sommerschloß des Kurfürsten von der Pfalz. Hier gefiel es ihnen! Das berühmte Mannheimer Orchester, laut Vater Mozart »ohne Widerspruch das beste in Deutschland«, spielte im prächtigen Schloßpark, und alle vier Mozarts waren wieder glücklich.

Der Kurfürst lud die Wunderkinder zu einem Konzert ins Schloß. Vier Stunden spielten sie – und bekamen zum Dank einen Beutel mit fünfzehn französischen Goldmünzen (Louisdor) im Wert von 165 Gulden. So bald wie möglich würden sie wieder in die Pfalz kommen!

In Heidelberg besichtigten sie (laut Nannerls Reisetagebuch) »das Schloß, die Tapetenfabrik und Seidenfabrik, das große Faß, und den Brunnen, wo die Herrschaft das Wasser holen läßt«. Dann spielte Wolfgang so schön auf der Orgel der Heiligengeistkirche, daß der Stadtdekan dort eine Inschrift »zum ewigen Angedenken« anbringen ließ (die leider heute nicht mehr vorhanden ist).

Über Mannheim und Worms ging es nach Mainz, wo wie in Salzburg ein Erzbischof regierte. Doch der Erzbischof war krank und konnte sie nicht empfangen. Was also tun? Leopold Mozart war ein geschäftstüchtiger Mann. Um die Reisekosten hereinzubringen, veranstaltete er ein Konzert in einem Gasthof. Sebastian verkaufte die Eintrittskarten. Zweihundert Gulden nahmen sie an einem Abend ein.

Dann Frankfurt. Zur Vorbereitung setzte Leopold Mozart wieder eine Anzeige in die Zeitung, worin er die Künste der Kinder anpries. Bei einem der vier Frankfurter Konzerte (Eintrittspreis wie üblich ein Gulden) saß der vierzehnjährige Johann Wolfgang von Goethe unter den Zuhörern. Der große Dichter

Auf diesem Fensterglas in Frankfurt hinterließ Leopold Mozart die französische Inschrift: »Mozart, Kapellmeister aus Salzburg mit seiner Familie. 12. August 1763«

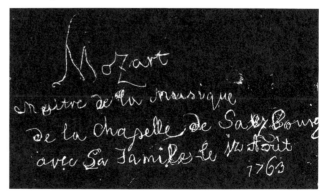

erinnerte sich später allerdings nicht an die Musik, die die beiden Salzburger Kinder spielten, sondern nur an zwei Dinge, die ihm ganz ungewöhnlich vorkamen: an Wolfgangs kunstvolle, gepuderte Frisur und an den Degen, den er zu seinem Galakleid trug. Außerdem nannte der vierzehnjährige Goethe den erst siebenjährigen Mozart von oben herab »den kleinen Mann«. Wolfgang dagegen nahm Goethe nicht zur Kenntnis, denn dieser war ja – im Gegensatz zu dem »kleinen Mann« – noch ganz unbekannt.

Leopold Mozart berichtete dem Salzburger Freund Hagenauer: »Gott gibt uns die Gnade, daß wir, gottlob, gesund sind, und aller Orten bewundert werden. Der Wolfgang ist ganz außerordentlich lustig, aber auch schlimm.«

Schlimm war Wolfgang manchmal mit seiner großen Schwester: Er ärgerte sie, machte dumme Witze, nannte sie »Zizibe«, weil sie sehr empfindlich war und manchmal auch ein bißchen traurig. Denn sosehr sie sich bei den Konzerten auch anstrengte, wie gut sie auch Klavier spielte – immer stand der kleine Bruder im Mittelpunkt. Er war vielseitiger als sie. Er konnte phantasieren und komponieren, Geige und Orgel spielen – und sie fühlte sich auch beim Vater in den Hintergrund gedrängt.

Hier in Frankfurt hatte sie aber einmal den größeren Erfolg. Der Vater schrieb stolz nach Salzburg: »Die Nannerl leidet nun durch den Buben nichts mehr, indem sie so spielt, daß alles von ihr spricht und ihre Fertigkeit bewundert.«

Auf jeder Station die gleichen Aktivitäten: Der Vater knüpfte Kontakte mit möglichst vornehmen und reichen Leuten, ließ sich Informationen von anderen Musikern geben (wie sieht es mit Konzerten in Frankreich, in England aus, können Sie mir einen Empfehlungsbrief mitgeben, und ähnliches). Wenn nicht genügend Einladungen kamen, wurden in aller Eile Konzerte organisiert. Wolfgang übte in den

Kirchen Orgel. Das Reiseklavier wurde aus- und wieder eingepackt, die Kinder übten Klavier, Geige und Singen, auch Rechnen und Schreiben nicht zu vergessen und Französisch und Englisch. Der Diener Sebastian kümmerte sich um den Wagen und die Pferde, trug Briefe aus, verkaufte Konzertkarten, ordnete und puderte die Perücken für die Auftritte. Wenn kein Konzert war, nützten sie die Freizeit zu Besichtigungen. So lernten sie Geschichte und Kunstgeschichte.

Es wurde kälter, die Kinder verkühlten sich, husteten, konnten nicht singen. Ein Rasttag wurde eingelegt, Leopolds Allheilmittel, das »Schwarzpulver«, angewendet, und dann trieb der Vater seine Wunderkinder weiter zur nächsten Station. Von Mutter Mozart ist in den Briefen wenig die Rede. Sie gab sich in ihr Schicksal, ohne gegen den strengen Ehemann aufzubegehren.

Weiter ging es rheinabwärts bei schwerem Sturm bis Koblenz. Hier war (was die Mozarts natürlich nicht wußten) unter den Zuhörern die junge Frau eines Leibkammerdieners, Tochter eines Oberhofkochs aus Trier. Sie war so begeistert von den Wunderkindern, daß sie fortan davon träumte, aus ihrem Kind, falls sie einmal eines haben sollte, ebenfalls ein Wunderkind zu machen und damit berühmt zu werden. Diesen Traum erfüllte später wirklich ihr sehr musikalischer Sohn Ludwig. Mit Nachnamen hieß er van Beethoven.

Weiter über Bonn, Brühl, Köln (wo Leopold den »schmutzigen Dom« kritisierte) nach Aachen. Hier erhielten sie eine Einladung einer preußischen Prinzessin nach Berlin – und sagten ab. Leopold Mozart meinte, die Prinzessin habe kein Geld und ihr Hofstaat sei nicht besser als der eines Arztes. »Wenn die Küsse, so sie meinen Kindern, sonderlich dem Meister Wolfgang, gegeben, lauter Louisdor wären, so wären wir glücklich genug. Allein, weder der Wirt noch Postmeister lassen sich mit Küssen abfertigen.«

Schloßterrassen der erzbischöflichen Residenzstadt Bonn, der Heimat Beethovens

Auf der Weiterreise in Richtung Lüttich streikte wieder einmal der Reisewagen: Ein Eisenreifen am Vorderrad brach. Sebastian machte sich auf die Suche nach einem Wagenmeister, und die Familie fand ein kleines Wirtshaus für die Wartezeit. Durchgefroren wie sie waren, setzten sie sich an den Kamin, wo an einer langen Kette ein Kessel mit Fleisch und Gemüse brutzelte. Daraus gab ihnen der wallonisch sprechende Wirt zu essen. Leopold: »Die Türe war beständig offen, darum hatten wir sehr oft die Ehre, daß uns die Schweine einen Besuch abstatteten und um uns herumgrunzten.«

Über Tirlemont ging es dann nach Löwen, wo sie Besichtigungen machten und die Holzschuhe der Frauen bestaunten.

Einen Monat verbrachten sie in Brüssel, damals Hauptstadt der zu Österreich gehörenden Niederlande, staunten über die reichen Märkte, das schöne Straßenpflaster – »das Pflaster ist unverbesserlich. Man geht wie im Zimmer« –, die Straßenbeleuchtung bei Nacht, vor allem aber über die wunderbaren Gemälde in den Kirchen. Natürlich nahmen sie Kontakte zu Musikern der Brüsseler Hofkapelle auf, aber auch zu Malern und Schriftstellern. Nannerl erzählte später, Wolfgang habe als Kind »mit inniger Zärtlichkeit an allen Künstlern« gehangen. Jeder »mußte ihm von seiner Arbeit ein Andenken geben, und das bewahrte er sich sorgfältig auf«.

Statthalter war der Bruder des Kaisers Franz, Prinz Karl von Lothringen. Er ließ die Wunderkinder fast einen Monat auf eine Konzerteinladung warten, was Vater Mozart immer wütender machte: »Der Herr Prinz tut nichts als jagen, fressen und saufen, und am Ende kommt heraus, daß er kein Geld hat.« Leopold Mozart rechnete unentwegt: Zweihundert Gulden brauchte er noch für die Reise nach Paris. Da halfen auch die kostbaren Geschenke nichts, die die Kinder von Adeligen bekamen: Allein in Brüssel waren es zwei Degen für Wolfgang, Brüsseler Spitzen und ein Mantel für Nannerl, viele Etuis und Tabakdosen. »Von Tabatieren und Etuis und solchem Zeug könnten wir bald einen Stand aufrichten«, spottete der Vater. Geld war ihm lieber.

Schließlich kam doch ein festliches Konzert vor dem Prinzen und der vornehmen Brüsseler Gesellschaft zustande. Vater Leopold war auch mit dem Honorar zufrieden. Mit vielen Empfehlungsschreiben reisten sie Mitte November weiter. Drei Tage später kamen sie in Paris an, wo sie nun fünf Monate blieben.

Endlich in Paris

Frankreichs Hauptstadt war anders als alles, was die Mozarts bisher gesehen hatten. Paris war ungeheuer reich, wenn man die großen Adelspaläste, die vornehmen Kutschen und den Luxus der Kleider und Frisuren sah. Aber diesen großen Reichtum teilten sich, so Leopold Mozart, etwa hundert Familien, die in Verschwendung und Luxus lebten.

Für die meisten Leute war Paris die Stadt fürchterlicher Armut, einer Armut, wie sie die Mozarts weder von Salzburg noch von Augsburg oder Wien her kannten. Vater Leopold schrieb voll Entsetzen nach Hause, »daß man die schlechten Früchte des Krieges ohne Augenglas aller Orten sieht«. Das Volk leide unter Hunger und Krankheiten. »Sie werden nicht bald einen Ort finden, der mit so viel elenden und verstümmelten Personen angefüllt ist.« Die Straßen seien voller Bettler. Leopold: »Sie sind kaum eine Minute in der Kirche, gehen kaum durch ein paar Straßen, so kommt ein Blinder, ein Lahmer, ein Hinkender, ein halb verfaulter Bettler, oder es liegt einer auf der Straße, dem die Schweine als Kind eine Hand weggefressen, und eine Menge solcher Leute, die ich aus Ekel im Vorbeigehen nicht anschaue.«

Leopold Mozart prophezeite Schlimmes: »Wenn Gott nicht gnädig ist, so geht es dem Staat von Frankreich wie dem ehemaligen Persischen Reiche« – es gehe einem fürchterlichen Untergange zu.

Aber die Pariser Frauen, sie seien doch die schönsten der Welt, verteidigte Frau Hagenauer in Salzburg ihren glänzenden Traum von Paris. Vater Mozart antwortete, die Pariserinnen seien »so gemalt, daß auch eine von Natur schöne Person durch diese garstige Zierlichkeit den Augen eines ehrlichen Deutschen unerträglich wird«, und verglich sie mit angemalten bayrischen Holzpuppen.

Es war sehr schwer, bis in allerhöchste Kreise, das heißt an den Hof König Ludwigs XV., vorzudringen. Die Leute, die sie durch Empfehlung kennenlernten, konnten nicht weiterhelfen. Der Hof von Frankreich stand viel höher über normalen Menschen als etwa der kaiserliche Hof in Wien. Sie mußten warten und warten.

Auch Wolfgang fühlte sich in Paris nicht wohl. Er hatte Heimweh nach Salzburg. Eines Morgens hörte der Vater ihn im Bett weinen: Er wolle so gerne die Salzburger Freunde wiedersehen und mit ihnen und dem Vater wieder Musik in der Getreidegasse machen. Die Großstadt Paris machte ihm Angst.

Trost fanden sie bei der Frau des bayrischen Gesandten in Paris, einer geborenen Salzburgerin. Sie nahm die Landsleute in ihr schönes Haus auf,

Das Haus des bayrischen Gesandten in Paris, der die Familie Mozart wochenlang beherbergte

sprach mit ihnen Salzburgerisch und war für die fünf Pariser Monate eine gütige Freundin. Vater Leopold sparte teure Hotelkosten und konnte die Gräfin schon deshalb gut leiden.

Auch in dem aus Bayern stammenden und in Frankreich sehr erfolgreichen Schriftsteller Melchior Grimm fanden sie einen willkommenen Helfer. Grimm war ein Freund der großen Philosophen Voltaire und Rousseau, kannte alle bedeutenden Musiker Frankreichs und war auch beim Adel hochangesehen. Paris hörte auf sein Urteil.

Ausgerechnet dieser Grimm organisierte das erste Konzert der Kinder in Paris: Er streckte das Geld für die Saalmiete vor, verkaufte allein 320 Eintrittskarten und bezahlte sogar die sechzig großen Kerzen, die zur Beleuchtung des Saales gebraucht wurden. Vor allem aber: Er – der berühmte Literat – stellte in einer großen Pariser Zeitung die Salzburger Wunderkinder groß heraus, lobte Nannerls Klavierspiel und nannte den siebenjährigen Wolfgang »ein derart seltenes Phänomen, daß man kaum zu glauben wagt, was man mit eigenen Augen sieht und mit eigenen Ohren hört«. Schlußsatz: »Das Wunderkind verdreht einem richtig den Kopf.« Diesem ersten Konzert folgten bald weitere Einladungen.

Natürlich lernten die Mozarts rasch berühmte Musiker kennen, hörten zu, was und wie sie musizierten. Vater Mozart war mit seinem neuen Freund Grimm einer Meinung: Herausragend war das nicht, was hier an Musik geboten wurde. (Es herrschte gerade ein großer Streit zwischen den Anhängern französischer und italienischer Musik, und Grimm stellte sich ganz auf die Seite der Italiener. Seine ungerechte Verachtung der französischen Musik übertrug sich auf die Mozarts und verleidete Wolfgang Paris noch mehr.)

Der Bub machte weiter riesige Fortschritte. Während Nannerl sich weiter auf das Klavierspielen

Der Freund und Förderer Melchior Grimm

konzentrierte, drängte er – neben Klavier-, Orgel- und Geigenspielen und Singen – immer mehr zum Komponieren. Den größten Teil seiner Zeit nahm jetzt das Phantasieren auf dem Klavier und der Orgel ein. Der Vater mußte den kleinen Sohn dann stets ans Aufschreiben erinnern. Denn sonst wären ja alle guten Einfälle verlorengegangen.

Der Bub lernte auch eifrig weiter die Regeln der Komposition. Die Mühe lohnte sich: Wolfgangs Stücke wurden immer kunstvoller. Er konnte mit Noten immer besser ausdrücken, was er in seinem Kopf hatte. Inzwischen spielten Nannerl und er bei den Konzerten fast nur noch seine Kompositionen.

43

Schloßkapelle von Versailles mit der Orgel, auf der Wolfgang sein Konzert gab

Motettenstil zu studieren, gingen Vater und Sohn Mozart nun täglich in die Messe der königlichen Kapelle.

Am Neujahrstag 1764 waren sie zur öffentlichen Hoftafel geladen. Wie war Vater Leopold stolz, daß sein Sohn mit der Königin Marie sprechen und ihr gar die Hand küssen durfte! Zum Glück konnte sie perfekt Deutsch, denn mit dem Französischen ging es bei Wolfgang nicht gut. Für den König, der kein Deutsch verstand, machte die Königin höchstpersönlich den Dolmetscher.

An der Orgel der Schloßkapelle von Versailles gab Wolfgang vor der versammelten Hofgesellschaft sein Konzert. Er spielte eigene Kompositionen und phantasierte frei. Ob die hohen Herrschaften wirklich ermessen konnten, was dieser Siebenjährige leistete? Jedenfalls zeigten sie ihr Entzücken und verwöhnten den Buben mit huldvollen Worten und Geschenken.

Die Wunderkinder spielten auch vor der mächtigen

Sechs Wochen dauerte es, bis die ersehnte Einladung von König Ludwig XV. eintraf. Am Heiligen Abend 1763 fuhren sie hinaus nach Versailles, bezogen dort ein Hotel (Vater Leopold klagte wieder über die hohen Kosten) und gingen zunächst, sehr feierlich gestimmt, in neuen schwarzen Kleidern und steifen französischen Hüten, in die Christmette in der königlichen Kapelle.

Vater Mozart ließ sich von der Pracht dieser Kirche nicht blenden. Für ihn war die Musik entscheidend, und die begeisterte ihn nicht. Die Arien seien »leer, frostig und elend, folglich französisch«, nur die Chöre gefielen ihm gut. Um aber den französischen

Geliebten des Königs, Madame Pompadour. Nannerl erzählte darüber später: Die Pompadour habe Wolfgang auf einen Tisch stellen lassen, um ihn besser zu sehen. (Eine Pompadour beugt sich doch nicht vor einem kleinen Buben!) Wolfgang, der das immer noch schöne Gesicht der Pompadour so nahe vor sich sah, neigte sich zu ihr und wollte ihr ein »Busserl« geben. Wie viele vornehme Damen hatte er damit schon entzückt! Die Pompadour aber wehrte den Buben entsetzt ab: Was nahm sich dieses fremde Kind an Freiheiten heraus! Horrible! Wolfgang erschrak und reagierte dann kaum weniger selbstbewußt als die große Pompadour: Ganz und gar das weltberühmte Wunderkind, schaute er sie unwillig an und sagte sehr hochmütig (zum Glück in Deutsch, das die Pompadour nicht verstand): »Wer ist die da, daß sie mich nicht küssen will? Hat mich doch die Kaiserin geküßt!« Verschreckt zog der Vater den Buben zu sich und verbeugte sich tief zur Entschuldigung.

Marquise de Pompadour, die mächtige Geliebte König Ludwigs XV.

Hauskonzert mit dem kleinen Maestro im Hause des Prinzen Conti in Paris

Den neugierigen Salzburger Freunden beschrieb Leopold Mozart die zweiundvierzigjährige Pompadour so: »Sie muß recht gar schön gewesen sein; denn sie ist noch sauber. Sie ist eine große ansehnliche Person; sie ist fett, wohl bei Leib, aber sehr proportioniert, blond, hat vieles von der ehemaligen Freysauf Tresel (um den Salzburgern eine genaue Vorstellung zu geben) und in den Augen eine Ähnlichkeit mit der Kaiserin. Sie gibt sich viele Ehre und hat einen ungemeinen Geist. Ihre Zimmer in Versailles sind wie ein Paradies.« Ihr Klavier sei »ganz vergoldet und ungemein künstlerisch lackiert und gemalt«. Sie sei aber hochmütig und »regiert zur Stunde noch alles«. Leopold Mozart konnte die Pompadour nicht leiden. (Drei Monate später starb sie in Versailles.)

Mit den Einnahmen von fünfzig Louisdor (etwa 550 Gulden) war Vater Mozart zufrieden. Freilich, die Hälfte dieses Geldes kostete der Aufenthalt in Versailles. Vater Mozart klagte auch, daß es dort keine Fiaker gab und sie teure Sesselträger bezahlen mußten. Denn bei schlechtem Wetter konnten sie in ihren feinen schwarzen Schuhen nicht zu Fuß gehen: Die Wege waren zu lehmig.

Der Erfolg von Versailles bedeutete den endgültigen Durchbruch in Frankreich. Eine vornehme Einladung folgte nun der anderen. Sie soupierten in den vornehmsten Häusern von Paris, waren die Sensation der großen musikalischen (und weniger musikalischen) Salons. Das Konzert im Palais des Prinzen Conti wurde sogar in einem Ölbild für die Nachwelt überliefert.

Alle vier Mozarts waren elegant gekleidet, ihre Perücken waren tadellos gepudert. Vater Mozart sprach gut Französisch. Die Kinder hatten ihre Sprache – die Musik. Ob die Mutter, bodenständig, natürlich, ein wenig derb, sich in dieser Gesellschaft wohlfühlte, wissen wir nicht. Jedenfalls war sie im-

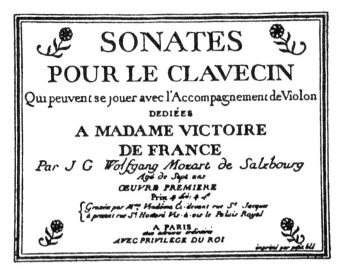

Titelblatt von Mozarts opus 1, gedruckt in Paris für eine französische Prinzessin

mer dabei und muß wohl tapfer mitgemacht haben. Einmal, beim feierlichen Abendessen bei zwei adeligen Damen, fiel Nannerl unangenehm auf: Sie ließ (laut Vater Mozart) »einen kleinen Furz hören«. Diese Geschichte erzählte er noch Jahre später.

Sie wurden auch auf adelige Landsitze eingeladen, »wo Ringelstechen, Schützen und allerhand Spiel waren«.

Es regnete Geschenke: eine Golduhr, ein goldgefaßter Karneolring, goldene Tabatieren, goldene Zahnstocherbüchsen, Degenbänder, Bänder und Blumen für Hauben, Halstücher und für Wolfgang »ein Sackschreibzeug von Silber mit silbernen Federn zum Komponieren, so klein und artig gemacht, daß es nicht zu beschreiben möglich ist«.

Hier in Paris wurden nun zum erstenmal zwei Mozart-Kompositionen in Kupfer gestochen und vervielfältigt. Es waren Klaviersonaten mit Violinbegleitung, so, wie die beiden Kinder es gerne spielten – und wie viele Pariser Musiker es nun leicht nachspielen konnten. Vater Leopold: »Stellen Sie sich den Lärm vor, den diese Sonaten in der Welt machen werden, wenn am Titelblatt steht, daß es ein Werk eines Kindes von sieben Jahren ist.« Die Sonaten trugen außerdem schmeichelhafte Widmungen für die Tochter des Königs und für eine Gräfin, deren Unterstützung sie brauchten. Auch auf diese Art waren Herzen zu gewinnen, schärfte Vater Leopold seinem Sohn ein.

Der Verkauf dieser Noten brachte einen schönen Zusatzgewinn. Anfang April konnte Vater Mozart über zweitausend Gulden nach Salzburg auf die Bank schicken. Die Reise hatte sich bisher gelohnt – dank der guten Organisation Leopold Mozarts.

Wolfgang machte musikalisch rasche Fortschritte. Vater Mozart schwärmte: »Ich kann Ihnen sagen, liebste Frau Hagenauerin, daß Gott täglich neue Wunder an diesem Kinde wirket. Bis wir nach Hause kommen, ist er imstande, Hofdienste zu verrichten«, also eine feste Stellung als Musiker anzunehmen. Dieser Wunsch, in Hofdienste zu kommen, beherrschte von nun an Mozarts Leben und blieb sehr, sehr lange unerfüllt.

Aber das zarte, empfindliche Kind wurde wieder krank, litt an Angina und einem Katarrh. Die Ärzte schlugen dem Vater eine Impfung gegen die Pokken vor. Er aber schreckte davor zurück, zumal die Impfungen noch sehr gefährlich waren: »Es hängt von der Gnade Gottes ab, ob er dies Wunder der Natur, das er in die Welt gesetzt hat, auch darin erhalten oder zu sich nehmen will.«

Da sie genug Reisegeld hatten, beschlossen sie, nach London weiterzufahren, an den Hof des Königs von England. Einen Teil des Gepäcks, vor allem die schweren Pelze, ließen sie in Paris zurück, denn vor dem Winter wollten sie zurück sein.

Vom Diener Sebastian allerdings mußten sie sich trennen: Er hatte eine gute Stellung beim Fürsten Fürstenberg in Donaueschingen bekommen. Beim Abschied gab es viele Tränen, besonders bei Wolfgang. Sebastian versprach, bei seinen neuen Herrschaften viel vom »Wunder Mozart« zu erzählen und so bald wie möglich eine schöne Einladung in das Fürstenbergische Schloß zu erwirken (was er wirklich tat).

England

Anfang April 1764 reisten die Mozarts aus Paris ab zu ihrem nächsten großen Ziel: London. In Calais sah die Familie zum erstenmal das Meer und beobachtete voll Staunen, wie »es ablaufet und wieder zunimmt«, also Ebbe und Flut. Den Wagen ließen sie in Calais zurück und mieteten für die Überfahrt über den Kanal ein eigenes kleines Schiff für fünf Louisdor. Sie nahmen aber noch vier Fremde mit, die je einen halben Louisdor bezahlten, und so war die Überfahrt nicht teuer. Das kleine Schiff wurde von der stürmischen See arg mitgenommen, und alle wurden seekrank. Wie waren sie froh, als sie endlich an Land gingen!

Wieder eine andere fremde Sprache. Wieder eine fremde Umgebung. England hatte gerade sein Weltreich entscheidend vergrößert und im großen Krieg gegen Frankreich Kanada, Florida und die Westindischen Inseln gewonnen. Handel und Schiffahrt blühten. London war mit 900 000 Einwohnern viermal so groß wie Wien. Die Mozarts sahen viele fremdartige Menschen. Dem Vater kam es vor, als würde er in London »nichts als Masken« sehen, schrieb er nach Hause. »Und was meinen Sie, wie meine Frau und mein Mädel in den englischen Hüten und ich und der große Wolfgang in englischen Kleidern aussehen.« Unterkunft fanden sie bei einem Friseur.

Im Land, das einst Georg Friedrich Händel gefeiert hatte, ließ der königliche Hof die Wunderkinder nicht lang auf eine Einladung warten. Schon vier Tage nach ihrer Ankunft gaben sie im Buckingham Palace ihr erstes Konzert vor dem jungen König Georg III., der ebenso wie seine Frau aus Deutschland stammte und sie in Deutsch ansprach. Leopold Mozart schwärmte: »Man hat uns an allen Höfen noch ganz außerordentlich höflich begegnet, allein diese Art, die wir hier erfahren, übertrifft alle die anderen.«

Bald kam eine zweite königliche Einladung. Wolfgang spielte auf der königlichen Orgel und durfte die Königin bei einer Arie begleiten. Dann legte ihm der König als Prüfung schwere Stücke von Händel vor, die Wolfgang sofort fehlerlos vom Blatt spielte. (Solche Aufgaben hatte er schon Dutzende Male leicht gelöst!) Darauf gab ihm der König die Baßstimme zu einer Händel-Arie mit der Aufgabe, alle anderen Stimmen, vor allem die Hauptmelodie dazu zu erfinden. Laut Vater Leopold spielte der Kleine »die schönste Melodie«. »Was er gewußt, da wir aus Salzburg abgereist, ist ein purer Schatten gegen dasjenige, was er jetzt weiß. Es übersteigt die Einbildungskraft«, schwärmte der Vater.

Trotz der Erfolge hatte das Kind großes Heimweh. Der Vater berichtete: »Es vergeht kein Tag, wo er nicht wenigstens dreißigmal von Salzburg und seinen und unseren Freunden und Gönnern spricht.« Der Kleine träume davon, eine Oper zu schreiben, »die er mit lauter jungen Leuten in Salzburg aufführen will«. Um den Buben zu trösten, zählte der Vater ihm alle Namen der Salzburger Freunde auf, die im Orchester mitspielen würden – und ging mit ihm in die Oper, so oft es möglich war.

Auch in London waren italienische Opern in Mode. Italienische Komponisten, Musiker und Sänger feierten hier Triumphe. Die berühmtesten unter ihnen waren wie überall die Kastraten mit mächtigen Koloraturstimmen in Sopran und Alt – wohlgemerkt: Männer- und nicht Frauenstimmen. Sie waren die Besonderheit der großen italienischen Oper, und natürlich wollte Wolfgang unbedingt einen solchen Sänger kennenlernen. Er fand schließlich in dem italienischen Kastraten Manzuoli einen guten

Vater Mozart mit seinen beiden Wunderkindern. Dieses Werbebild, von Carmontelle in Paris gemalt und in Kupferstichen vervielfältigt, wurde auch in England gut verkauft.

Freund, der ihn bereitwillig in die Welt der neapolitanischen Oper einführte und mit ihm große italienische Arien einstudierte. Es dauerte nicht lang, bis das Kind eigene Arien komponierte.

Bei den nächsten Konzerten ließ sich der Achtjährige nun auch Aufgaben im Singen geben: Mit etwas schwachem, kindlichem Ton sang er fehlerlos die schwierigsten Arien vom Blatt ab, gelegentlich begleitet vom Vater, der die tiefere Stimme sang. Dabei kam Leopold Mozart manchmal nicht mit, machte Fehler. Ein Augenzeuge berichtete: »Als dies vorfiel, sah sich der Sohn mit einigem Unwillen um, zeigte ihm seine Fehler mit dem Finger und wies ihn wieder zurecht.«

Auch in dem damals berühmtesten Komponisten Londons, Johann Christian Bach, fand das Salzburger Wunderkind einen Freund und Förderer. Bach war der jüngste Sohn des damals fast unbekannten großen Johann Sebastian Bach, war lange in Italien gewesen und dort zu einem »italienischen« Kompo-nisten geworden. Als solcher war er an den englischen Hof berufen worden, um hier große Opern im neapolitanischen Stil zu komponieren. Bach erkannte das Talent des Salzburger Wunderkindes sofort, förderte es nach Kräften und gab ihm, der ja bisher nur vom Vater gelernt hatte, Unterricht.

In einem Konzert vor der Königsfamilie spielte Bach mit dem Kind ein schönes Spiel: Er setzte sich zu Wolfgang ans Klavier, nahm den Kleinen zwischen seine Knie und spielte ein paar Takte, dann spielte Wolfgang, dann wieder Bach – und so spielten sie eine ganze Sonate, und wer nicht auf die Finger schaute, die großen und die kleinen, die einander stetig abwechselten, mußte meinen, es sei eine Sonate von nur einem einzigen Pianisten.

Es war ja durchaus nicht so, daß Mozart als Kind auf wunderbare Weise auf einmal Musik schreiben konnte: Auch er, der so überaus Begabte, mußte die Regeln der Komposition erst lernen, auch er machte lange noch Fehler (die der Vater ausbesserte). Er

Diese Ansicht von London brachte Leopold Mozart als Andenken mit nach Salzburg.

brauchte immer bedeutendere Lehrer, um voranzu-
kommen und sich an immer kompliziertere Formen
zu wagen. Seinem großen Ziel, einmal eine Oper zu
schreiben, ging viel Lernen voraus.

Um Bachs Einfluß zu vertiefen, gab der Vater dem
Buben wieder praktische Aufgaben: Er ließ ihn
Bach-Sonaten in kleine Sinfonien umschreiben, und
zwar für Klavier (Nannerl), zwei Violinen (Vater
und Sohn Mozart) und einen Baß (den man zur
Not überall, auch in kleinen Orten, auftreiben
konnte). So hatten sie einen hübschen Programm-
punkt für ihre Konzerte, erwiesen Bach ihre Reve-
renz – und Wolfgang lernte, Sinfonien zu schreiben.
Bachs Einfluß ist in Wolfgangs neuen Kompositionen spürbar: Er komponierte nun »italienischer« als
früher, viel eleganter und flüssiger.

Im Juni gaben sie ein öffentliches Konzert auf eigene Rechnung und machten dafür Reklame in den
Zeitungen: Wolfgang wird als »das größte Wunder« vorgestellt, »dessen sich Europa und die
Menschheit überhaupt rühmen kann. Es übersteigt
alle Einbildungskraft, und es ist schwer zu sagen,
was mehr zu bewundern ist, ob seine Fertigkeit auf
dem Klavier und sein fertiges Notenlesen oder seine
eigenen Kompositionen.«

Eintrittskarten zum Preis von einer halben Guinee
(der englischen Goldmünze) verkauften sie selbst in
ihrem Quartier bei dem Friseur John Cousins. Noch
nie hatte dieser so viele Leute bei sich gehabt. Und
der Vater erlebte den »Schrecken, ... hundert Guineen in der Zeit von drei Stunden einzunehmen«.

Mit einem zweiten öffentlichen Konzert gab es
dann Schwierigkeiten: Der Diener verlor achthundert Eintrittskarten, alles mußte um zwei Tage verschoben und neu organisiert werden, wurde aber
ebenfalls ein großer Erfolg. Vater Leopold berichtete nach Salzburg, »daß mein Mädel eine der ge-
schicktesten Spielerinnen in Europa ist, wenn sie
gleich nur zwölf Jahre hat, und daß mein Bub alles

Johann Christian (»der italienische«) Bach

in diesem seinem achtjährigen Alter weiß, was man
von einem Manne von vierzig Jahren fordern kann,
kurz: wer es nicht sieht und hört, kann es nicht
glauben«.

Aber wieder hielt die Gesundheit den Anforderun-
gen nicht stand: Zuerst wurde Wolfgang krank,
dann der Vater – und zwar sehr ernst. Sie zogen
sich im Sommer zur Erholung nach Chelsea unweit
Londons aufs Land zurück. Der Vater war so ange-
griffen, daß er kein Geräusch im Haus vertragen
konnte. Die Kinder durften nicht Klavier spielen,
sondern mußten sich still beschäftigen. Der Neunjährige nützte diese Zeit, um seine erste Sinfonie zu
schreiben, wohlgemerkt, ohne das Klavier dazu zu
benützen. Nannerl half ihm beim Notenabschrei-

Im großen Konzertsaal von Ranelagh House in London zeigten die Wunderkinder im Juni 1764 ihre Kunst.

ben. Während beide eifrig schrieben, sagte Wolfgang geschäftig zur Schwester: »Erinnere mich, daß ich dem Waldhorn was Rechtes zu tun gebe!« Auch Trompeten und Pauken setzte er fleißig ein.

Wolfgangs Kopf war so voll von Musik, daß er beim Komponieren gegen alles andere wie geistesabwesend war und auch oft mitten in der Nacht aufsprang, Notenpapier nahm, um hastig seine neuen Ideen festzuhalten. Dreiundvierzig Stücke schrieb er hier in England, viele ohne Hilfe des Vaters und ohne Klavier. Er machte noch viele Satzfehler, aber Ideen und Phantasie waren überreich-

lich vorhanden. Die Melodien sprudelten nur so aus dem kleinen Kopf.

Wieder gab Vater Mozart Kompositionen Wolfgangs in Druck, und zwar diesmal sechs Sonaten für Klavier und Violine, mit einer schönen Widmung an die Königin (dafür gab es ein Extrageschenk von fünfzig Guineen). Die Noten wurden – ebenso wie die Pariser Sonaten – gut verkauft.

Wolfgangs Leistungen waren inzwischen eine solche Sensation, daß ein berühmter Gelehrter ihn prüfte und darüber einen ausführlichen Bericht an die Londoner Royal Society schrieb. Zunächst überprüfte er in Wolfgangs Taufurkunde das Geburts-datum, dann ließ er ihn schwierige Klavierstücke vom Blatt abspielen, singen und schließlich improvi-sieren. Um aber zu prüfen, ob das Kind nicht nur mechanisch gelernt hatte, sondern auch über Phan-tasie verfügte, gab er ihm eine besondere Aufgabe: Wolfgang solle zwei Arien im Stil der italienischen Oper singen.

Das hatte er doch bei Manzuoli gelernt! Wolfgang wählte das Wort »affetto«, also Liebe, spielte auf dem Klavier zunächst eine Einleitung, sang dazu das Rezitativ und begann dann seine Arie im schmachtenden Stil der italienischen Oper, in der richtigen Länge, mit vielen Koloraturen.

Dem Liebesgesang sollte ein Wutgesang folgen. Wolfgang wählte das Wort »perfido«, also »Treulo-

Der Kastrat Giovanni Manzuoli aus Florenz

ser«, ließ an diesem Wort seinen Zorn aus und wurde dabei so leidenschaftlich, »daß er sein Klavier wie ein Besessener schlug und sich einige Male in seinem Stuhl emporhob«.

Der Gelehrte notierte sich alles ganz genau, verglich Wolfgang mit dem jungen Händel und kam zu dem Schluß, daß Mozart das begabtere Kind von beiden war. Er betonte aber gleichzeitig, daß dieses große Talent nicht nur sehr kindlich aussah, sondern sich auch völlig wie ein Kind seines Alters benahm, wenn es nicht um Musik ging: »Während er mir vorspielte, kam seine Lieblingskatze herein, worauf er gleich sein Klavier verließ und wir ihn auch eine geraume Zeit hindurch nicht wieder zurückbringen konnten. Zuweilen ritt er auch auf einem Stocke zwischen den Beinen wie auf einem Pferde im Zim-mer herum.«

Im nächsten Frühjahr, während der Fastenzeit, wur-den in den Londoner Kirchen die großen Oratorien Händels aufgeführt, von Vater und Sohn Mozart eifrig studiert. Händels Einfluß zeigte sich aber noch nicht in Wolfgangs Musik. Vorerst ahmte er noch seinen verehrten Freund Johann Christian Bach nach. Händel war noch zu groß für den ler-nenden Mozart.

Auch im so reichen England gab es Arme, soziale Spannungen und Volksunruhen. Eines Tages zogen Tausende arbeitsloser Weber mit schwarzen Fahnen durch die Stadt, am Fenster der Mozartschen Woh-nung vorüber, und verlangten das Verbot französi-scher Seidenimporte, die ihnen Arbeit und Lohn raubten. Sie demonstrierten aber auch gegen die Regierung und den König, der ein Deutscher war. Georg III. war den Aufregungen nicht gewachsen: Bei ihm zeigten sich erste Anfälle von Wahnsinn. Jedenfalls war es keine gute Zeit mehr für Kon-zerte. Der König hatte andere Sorgen. Auch ein öf-fentliches Konzert hätte außer Kosten nichts einge-

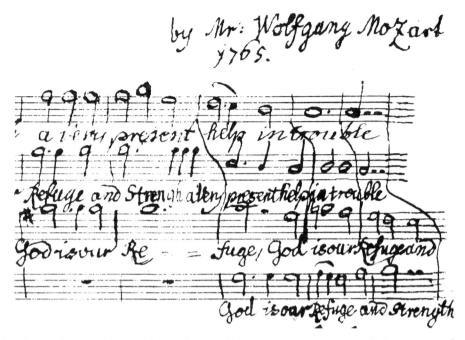

Wolfgangs Geschenk an die Musiksammlung des British Museum (wo es noch heute zu sehen ist)

bracht. In seiner Geldnot verfiel Vater Mozart auf eine Idee, die ihm Mozart-Freunde später sehr übelnahmen: Er kündigte in den Zeitungen an, jedermann könne täglich zwischen zwölf und drei Uhr nachmittag in seine Wohnung kommen und dort gegen ein Eintrittsgeld von zehn Schilling die Wunderkinder hören und ihnen auch Aufgaben geben. Wir wissen nicht, wie viele Engländer von diesem eigenartigen Angebot Gebrauch machten. Viele waren es sicher nicht, denn der Preis sank schließlich auf zwei Schilling sechs Pence.

Nur die Sonntage blieben noch frei: Da gingen sie in der Stadt spazieren und machten Besichtigungen, so im Tower, wo »das Gebrüll der Löwen unsern Herrn Wolfgang in Ängste versetzt hat«, im Zoo, wo sie einen jungen Elefanten sahen und (laut Nannerls Tagebuch) »einen Esel, der hat weiße und kaffeebraune Striche und so gleich, daß man es nicht besser malen könnte« – ein Zebra also.

Sie besuchten auch das British Museum und schauten sich dort ehrfürchtig Notenhandschriften berühmter alter Meister an. Vater Mozart war ganz sicher: Wolfgang würde diesen Meistern einmal ebenbürtig sein. So schenkte das Wunderkind diesem Museum eine handgeschriebene Komposition: eine vierstimmige Motette »God is our Refuge« zum Andenken.

Vater Mozart kaufte in London teure technische Instrumente, Mikroskope und Fernrohre, die er den Kindern erklärte. Sie besichtigten Canterbury und ließen sich von einem englischen Kavalier zum Pferderennen aufs Land einladen. Dort trafen sie den niederländischen Botschafter, der sie überredete, die Hauptstadt der Niederlande, Den Haag, zu besuchen. Dort nämlich hätte eine Prinzessin »so außerordentliche Begierde«, die Wunderkinder zu sehen – und der junge Prinz von Oranien, der Herrscher der Niederlande, natürlich auch.

Holland

Also änderten sie ihre Reisepläne und verließen England im Juli 1765, um nach Holland zu fahren. Nach den Erfahrungen der Hinreise hatten sie große Angst vor der Überfahrt über den Ärmelkanal, und Vater Leopold ließ in Salzburg sechs Messen lesen: »Diese sollen uns den Weg über das Meer bahnen.« Doch dann wurde es gar nicht schlimm, und wohlbehalten kamen sie bei schönem Wetter »mit gesundem Magen« in Calais an, wo sie auch ihren Wagen unbeschädigt vorfanden.

Auf der Reise, in Lille, bekam Wolfgang eine fiebrige Angina und fühlte sich sehr schlecht. Dann erkrankte auch der Vater. Einen Monat mußten sie in Lille im Hotel bleiben, ohne Einnahmen zu haben. »Halb gesund und halb krank« setzten sie die Reise fort. Über Gent, Antwerpen, Rotterdam ging es weiter, wo Wolfgang jeweils auf der besten Orgel der Stadt übte. Sie sahen sich auch die berühmten Kirchengemälde an, und der Vater schwärmte von der holländischen Reinlichkeit, »die vielen von uns als zu übertrieben scheinet«.

Am 10. September erreichten sie nach großen Strapazen endlich Den Haag, quartierten sich bei einem Uhrmacher ein und gaben zwei Tage später schon das erste Konzert am Hof der Niederlande, aber ohne Nannerl: Sie brach nach der Ankunft zusammen und konnte nicht auftreten. Es ging ihr sehr schlecht. Die Ärzte rätselten: Waren es die Pocken? Nein, offenbar litt sie an Typhus. Leopold Mozart: »Ich sah meine Tochter täglich abnehmen; sie hatte nun nichts mehr als Haut und Knochen ... Der Arzt hatte selbst keine Hoffnung mehr.«

Vater und Mutter versuchten, die Kranke in langen Gesprächen auf den Tod vorzubereiten, sie »von der Eitelkeit dieser Welt, von dem glückseligen Tode der Kinder« zu überzeugen, »da inzwischen der Wolfgangl im andern Zimmer sich mit seiner Musik unterhielt«. Er durfte wegen der Anstekkungsgefahr nicht zur Schwester und komponierte in dieser Zeit seine dritte Sinfonie.

Schließlich erhielt Nannerl die letzte Ölung. Im Fieber redete sie wirr, »bald englisch, bald französisch, bald deutsch, und da sie von unseren Reisen Materie genug im Kopfe hatte, so mußten wir, bei aller Betrübnis, oft lachen. Das war etwas, so den Wolfgangerl ein wenig aus seiner Traurigkeit brachte, die er wegen seiner Schwester hatte.« Die Krankheit war so schlimm, daß Vater Leopold kaum noch an die großen Ausgaben ohne jede Einnahme dachte: »Basta! Was ist es um das Geld! Wenn ich nur mit den meinigen wieder gesund davonkomme.«

Aber dann gab es Hoffnung: Die Prinzessin von Oranien schickte ihren Leibarzt, der eine neue Behandlung einleitete. Langsam erholte sich das Kind. Aber es blieb die große Sorge: Wann würden sie weiterreisen können? Es wurde Winter, und sie hatten noch nicht einmal warme Kleider und Pelze:

Der Arzt Dr. Thomas Schwenke rettete den kranken Mozart-Kindern in Holland das Leben.

Die lagen in Paris, also unerreichbar. Wie würden sie jemals nach Hause kommen?

Als die ganz magere Nannerl erste Gehversuche machte, erkrankte Wolfgang schwer. Acht Tage lang lag er, ohne ein Wort zu sprechen, dann redete er im Fieberwahn ebenso irr wie vorher Nannerl. Die Eltern wechselten einander wieder am Krankenbett ab, während auch Nannerl noch sehr viel Pflege brauchte. Sein Zustand war noch schlechter als der Nannerls. Der Vater holte Ärzte, ließ in Salzburg Messen lesen und betete. Nach vierwöchiger Krankheit war der Neunjährige so elend, »daß er nicht nur absolut unkennbar ist, sondern nichts als seine zarte Haut und kleine Gebeine mehr an sich hat«.

Gegen Jahresende 1765 gab es wieder Hoffnung. Kaum ging es dem Buben etwas besser, verlangte er nach Papier und Tinte: Er wollte Noten schreiben. Die Mutter gab seinem Drängen nach, legte ihm ein Brett quer übers Bett, stützte seinen Rücken und Kopf ein wenig hoch und hielt ihm sogar die Schreibfeder, weil seine kleinen Hände zu schwach waren. Auf diese Art schrieb der Bub eine Sopran-

Der junge Prinz Wilhelm V. von Oranien

arie für die Prinzessin von Oranien als Dank für ihre Hilfe. Beim Komponieren wurde er langsam gesund.

So rasch wie irgend möglich wurde ein öffentliches Konzert der beiden Kinder in Den Haag angesetzt, wofür Vater Mozart in seiner Wohnung die Karten verkaufte. Die Preise waren hoch: drei Gulden pro Person.

Dann fuhren sie zu einem Konzert nach Amsterdam, sieben Stunden in der Kutsche bei bitterer Kälte und ohne warme Mäntel. Um die Sensation zu erhöhen, war Wolfgangs Alter mit acht Jahren und elf Monaten angegeben, obwohl er schon fast zehn war. Das fiel nicht auf, denn der Bub war durch die Krankheit noch zarter als sonst. Bei diesem Konzert dirigierte Wolfgang seine neue, in Den Haag komponierte Sinfonie, außerdem spielten die Geschwister ein Konzert Wolfgangs für zwei Klaviere. Der Erfolg war groß.

Aus dem Notenbuch des Neunjährigen zur Zeit seiner Krankheit

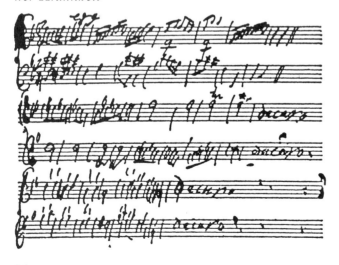

Ansicht der holländischen Stadt Haarlem, wo die Familie Mozart Station machte

Anfang März ging es wieder nach Den Haag zurück. Denn dort stand ein großes Fest bevor: der Regierungsantritt des inzwischen volljährig gewordenen Prinzen Wilhelm V. von Oranien. Wolfgang hatte für ihn eine Huldigungsmusik verfaßt: Variationen über die niederländische Nationalhymne, die auch im Druck erschienen und bei dem Fest gut verkauft wurden. Die Wunderkinder durften wieder bei Hof auftreten, und der neue Herrscher der Niederlande und seine Schwester, die Prinzessin Oranien-Weilburg, verwöhnten die Familie Mozart mit großer Zuneigung, Geschenken – und mit dem so nötigen Geld. Als besondere Ehre für Vater Mozart

wurde ihm seine »Violinschule« in niederländischer Ausgabe feierlich überreicht.

Nach diesem schönen Abschluß des so sorgenreichen Aufenthaltes machten sie sich Ende März 1766 wieder auf die Reise und fuhren über Haarlem, Amsterdam, Utrecht, Antwerpen, Mecheln, Brüssel, Valenciennes, Cambrai zurück nach Paris.

Sie gaben hier wieder einige Konzerte, denn Vater Mozart dachte nicht daran, »schnurgerade nach Salzburg« zurückzufahren. »Es würde meinen Kindern und meinem Geldbeutel zu beschwerlich fallen. Es wird mancher noch etwas zu dieser Reise bezahlen, der jetzt noch nichts davon weiß.« Zweimal traten die Kinder noch vor dem französischen Hof in Versailles auf.

Erst Anfang Juli 1766 verließen die Mozarts Paris. Zwei Wochen Dijon, vier Wochen Lyon, dann drei Wochen Genf, Lausanne. Überall Konzerte, Erfolge und rühmende Zeitungsberichte, so etwa in Lausanne: »Man kann voraussagen, daß er einst einer der größten Meister seiner Kunst sein wird.« Wolfgangs Bescheidenheit, vor allem aber seine Zärtlichkeit gegenüber dem Vater wurden gepriesen. Es sei so schön, die »liebenswürdigen Kinder zu sehen, die stolzer sind auf seinen zustimmenden Blick, den sie mit einer zärtlichen Unruhe in seinen Augen suchen, als auf den Beifall eines ganzen Publikums«.

Acht Tage Bern, zwei Wochen Zürich, Winterthur, vier Tage Schaffhausen, dann eine ganz große Freude für Wolfgang: Sie besuchten Sebastian Winter, den geliebten ehemaligen Diener und Reisegefährten, inzwischen Kammerdiener des Fürsten Fürstenberg in Donaueschingen. Hier verbrachten sie elf wunderschöne Tage. Der Fürst, ein guter Pianist und Cellist, musizierte gemeinsam mit den Mozarts und seiner guten Hofkapelle und verwöhnte die Wunderkinder mit Geld und Geschenken, so auch mit zwei Diamantringen. Wolfgang komponierte ihm zum Dank Solostücke für Violoncello. Beim Abschied von Donaueschingen weinten die Mozarts und der Fürst und der Diener Sebastian.

Über Ulm, Dillingen (dort bekamen sie von Fürst Taxis ebenfalls zwei Ringe) ging es weiter nach Biberbach. Hier wurde Wolfgang zum Orgelwettstreit mit dem um zwei Jahre älteren schwäbischen Wunderkind Joseph Bachmann eingeladen. Beide Kinder sollen sehr gut gespielt haben. Wer Sieger wurde, ist unklar. (Bachmann ging später in ein Kloster und wurde ein tüchtiger, aber keineswegs wunderbarer Organist und Komponist.)

In München, so nah dem heimatlichen Salzburg, wurde Wolfgang wieder krank. Leopold Mozart: »Er konnte auf keinem Fuß stehen, keine Zehen und keine Knie bewegen. Kein Mensch durfte ihm in die Nähe kommen, und er konnte vier Nächte nicht schlafen.« Wieder einmal, wie schon vor einigen Jahren in Salzburg, war es eine Art fiebriger Gelenkrheumatismus. Sie mußten eine Ruhepause einlegen.

Der Vater machte sich große Sorgen um die Zukunft: Nannerl war nun schon fünfzehn Jahre alt und kaum noch als »Wunderkind« zu bezeichnen. Wolfgang würde bald elf werden. Es blieben nur noch ganz wenige Jahre, um diese »Wunder der Natur« in der Welt herumzuzeigen und damit Geld zu verdienen. Nur aus dieser Angst um die Zukunft ist zu verstehen, daß Leopold Mozart seine von Krankheiten geschwächten Kinder so unerbittlich durch die europäischen Städte zwang. »Jeder Augenblick, den ich verliere, ist auf ewig verloren«, klagte er, »und wenn ich jemals gewußt habe, wie kostbar die Zeit für die Jugend ist, so weiß ich es jetzt.«

Die Kinder seien von jung an Arbeit gewöhnt, aber: »Sollten sie sich an müßige Stunden gewöhnen, so würde mein ganzes Gebäude über den Haufen fallen.« Müßige Stunden hatten die Mozart-Kinder wirklich nie – aber sie wußten es nicht anders und blieben gehorsam.

Fremd in der Heimatstadt

Ende November 1766, nach mehr als dreijähriger Abwesenheit, kamen die Mozarts nach Salzburg zurück, von einem langen, lobenden Zeitungsartikel empfangen. Es sei »gewiß, daß niemand in ganz Europa so berühmt ist, als der Herr Mozart mit seinen zwei Kindern«. Weitere Triumphe wurden gleich angekündigt: Die Familie werde »in Bälde gar das ganze Skandinavien und das ganze Rußland und vielleicht gar China bereisen«. In einer anderen Ausgabe schilderte die Zeitung die Geschenke, die die Mozarts mitgebracht hatten: neun goldene Taschenuhren, zwölf goldene Tabakdosen, »goldene Ringe mit schönsten Edelsteinen besetzt hat er so viele, daß er selbst nicht weiß wie viele«. Ohrgehänge, Schreibzeug, auch die Zahnstocherdose wurde nicht vergessen und »dergleichen Galanteriewaren ohne Zahl und ohne Aufhören«. Die Salzburger sollten gefälligst wissen, mit wem sie es zu tun hatten!

Wie eng doch hier alles war! Und vor allem: Die Salzburger Musiker waren so viel schlechter als die großen Virtuosen, die sie auf der Reise getroffen hatten! Die beiden Wunderkinder und ihr selbstbewußter Vater fühlten sich fremd in ihrer alten Umgebung und galten bald als hochmütig und eingebildet. Die alten Freunde, die sie noch so herzlich empfangen und ausgefragt hatten, zogen sich mehr und mehr von ihnen zurück.

Besonders der zehnjährige Wolfgang, der Star der Familie, zeigte allzu deutlich sein Selbstbewußtsein. (Welche Schwierigkeiten sollte er damit später noch haben!) Seine Schüchternheit war verflogen. Nun trat er in Salzburg ganz als das weltberühmte Wunderkind, der große Künstler auf. Er war sich seiner Einzigartigkeit voll bewußt.

Das machte manchen Leuten Schwierigkeiten, denn sie wußten nicht, wie sie diesen Zehnjährigen behandeln sollten, so auch ein vornehmer Herr, der zu Besuch in Salzburg war. Nannerl erzählte: Der Fremde wollte zu Wolfgang nicht du sagen, das war ihm zuwenig, Sie oder Ihnen aber zuviel für ein Kind. Er behalf sich mit der Anrede »Wir« und begann leutselig: »Wir waren also auf Reisen, haben Uns viele Ehre gemacht«, und so fort. Sogleich unterbrach ihn der kleine Mozart kühl: »Ich habe Sie noch nirgends gesehen oder getroffen als in Salzburg.« Bald hieß es, der Ruhm sei dem Kind zu Kopf gestiegen.

Erzbischof Schrattenbach aber war weiterhin großzügig und gab dem Elfjährigen den ersten bezahlten Kompositionsauftrag seines Lebens: für das Oratorium »Die Schuldigkeit des ersten Gebotes«.

Fürsterzbischof Graf Schrattenbach

Salzburger Alltag vor der Kollegienkirche

Damit niemand behaupten könne, der Vater habe geholfen, ließ der Erzbischof den Knaben zum Komponieren einschließen. 208 Seiten lang war diese Komposition, mit einer Sinfonie, acht Arien und einem Schlußterzett. Die Notenblätter waren voller Tintenkleckse. Aber die Musik war in Ordnung. Der Salzburger Erzbischof bestätigte, daß der Elfjährige sie ohne jede Hilfe geschrieben hatte – und das war sehr wichtig: Denn wer würde das Zeugnis eines Fürsterzbischofs anzweifeln?

Nun fühlte sich Wolfgang ganz als Komponist und mußte mit großer Mühe dazu gebracht werden, auch etwas anderes zu lernen als Komponieren (etwa deutsche Rechtschreibung oder Latein). Inzwischen machte er schon Übungen im strengen Kontrapunkt, den schwersten Regeln der alten Musik. Wenn das Lernen allzu mühsam wurde, rettete er sich mit einem kleinen Spaß (denn aufhören erlaubte der Vater nicht): Er ließ die Stimmen als »Signor d'Alto« auftreten, als »Marchese Tenore« und »Duca Basso« (Herr von Alt, Graf Tenor und Herzog Baß), und ließ sie ihre Stimmen gegen- und miteinander führen. Dann ging es wieder für eine Weile leichter.

Das Komponieren war gegen den Kontrapunkt eine wahre Erholung! Wolfgang schrieb Märsche und Menuette und Serenaden für den Salzburger Hof, Kirchensonaten, Messen und Kantaten für den Salzburger Dom. Seine Angst vor Trompeten war inzwischen verflogen, und Freund Schachtner spielte stolz Wolfgangs Fanfarenstücke für Trompete und Pauke. Dann schrieb er die Musik zu einer kleinen lateinischen Schuloper »Apollo und Hyazinthus«, die von Salzburger Studenten zu Ende des Schuljahres in der Aula der Universität aufgeführt wurde. (Sehr gut in Latein war Wolfgang allerdings nicht: Die Musik paßt nicht so ganz zum Text.)

Seine Sinfonien wurden immer kunstvoller. Diese Sinfonien sind natürlich nicht mit denen Beethovens oder denen des erwachsenen Mozart zu vergleichen: Sie waren nach alter Tradition vor allem dazu da, in ein Konzert oder auch eine Oper einzuführen – auch Opern-Ouvertüren hießen damals »Sinfonien« – und sie abzuschließen. Sie wurden häufig gebraucht und rasch komponiert – und zwar für ziemlich kleine Besetzung. (Näheres auf Seite 228.) Die Salzburger Musiker komponierten jährlich mehrere Sinfonien für alle möglichen Anlässe. Daß Mozart in den 35 Jahren seines Lebens einundvierzig Sinfonien schrieb, ist nicht besonders viel. (Joseph Haydn etwa schrieb 104.)

Die zweite Wien-Reise

»Sollte ich vielleicht in Salzburg sitzen, in leerer Hoffnung nach einem besseren Glück seufzen, den Wolfgang groß werden und mich und meine Kinder bei der Nase herumführen lassen?« grollte Vater Mozart ungeduldig. Denn er wußte nur allzu genau: Die Wunderkindzeit war bald vorbei. Wolfgang mußte seinen Weg als Komponist finden. Daß er auch als solcher ein »Wunder« sein würde, daran zweifelte der stolze Vater nicht. In Salzburg aber war keine Zukunft für ihn. Salzburg hatte ja keine große Oper, keine guten Sänger. Und Wolfgang wollte (und sollte) vor allem ein berühmter Opernkomponist werden.

Der Vater hatte einen Zukunftsplan mit folgenden Zielen: zunächst Wien, dann Italien und die Welt. »Ist der Ruhm, eine Opera für das Wiener Theater geschrieben zu haben, nicht der beste Weg, nicht nur einen Kredit in Deutschland, sondern in Italien zu erhalten?«

Also wieder nach Wien! Dort hatten sich freilich die Verhältnisse seit dem letzten Besuch der Mozarts sehr geändert: Kaiser Franz war gestorben. Die Kaiserin trauerte und wollte keine Feste mehr feiern und keine Oper mehr besuchen. Neuer Kaiser war ihr Sohn Joseph II., der in den österreichischen Ländern Mitregent seiner Mutter war. Er war sehr sparsam und verabscheute es, für Vergnügungen Geld auszugeben. Aber immerhin: Er war musikalisch, spielte Klavier und Cello, machte regelmäßig Kammermusik und war für die Oper und das Theater zuständig.

Am Wiener Kaiserhof stand wieder eine große Hochzeit bevor: Erzherzogin Maria Josepha sollte den König von Neapel-Sizilien heiraten. Da könnte doch Wolfgang mit Konzerteinladungen rechnen, vielleicht sogar mit einem Opernauftrag, hoffte Vater Mozart.

Im September ging also Familie Mozart wieder auf die Reise nach Wien, mit eigenem Wagen und Diener. Quartier bezogen sie bei einem Goldschmied und nützten ihre Zeit vor allem, um die neuesten Opern von Hasse und Gluck zu hören und auf eine Einladung an den Kaiserhof zu warten.

Kaiser Joseph II. ließ sich stolz als Musikliebhaber am Spinett malen, mit zweien seiner Schwestern als Sängerinnen

Sie warteten vergeblich. Die Pocken waren wieder in Wien – und verschonten auch die Kaiserfamilie nicht: Kurz vor ihrem Hochzeitstag starb im Oktober die sechzehnjährige Erzherzogin. Aus der Hochzeit wurde eine Begräbnisfeier. In Wien verbreitete sich große Angst, bald auch bei der Familie Mozart: Denn der älteste Sohn ihrer Quartiersleute bekam die Pocken, dann zwei jüngere Kinder.

Die Mozarts flohen aus Wien und reisten angsterfüllt zu reichen Verehrern nach Brünn, von dort weiter nach Olmütz. Hier wurde Wolfgang krank: Er hatte Augenschmerzen, Fieber, Schwellungen und entzündliche Hautausschläge. Es waren die Pocken.

In ihrer Verzweiflung fanden die Mozarts unerwartete Hilfe beim Olmützer Domdechanten, einem großen Musikliebhaber. Er hatte keine Angst vor der Ansteckung, nahm die ganze Familie in seinem Haus auf, verwöhnte sie und ließ einen guten Arzt kommen.

Nach sorgenvollen Tagen, an denen Wolfgang völlig blind war, erholte sich das Kind. Um die Augen zu schonen, durfte er aber längere Zeit nicht schreiben und lesen. Wegen der Ansteckungsgefahr wurde auch Nannerl von ihm ferngehalten.

Über die Langeweile halfen die täglichen Besuche eines jungen Kaplans hinweg: Er brachte dem Kranken Kartenkunststücke bei, über die noch viel später Mozarts Freunde staunten. Weil das Kind weiterhin große Unruhe zeigte, schickte der Dechant ihm seinen Fechtmeister für leichte Fechtübungen. (Mozarts Liebe zum Fechten ging später in die erste Szene des Don Giovanni ein.)

Als es Wolfgang besser ging, erkrankte Nannerl, aber zum Glück nicht so schwer. Zu Weihnachten 1767 waren beide Kinder wieder gesund. Nannerl freute sich, daß sie kaum Pockennarben im Gesicht hatte. Wolfgang aber war von der Krankheit zeitlebens gezeichnet: Sein Gesicht war voller Narben.

Der Kaplan Johann Leopold von Hay aus Olmütz, der Wolfgang mit Kartenkunststücken unterhielt

Das war aber jetzt nicht so wichtig: Sie hatten überlebt! Dem tüchtigen Arzt dankte Wolfgang mit seinem Lied »An die Freude«.

Vater Leopold: »Der gefährlichste Hauptsturm ist überstanden; wir sind alle durch die Gnade Gottes gesund, und meine Kinder haben gewiß nichts vergessen, sondern größern Fortschritt gemacht.« Erleichtert verbrachten sie das Weihnachtsfest in Brünn, gaben auch bald wieder ein erstes Konzert und fuhren so schnell wie möglich nach Wien zurück. Die Pocken fürchteten sie von nun an nicht mehr: Man konnte ja nur einmal im Leben daran erkranken.

Sehr bald kam eine Einladung zur Kaiserin. Wie stolz waren sie, daß die Kaiserin Mutter Mozart mitleidig »im Gesicht über die Wangen strich und bei den Händen drückte«, als diese über die Krankheit der Kinder erzählte. Nannerl trieb es vor Verlegenheit »sehr oft die Röte ins Gesicht«, sie stand schüchtern dabei.

Kaiser Joseph II. aber unterhielt sich mit Vater und

Sohn Mozart über Musik. Ob Wolfgang nicht Lust habe, eine Oper zu komponieren und selbst zu dirigieren, soll der Kaiser gefragt haben. Den erhofften Auftrag gab er allerdings nicht, und Vater Mozart brummte: »Allein was hilft alle die erstaunliche Gnade, die unbeschreibliche Leutseligkeit! Was ist die Wirkung davon? Nichts, als eine Medaille.«

Josephs Frage gab Leopold Mozart den Anlaß, es »einmal auf etwas ganz Außerordentliches ankommen zu lassen«: Er ließ, in Berufung auf den Kaiser, aber ohne Auftrag, Wolfgang seine erste große Oper schreiben, »La finta semplice« (»Die verstellte Einfalt«), eine italienische komische Oper. Leopold Mozart eigensinnig: »Wer nichts wagt, gewinnt nichts.« Und: »Es muß gehen oder brechen!«

Die Opernsituation in Wien war schwierig: Joseph II. hatte die kaiserliche Oper an einen Unternehmer verpachtet, der allein für die Opernaufträge zuständig war. Dieser Unternehmer schloß schließlich nach langem Drängen mit den Mozarts wirklich einen Opernvertrag für das übliche Honorar von hundert Dukaten ab.

Der Zwölfjährige war mit Eifer an der Arbeit, obwohl es Schwierigkeiten mit dem Buch gab. Erstens konnte Wolfgang noch nicht sehr gut Italienisch (er hatte ja bisher vor allem Französisch und Englisch gelernt). Außerdem ging es in dieser Oper um sehr verworrene Liebesgeschichten, die der Bub noch gar nicht durchschaute.

Das merkte man der Komposition sehr wohl an: Sie war zwar nach den Regeln der italienischen Oper gemacht, aber ohne den Figuren wirklich lebensechte Züge zu geben. Vater Mozart muß das sehr wohl erkannt haben, denn er betonte gegenüber dem Kaiser, »daß eine auch sehr mittelmäßige Musik von einem so jungen Knaben wegen dem außerordentlich Wunderbaren, und schon um dieses Kind im Orchester beim Klavier sein Werk dirigieren zu sehen, die ganze Stadt ins Theater ziehen müsse«.

Wieder einmal ging es ihm vor allem um die Sensation – ohne Rücksicht darauf, daß dieser Opernauftrag zu schwer für den Buben war. Das eben machten ihm seine Feinde zum Vorwurf.

Es gab immer neue Schwierigkeiten: Der Textdichter wurde mit den Änderungen nicht fertig, die Orchestermusiker murrten: Sie wollten sich nicht von einem Zwölfjährigen dirigieren lassen, waren sie doch einen Meister wie Gluck gewöhnt. Die Oper, die zu Ostern aufgeführt werden sollte, dann zu Pfingsten, wurde immer weiter verschoben. Wolfgang plagte sich monatelang, vom Vater angefeuert, redlich. Seine Oper hatte drei Akte mit sechsundzwanzig Arien und einer Einleitungssinfonie. Das Manuskript war 558 Seiten lang.

Vater Mozart beschuldigte die Wiener, »nichts als

Der Hofkomponist Christoph Willibald Gluck

närrisches Zeug, Tanzen, Teufel, Gespenster, Zaubereien, Hanswurst, Hexen und Erscheinungen« sehen zu wollen und keinen Sinn »für ernsthafte und vernünftige Sachen« zu haben, also nicht reif für Wolfgangs Kunst zu sein. Er verstrickte sich in

Opernaufführung im Schönbrunner Schloßtheater vor der versammelten Hofgesellschaft

Feindschaften – gegen die Sänger, gegen das Orchester und schließlich sogar gegen den Hofkomponisten Christoph Willibald Gluck (der unschuldig war). In Wien hänge das Fortkommen von Glück, Niederträchtigkeit und einer »recht kecken und verwegenen Windmacherei« ab und nicht von wirklichem Können, schimpfte Leopold Mozart. Er müsse gegen »Bestien in Menschengestalt« ankämpfen.

Er wurde fürchterlich wütend, wenn es jemand wagte, an dem einzigartigen »Wunder« seines Sohnes zu zweifeln. Da habe doch jemand gesagt, die Oper werde in Wahrheit nicht von dem Knaben, sondern vom Vater gemacht. Unerhört! rief Leopold Mozart und ließ bei den nächsten Konzerten den kleinen Wolfgang in aller Öffentlichkeit seine Fähigkeiten beweisen: Jemand schlug einen beliebigen Text des Hofdichters Metastasio auf, und Wolfgang setzte vor den Zuschauern in aller Eile die Musik dazu – mit den Orchesterstimmen. Mit diesen Vorführungen wollte Leopold Mozart »unsere Ehre hier retten, es koste, was es wolle«. Sie seien doch »keine Lügner, keine Scharlatane, keine Leutebetrüger«, auch keine Taschenspieler, die den Leuten »einen blauen Dunst vor die Augen machen, sondern ehrliche Männer, die der Welt ein Wunder verkündigen, welches Gott in Salzburg hat lassen geboren werden«.

Vor allem wollte Vater Mozart allen klarmachen, daß Wolfgang weit mehr als ein »Wunderkind« war: »Man denkt, es kommt nur noch auf ein paar Jahre an, alsdann verfällt es ins Natürliche und hört auf, ein Wunder Gottes zu sein.« Das »Wunder des Wolfgang Mozart« sei mehr und dauere über die Kindheit an. Er, Leopold Mozart, werde dieses Wunder weiter verkünden. »Und wie würde es sichtbarer als in einer großen volkreichen Stadt durch ein öffentliches Spektakel?« – nämlich mit der prächtigen Opernaufführung. Leopold Mozart beschwerte sich beim Kaiser, machte einen großen Wirbel, fiel sehr, sehr unangenehm auf in seinem verzweifelten Kampf und galt von nun an in Wien als Unruhestifter, von dem man sich möglichst fernhalten müsse.

Trotz aller Proteste des Vaters (»Welche Schande, welche Unmenschlichkeit«) wurde Wolfgangs Oper in Wien nicht aufgeführt. Er bekam auch nicht die hundert Dukaten, weil der Opernagent Bankrott machte (wieder ein Italiener! schimpfte Leopold Mozart).

Die Wiener hatten mit ihrem Urteil über »La finta semplice« aber nicht unrecht: Es stimmt wohl, daß der stolze Vater das Werk seines Buben überschätzte. (Auch heute wird es kaum aufgeführt, hat man doch so viele wunderbare Opern Mozarts aus der späteren Zeit.) Und die Konkurrenz von guten Opernkomponisten war in Wien groß. Im selben Jahr ging hier auch ein neuer Opernstern auf: der neunzehnjährige (Italiener!) Antonio Salieri brachte seine erste Oper erfolgreich heraus. Dagegen konnte der zwölfjährige Salzburger, der noch viel zu wenig Opernerfahrung hatte, nicht an!

Auch die Konzerteinladungen ließen nun nach. Wolfgang hatte noch die roten Flecken von seiner Krankheit im Gesicht und sah alles andere als hübsch aus, Nannerl war ein recht linkisches hochgewachsenes Mädchen von siebzehn Jahren geworden: So gar keine niedlichen Wunderkinder waren sie mehr wie einst beim ersten Besuch in Wien.

Länger als ein Jahr dauerte dieser unerquickliche Aufenthalt. Leopold Mozart: »Ich möchte vor Verdruß Pomeranzen scheißen.« »Die ganze Musikhölle« habe sich zum Ziel gesetzt, »daß man die Geschicklichkeit eines Kindes nicht sehen soll«.

Trost in der allgemeinen Mißstimmung brachte dann der Kompositionsauftrag eines reichen, musikbegeisterten Arztes: Dr. Franz Mesmer gab dem Buben das Textbuch für das Singspiel »Bastien und

Der spätere Hofkapellmeister Antonio Salieri

Bastienne« – mit elf Arien, drei Duetten und einem Terzett, und natürlich der Einleitungsmusik. Das Textbuch wurde aus dem Französischen ins Deutsche übersetzt – und vom Salzburger Freund Andreas Schachtner noch umgeändert, bis es dem Zwölfjährigen richtig gefiel.

Die Handlung ist einfach: Bastien und Bastienne sind junge Liebesleute vom Land, Schäfer und Schäferin. Eine vornehme Dame hat ein Auge auf den jungen schönen Schäfer geworfen, und Bastienne wendet sich in ihrer Not an den Wahrsager und Zauberer Kola. Dieser hilft mit guten Ratschlägen und Zauberei. Nach einigen Zweifeln fallen Bastien und Bastienne einander glücklich in die Arme – und das Singspiel endet mit einem Terzett.

Nur diese drei Personen kommen vor: Sopran, Tenor und Baß. Der kleine Komponist schrieb sehr einfache und volkstümliche Arien, die eigentlich Lieder sind. Auch das Orchester hat es nicht allzu schwer. Ein Dudelsack bringt die ländliche Note. Kurzum: die Musik ist schwungvoll, einfach und macht heute noch Spaß – ebenso wie vor zweihundert Jahren, als das Stück im schönen Gartenhaus Dr. Mesmers zum erstenmal unter Wolfgangs Leitung gesungen und gespielt wurde.

An diesem so hübschen Schäferstück sieht man erst

Romantische Schäferszene – die große Mode des 18. Jahrhunderts

recht, wie sehr Vater Mozart den Zwölfjährigen mit der großen italienischen Oper »La Finta semplice« überfordert hatte.

Gegen Ende dieses unerfreulichen Jahres in Wien bekam Wolfgang den Auftrag, eine Messe zur Einweihung der neuen Waisenhauskirche in Wien zu komponieren und sie auch selbst zu dirigieren. Das Orchester bestand aus Waisenkindern, die eine hervorragende musikalische Erziehung erhielten (und außerdem zu guten Soldaten erzogen wurden; die Buben hatten sogar eine hübsche blaue Uniform).

Die »Waisenhausmesse« ist eine Messe in ganz großer Besetzung: Chor, Soli, Streichorchester, Oboen, Trompeten und Pauken. Für einen besonders guten kleinen Trompeter schrieb Wolfgang noch ein Trompetenkonzert als Einlage.

Zum großen Kirchenfest erschien der Wiener Erzbischof, vor allem aber die Kaiserin mit vier ihrer Kinder, darunter Kaiser Joseph II., und einem großen Gefolge von Kavalieren, Hofdamen und Edelknaben. Es wurde ein großer Erfolg, und der Komponist wurde reich beschenkt und gelobt. Kaiser Joseph ermutigte ihn, recht bald nach Italien zu reisen, um dort seine Studien fortzusetzen. Er wolle sich bei seinem Bruder Leopold, dem Großherzog der Toskana, in Florenz, und seiner Schwester, der jungen Königin Maria Carolina von Neapel, für ihn einsetzen.

Versöhnt – und in der Vorfreude auf eine baldige Weiterreise nach Italien – fuhren die Mozarts nun endlich nach Salzburg zurück.

Hier zeigte Erzbischof Schrattenbach seine Zuneigung mit einer schönen Geste: Er ließ Wolfgangs Oper, die die Wiener verschmäht hatten, in der Salzburger Residenz aufführen – mit Salzburger Musikern, dirigiert vom Komponisten. Die Aufführung wurde natürlich nicht die Sensation, die Vater Mozart sich in Wien davon erhofft hatte, und alles

Die Zöglinge des neuen Waisenhauses beim Spaziergang auf dem Rennweg in Wien. Ein Offizier als Erzieher geht ihnen voran. Die Buben tragen blaue Uniformen, die Mädchen blaue Kleider.

ging mehr schlecht als recht, denn die Salzburger Musiker und Sänger waren mit einer richtigen Oper überfordert. Aber eine Freude war es doch, diese mühselige Arbeit nicht umsonst getan zu haben.

Der Dreizehnjährige widmete sich nun in Salzburg mehr denn je dem Komponieren: für den Fasching Tanzmusik, für die Sommerabende in der Residenz Serenaden, für nächtliche Ständchen Notturnos (Nachtmusiken), dann Märsche, Fanfaren, Jagdmusik. Gute Musiker erfreute er mit langen schönen Solostücken, und schlechte neckte er damit, daß er

falsche Noten in ihre Stücke schrieb. Dazu kamen natürlich Arien und Chöre für die Kirchenfeste und – die Dominikusmesse. Wolfgang komponierte sie für seinen besten Salzburger Freund, Kajetan Hagenauer, der als Pater Dominikus in das Benediktinerkloster St. Peter in Salzburg eintrat.

Als Anerkennung für seine Arbeit wurde der Dreizehnjährige zum dritten Konzertmeister der Salzburger Hofkapelle ernannt. Er bekam zwar kein Gehalt, doch der klingende Titel sollte ihm auf der Reise in Italien helfen.

Zum Studium nach Italien

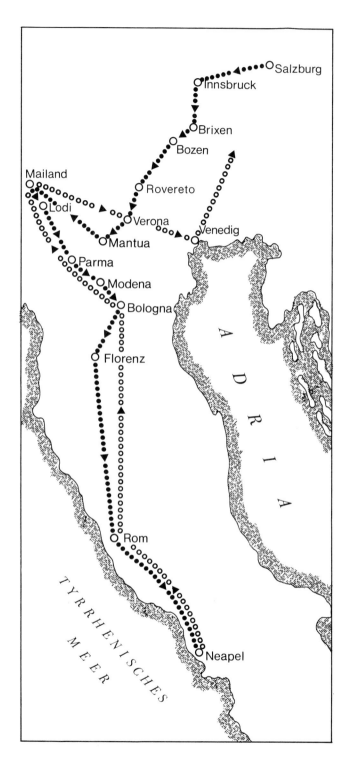

Die Wunderkindzeit war zu Ende. Die achtzehn-jährige Nannerl blieb mit der Mutter in Salzburg zurück. Nach Italien fuhren nur Vater und Sohn. Mit Konzerten sollte das Reisegeld hereinkommen – obwohl das in Italien sehr viel schwerer war als in anderen Ländern. Denn hier gab es so viele gute Musiker, daß sie sehr oft umsonst Konzerte gaben, nur um sich Ruhm in Italien zu erwerben.

Ziel der Reise war, aus Wolfgang einen berühmten Opernkomponisten zu machen. Hier, im Mutter-land der großen Oper, sollte er die berühmten Opernhäuser von Mailand, Venedig, Mantua, Ve-rona, Neapel und andere kennenlernen, die Partitu-ren der neuesten Werke studieren, mit berühmten Sängern und Musikern zusammenarbeiten. Er sollte sich ganz den Stil der großen italienischen Oper an-eignen – und dann möglichst bald eine »scrittura« annehmen, also einen Opernauftrag. Denn in Italien bestand stets Bedarf an guten Opern: Jedes Opern-haus brachte mehrmals im Jahr neue Stücke heraus, die vom Komponisten selbst einstudiert wurden. Be-rühmte Komponisten schrieben pro Jahr zwei, drei, vielleicht sogar vier neue Opern. Das würde Wolf-gang auch schaffen! Die Wiener würden dann nicht mehr an den Fähigkeiten des jungen Mozart zwei-feln wie bei der »Finta semplice«!

Sicherlich würde er bald an einem der prächtigen Fürstenhöfe Italiens eine feste Anstellung als Hof-kompositeur bekommen. Dann würde die Familie Mozart nach Italien übersiedeln und es den neidi-schen Salzburgern und Wienern recht zeigen! Von Italien aus würde Wolfgangs Ruhm durch die ganze Welt gehen!

68

In glücklicher, beschwingter Stimmung ging im Dezember 1769 die Reise los – diesmal ohne Klavier. Wolfgang an die »allerliebste Mama«: »Mein Herz ist völlig entzückt aus lauter Vergnügen, weil mir auf dieser Reise so lustig ist, weil es so warm ist in dem Wagen und weil unser Kutscher ein galanter Kerl ist, welcher, wenn es der Weg ein bißchen zuläßt, so geschwind fährt.« Der Schwester fügte Wolfgang noch den Nachsatz hinzu: »Canto sempre: Tralaliera, Tralaliera« (»Ich singe immer: Tralaliera . . .«). Er lernte während der Fahrt fleißig Italienisch.

Die Strapazen der Reise im Winter waren groß: Sie mußten mit meist sechs vorgespannten Pferden mühsam über die Alpenpässe, durch Schnee und Eis, jede Nacht in einer anderen Poststation. Täglich kamen sie etwa sechzig Kilometer voran: Die Reise war etwa viertausend Kilometer weit, von Salzburg aus bis tief hinunter nach Süditalien und zurück. Welches Unternehmen! Und welche Verantwortung für den Vater! Auch für ihn war es die erste Reise nach Italien.

Über Innsbruck, Brixen und Bozen (von Wolfgang böse »Sauloch« genannt, denn für landschaftliche Schönheit hatte er wenig Sinn), kamen sie vor Weihnachten in Rovereto an. Hier hatten einige Mozart-Verehrer für ihn schon tüchtig Reklame gemacht. Zum Orgelkonzert in der Pfarrkirche strömten die Menschen zusammen. Wolfgang an die Mutter: »Es mußten eigens starke Kerle vorangehen, um uns den Weg auf den Chor zu bahnen.« Ähnliches spielte sich in Verona ab. Auch hier trat Wolfgang noch ganz als Wunderkind auf, vor allem als Orgelvirtuose. In der berühmten Musikakademie von Verona legte er öffentlich Beweise seines Könnens ab – und wurde dafür einige Monate später zum »cavaliere filarmonico«, »Ritter der Musik«, ernannt.

Bei allen Erfolgen blieb der inzwischen Vierzehn-

jährige übermütig wie eh und je. »Jetzt hört der deutsche Tölpel auf und fängt das welsche Tölperl an«, schrieb er der Schwester. Es war Karneval, und dazu gehören in Italien, damals wie heute, schöne Masken. Unter seiner »Larve« versteckt, trieb Wolfgang Schabernack, auch in der Oper, wo er seine Studien machte.

Die Reise jedoch wurde immer anstrengender und ermüdender, da halfen auch keine Späße. Aus der eisigen Luft tagsüber in der Postkutsche kamen sie am Abend in überheizte Poststationen. Wolfgang sah aus, »als hätte er einen Feldzug getan, ein wenig

Die Evangelien-Orgel in Verona, wo Wolfgang ein umjubeltes Konzert gab

rotbraun, sonderheitlich um die Nase und den Mund«, und hustete wieder. In Mantua kam er mit vom Frost steifen Händen an. Wie sollte er nur Klavier spielen? Aber eine fürsorgliche Dame half und massierte ihm mit einer Creme die Finger. So konnte er am Abend musizieren.

Drei Wochen, bis Mitte März, blieben sie in Mailand, der Hauptstadt der damals noch österreichischen Lombardei, und erholten sich: Im Augustinerkloster, wo sie wohnten, hatten sie einen Mönch als Diener, der ihnen jede Nacht die Betten vorwärmte, worüber der stets frierende Wolfgang »beim Schlafengehen allezeit in seinem Vergnügen war«.

Auch Graf Firmian, der Statthalter der Lombardei, empfing den Buben zu einem festlichen Konzert. Hier, vor der versammelten vornehmen Mailänder Gesellschaft, stellte sich Wolfgang auch als Komponist italienischer Arien vor – zum Beweis, daß er eine Oper schreiben konnte.

Der Beweis gelang: Zur größten Freude von Vater und Sohn bekam Wolfgang einen Opernauftrag für Mailand fürs nächste Jahr. Das Textbuch sollte rechtzeitig geschickt werden. Welch ein Erfolg!

Wolfgang hatte allen Grund, Späße zu machen, vor allem wieder in den Briefen an Nannerl: ». . . und bleibe der nämliche . . . aber wer? . . . der nämliche Hanswurst, Wolfgang in Deutschland, Amadeo in Italien De Mozartini.« Er schickte der Schwester »hundert Busserln oder Schmatzerln auf Dein wunderbares Pferdegesicht« und bat sie: »Schreibe mir, wie es dem Herrn Kanari geht. Singt er noch? Pfeift er noch? Weißt Du, warum ich an ihn denke? Weil in unserem Vorzimmer einer ist, welcher ein G'seis macht wie unserer.«

Über Lodi, wo Wolfgang sein erstes Streichquartett komponierte, ging es weiter über Parma und Modena nach Bologna. Dort wohnten sie beim reichen Grafen Pallavicini, der von Wolfgang so begeistert war, daß er ihn an seinen mächtigen Vetter in Rom,

In Verona war ein reicher Zuhörer Wolfgangs so begeistert, daß er dieses Porträt von dem Vierzehnjährigen malen ließ.

den Kardinalstaatssekretär Pallavicini, empfahl – mit der Bitte, Mozart in Rom zu unterstützen und ihn dem Papst vorzustellen. Der Graf machte Mozart auch mit dem berühmtesten Musiklehrer Italiens, dem Franziskanerpater Martini, bekannt, und dieser erklärte sich bereit, dem wunderbar begabten Knaben Unterricht im Kontrapunkt zu geben – eine große Ehre und Auszeichnung.

Ende März trafen sie in Florenz ein, der Hauptstadt der Toskana. Hier herrschte der zweite Sohn der Kaiserin Maria Theresia, Großherzog Leopold. Die Mozarts trafen hier viele Österreicher, von den Diplomaten und Hofdamen bis zu den Kammerfrauen und Köchen, konnten meist deutsch sprechen und

Die Piazza della Signoria in Florenz, 1742 von Bernardo Bellotto (genannt Canaletto) gemalt. Der Platz hat sich bis heute kaum verändert.

fühlten sich in der herrlichen Stadt so heimisch, »daß man hier leben und sterben soll«, wie der Vater nach Salzburg schrieb. Im Konzert bei Hof bekam Wolfgang wieder einige Aufgaben und löste sie so leicht, »wie man ein Stück Brot ißt«.

Der Großherzog empfing sie im Palazzo Pitti – und fragte huldvoll, wie es Nannerl und der Mutter gehe. Damals in Wien seien die Mozarts doch zu viert gewesen? Leopold Mozart freute sich: War solche Huld nicht ein Zeichen dafür, daß der Großherzog Wolfgang sicher in Florenz anstellen wolle? Aber ihre Hoffnungen wurden bitter enttäuscht.

In Florenz traf Wolfgang den alten Freund aus London, den Kastraten Manzuoli, der ihn einst in die Welt der italienischen Oper eingeführt hatte. Nun schrieb Mozart ihm eine große italienische Arie, um zu zeigen, was er in der Zwischenzeit gelernt hatte. Alle Wege schienen offen zu sein.

Die wichtigste Begegnung für Wolfgang in Florenz war aber die mit einem gleichaltrigen Wunderkind aus England: dem Geiger und Komponisten Thomas Linley, in Italien zärtlich »Tommasino« genannt. So viele angebliche Wunderkinder hatte Wolfgang nun schon erlebt. Keines war darunter gewesen, das er als gleichrangig anerkannt hätte. Tommasino aber war die große Ausnahme: Die beiden Knaben waren bald unzertrennlich. Sie musizierten miteinander, am liebsten beide auf der

Tommasino Linley mit seiner älteren Schwester, gemalt von Thomas Gainsborough

Geige. Sie zeigten einander ihre Kompositionen und erzählten von ihren großen Plänen (Wolfgang natürlich von den Opern, die er bald schreiben wolle). Beide waren froh, endlich nicht mehr als »Wunder« allein zu sein. Die genialen Kinder wetteiferten, wie Leopold Mozart bemerkte, in aller Freundschaft, »nicht als Knaben, sondern als Männer«. Sie gaben gemeinsame Konzerte, wurden als doppeltes Wunder umjubelt und als hoffnungsträchtige Musikgenies gepriesen.

Doch Wolfgang mußte seine Reise fortsetzen. Beim Abschied übergab der weinende Tommasino seinem Freund ein langes rührendes Gedicht und begleitete den Wagen noch bis zum Stadttor von Florenz. Dann winkten sie einander noch lange zu, beide

schluchzend. (Sie sollten einander nicht wiedersehen. Thomas Linley ertrank 1778 bei einer Bootsfahrt, zweiundzwanzig Jahre alt.)

Vater und Sohn mußten sich beeilen, um rechtzeitig zur Karwoche in Rom einzutreffen. Die Reise war beschwerlich. Wolfgang klagte über das schlechte Wetter und mangelhaftes Essen: »Nur ein paar Eier und Broccoli« habe er bekommen. Am Karmittwoch trafen sie bei Donner und Blitz in Rom ein und eilten, noch in Reisekleidern, sofort in die Sixtinische Kapelle. Denn hier wurde an diesem Tag das berühmte »Miserere« von Allegri gesungen. Dieser neunstimmige Doppelchor durfte auf päpstliche Weisung nur an zwei Tagen des Jahres (Karmittwoch und Karfreitag) und nur in der Sixtinischen Kapelle musiziert werden. Um andere Aufführungen zu verhindern, war jede Abschrift der Partitur verboten.

Eine herrliche Gelegenheit, um Wolfgangs wunderbares musikalisches Gedächtnis zu zeigen! dachte Vater Mozart. Rom würde eine Sensation haben und der Name Mozart mit einem Schlag berühmt sein! Er machte mit dem Buben einen Plan: Wolfgang solle gut aufpassen, sich die Musik merken und dann rasch, kaum daß er aus der Kapelle draußen war, alles nach dem Gedächtnis aufschreiben. Eine Abschrift der Noten war verboten, aber eine Niederschrift aus dem Gedächtnis nicht. So etwas hielt bei dieser komplizierten Partitur ohnehin niemand für möglich.

Wolfgang freute sich über die schwere Aufgabe, denn auf sein Musik-Gedächtnis konnte er sich verlassen. Am Karfreitag gingen sie dann noch einmal in die Sixtinische Kapelle. Wolfgang achtete aber wieder nicht auf die berühmten Gemälde des Michelangelo: Er schaute immer nur auf seinen Hut. Denn darunter hatte er seine Notizen versteckt, die er nun mit dem Gehörten noch einmal verglich, um später korrigieren zu können. Dann war Wolfgang zufrieden: Er hatte die höchst geheime Partitur des »Miserere« in der Hand.

Vater Mozart tat alles, um diese Sensation in Rom bekanntzumachen: Er besuchte mit Wolfgang einen päpstlichen Sänger, der das Stück genau kannte, ließ den Buben auf dem Klavier vorspielen, was er aufgeschrieben hatte, und bekam die Bestätigung: »Unglaublich! Ja, das ist Allegris Chor! Aber so viele Noten kann sich doch kein Mensch merken!« Der Vater nickte zufrieden und verwies auf die wunderbaren Fähigkeiten seines Sohnes.

Der Papst erfuhr von der Neuigkeit, die Kardinäle, die Musiker. Und natürlich ließen sich auch die römischen Zeitungen die Geschichte des fremden Wunderkindes nicht entgehen. Genau dies hatte Vater Mozart beabsichtigt. Sie bekamen viele Einladungen in die vornehmsten Häuser, wo Wolfgang seine Künste zeigte und sich feiern ließ.

Dann drangen sie mit einem Trick bis zur Kardinalstafel in die innersten Gemächer des Vatikans vor: Vater Mozart schickte seinen Diener vor. Der rief »in deutscher Sprache den geharnischten Schweizern zu, daß sie Platz machen sollten«. Und die sonst so strenge Schweizer Garde, die den Papst vor fremden Eindringlingen beschützen sollte, salutierte und ließ den vermeintlichen deutschen Prinzen mit seinem Erzieher passieren. – Es war nämlich gerade ein sächsischer Prinz zu Gast in Rom, und die Garden hatten Schwierigkeiten, die Fremden auseinanderzuhalten. Wolfgang sprach dann auch ganz ungeniert mit Kardinalstaatssekretär Pallavicini, der schon durch seinen Verwandten auf den Besuch des Wunderkindes vorbereitet war. Er versprach, sich beim Papst einzusetzen. Auf der Heimreise würden die Mozarts wieder in Rom Station machen. Dann würde man weitersehen.

Das nächste Ziel war Neapel, damals mit rund 400 000 Einwohnern eine der größten Städte Europas, berühmt für seine herrliche Oper, das »Teatro San Carlo«. Das Haus faßte dreitausend Zuhörer in 184 Logen in sechs Rängen übereinander. Das Orchester war riesig und (gegenüber München oder Wien) zwei- bis dreifach besetzt. Die Oper von Neapel war der Traum für jeden ehrgeizigen Opernkomponisten. Ob hier jemals eine große Mozart-Oper uraufgeführt und vom Komponisten dirigiert werden würde?

Königin Maria Carolina von Neapel würde helfen, war sie doch eine Tochter der Kaiserin Maria Theresia und eine Zeugin von Wolfgangs großem Auftritt in Schönbrunn.

Die Mozarts ließen sich neue Staatskleider schneidern: Wolfgangs Anzug war rosa mit Silberspitzen und himmelblauem Taftfutter. Vater Leopold suchte sich einen zimtfarbenen mit apfelgrüner Fütterung und ebenfalls silbernem Spitzenbesatz aus. Wolfgang an Nannerl: »Gestern haben wir unsere neuen Kleider angezogen; wir waren schön wie die Engel.« Und dann warteten sie länger als einen Monat auf eine Einladung vom königlichen Hof und nützten die Zeit für Konzerte.

Dabei passierte einmal etwas Merkwürdiges: Niemand klatschte Beifall. Die Leute raunten nur irgend etwas, was die Mozarts nicht verstanden und was so klang wie »Zauberei, Zauberei«. Was war passiert? Wolfgang trug, wie bei allen großen Konzerten, seinen auffälligen Diamantring, den ihm einst Maria Theresia geschenkt hatte. Die Leute meinten nun, der fremde Knabe trage einen Zauberring und spiele deshalb so wunderbar. Wolfgang legte den Ring ab und spielte ohne Ring weiter: Also, es war doch keine Zauberei!

Da weiter die Einladung vom Hof ausblieb, machten sie Ausflüge zum Vesuv. Dann taten sie etwas für ihre klassische Bildung und besichtigten die Ausgrabungen von Pompeji und Herculaneum. Sie nahmen auch an einer großen Wagenparade mit Fackeln und Kanonendonner teil.

Blick von Neapel auf den rauchenden Vesuv, gemalt von J. B. Hackert

Aber so lange sie auch warteten: Eine Konzerteinladung vom Hof blieb aus, der König interessierte sich nicht für Musik. Wolfgang höhnte: »Der König ist grob neapolitanisch aufgezogen und steht in der Oper allezeit auf einem Schemerl, damit er ein bissel größer als die Königin scheint.« An eine Anstellung am Hof von Neapel war gar nicht zu denken.

Dann rief sie eine gute Nachricht zurück nach Rom: Der Papst wolle den berühmten Knaben sehen und ihm eine hohe Auszeichnung überreichen. Die Zeit wurde knapp. Mit der Eilpost, in fünfeinhalb Tagen, hetzten sie von Neapel nach Rom. Am letzten Reisetag fanden sie nur zwei Stunden Schlaf, und das Schlimmste für den immer hungrigen Wolfgang: Sie machten keine Gasthaus-Pause und mußten sich mit vier kalten Brathühnern und etwas Brot in der rumpelnden Postkutsche begnügen.

Die lange Fahrt wurde nur unterbrochen durch einen Unfall: Ein Pferd stürzte, der Wagen kippte um, Vater Mozart hielt das Kind fest – und erlitt eine schmerzhafte Rißwunde am Schienbein. Völlig erschöpft kamen sie in Rom an, Wolfgang schlief gleich nach der Ankunft auf dem nächsten Sessel fest ein »und fing augenblicklich zu schnarchen an«. Der Vater zog ihn aus, mußte ihn dafür »vom Sessel aufheben und wieder niedersetzen und endlich, gänzlich schlafend, ins Bett schleppen«. Am nächsten Morgen wußte der Bub nicht, »wo er war und wie er ins Bett gekommen«.

Der 8. Juli 1770 war der große Tag: Papst Clemens XIV. empfing Vater und Sohn Mozart und verlieh dem Vierzehnjährigen den »Orden vom Goldenen Sporn«. Damit wurde aus Wolfgang Mozart der »Ritter von Mozart«. Er erhielt ein Ordensgewand mit dem goldenen Ordenskreuz am roten Band, dazu Degen und Sporen. Als päpstlicher Cavaliere erhielt er auch das Recht, jederzeit die päpstlichen Gemächer betreten zu dürfen.

Vater Leopold berichtete darüber stolz einem Salzburger Freund: »Du kannst Dir's einbilden, wie ich lache, wenn alle zu ihm jetzt ›Signor Cavaliere‹ sagen.« Der Wiener Hofkapellmeister Gluck, der denselben Orden hatte (aber in einem niederen Rang), lasse sich »Signor Cavaliere Gluck« nennen (also »Ritter von Gluck«): »Ein Zeichen, daß es ein vom Kaiserlichen Hofe selbst anerkannter Orden ist.« Vater Mozart bereitete die Salzburger also sorgsam darauf vor, seinen Sohn nun mit dem richtigen Titel, also mit »Ritter von Mozart« anzusprechen.

Doch Wolfgang nahm diesen Orden nie so wichtig wie sein Vater. Im Gegenteil: Bald machte er sich über seine Standeserhöhung lustig und unterzeichnete einen Brief an Nannerl als

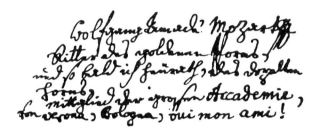

»Wolfgang Amadé Mozart, Ritter des Goldenen Sporns und, so bald ich heirath, des doppelten Horns, Mitglied der grossen Accademie von Verona, Bologna, oui mon ami!«.

Später bezeichnete er sich keck als »Edler vom Sauschwanz«. Und noch etwas später vergaß er, daß er ein »Cavaliere« war.

Im Sommer ließen sie sich auf dem Landgut des Grafen Pallavicini bei Bologna verwöhnen. Sie hatten einen eigenen Diener, kühle Zimmer, ein schönes Klavier. Das Geschirr war von Gold, die Nachttöpfe aus Silber, die Leintücher »feiner als manches Edelmanns Hemd«. Wolfgang schwärmte von Feigen, Melonen und Pfirsichen. Mit dem gleichaltrigen Sohn des Hauses freundete er sich an und machte viel Musik. Vor allem lernte er weiter den Kontrapunkt bei Padre Martini und bekam von diesem ein schönes Zeugnis.

Das gute Leben wirkte sich aus: Wolfgang wuchs plötzlich. Der Vater an die ferne Mutter: »Es ist alles zu enge . . . alle seine Glieder sind größer und stärker geworden.« Seine Wäsche mußte angestückkelt werden. Und er war im Stimmbruch: »Stimme

zum Singen hat er jetzt gar keine, diese ist völlig weg. Er hat weder Tiefe noch Höhe und nicht fünf reine Töne. Dies ist etwas, was ihn sehr verdrießt, denn er kann seine Sachen nicht singen.«

Inzwischen kam das Textbuch für seine Mailänder Oper an, »Mitridate, Re di Ponto«. Längst hatte Wolfgang keine Schwierigkeiten mit dem Italienischen mehr und machte sich rasch mit dem Text vertraut. Es ging um einen König, der nach einigen Verwicklungen zu Vernunft und Güte bekehrt wird, und natürlich um zwei Liebespaare, die am Ende glücklich vereint werden – eine typische Geschichte der opera seria, der ernsten italienischen Oper. (Wolfgangs verunglückte Wiener Oper war eine opera buffa, eine komische, gewesen.)

Zunächst schrieb Wolfgang die Einleitungen und die gesungenen Zwischentexte, die Rezitative (sie zogen sich oft sehr in die Länge): »Meine liebe

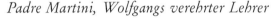

Padre Martini, Wolfgangs verehrter Lehrer

opera seria	opera buffa
Inhalt: »Gelehrtes und Vernünftiges«. Tragische Helden aus der Antike oder der Mythologie.	*Inhalt:* »Tändelndes und Lustiges«. Keine Helden, sondern Menschen des Alltags.
Typen: Könige, Prinzen, Feldherren, vornehme Liebespaare usw.	*Typen:* Friseure, Kammerzofen, Notare, Gärtner usw.
Hauptfigur wird von Kastraten gesungen, keine Baßstimmen.	Natürliche Männerstimmen, keine Kastraten.
Arienoper meist ohne Chöre und Ensembles, kunstvolle Dacapo-Arien mit Koloraturen – abwechselnd mit langen Rezitativen.	Chöre und Ensembles neben einfachen, liedhaften Arien.
Ziel: Bildung und moralische Lehren.	*Ziel:* Unterhaltung und Spaß.

Mama, ich kann nicht viel schreiben, denn die Finger tun sehr weh von so viel Rezitativ schreiben.« Die großen Arien dagegen stellte er noch zurück: Sie sollten erst in Mailand nach den Wünschen der Sänger entstehen.

Mitten in der Arbeit kam eine Einladung der Musikakademie von Bologna zu einer feierlichen Prüfung: Allein in einem verschlossenen Zimmer sitzend, mußte Wolfgang einen alten gregorianischen Gesang des 16. Jahrhunderts vier-, fünf- und achtstimmig setzen, nach den strengen Regeln des Kirchenstils (den er bei Padre Martini gelernt hatte).

Im Archiv der Akademie gibt es heute noch die drei verschiedenen Fassungen: Wolfgangs ursprüngliche mit vielen Fehlern (so überragend, wie Leopold Mozart nach Salzburg berichtete, löste der Bub die schwere Aufgabe nämlich nicht), eine Verbesserung von der Hand Padre Martinis und eine dritte, die endgültige: Wolfgangs Abschrift dieser berichtigten Fassung, nun freilich makellos.

Die Mitglieder der Akademie gaben mit weißen und schwarzen Kugeln ihre Stimmen ab und nahmen damit den Vierzehnjährigen einstimmig in ihre Reihen auf.

Für die Komposition der dreiaktigen Oper für Mailand blieben nur noch zwei Monate. In dieser Zeit mußten eine Ouvertüre, zweiundzwanzig Arien, ein Duett und ein Schlußquartett komponiert werden. Wolfgang bemühte sich, den Sängern die Arien »recht an den Leib zu messen«, wie es damals üblich war. Der eine wollte mehr Koloraturen, der andere romantische Stellen, je nach Stimme und Temperament. Manche schauten auch mißtrauisch auf den kleinen, schmächtigen Buben, dessen Musik sie, die berühmten Sänger, nun singen sollten, und ließen ihn immer wieder umschreiben und ändern.

Wolfgang lernte und lernte, auch, daß ein Opernkomponist in Italien so etwas wie ein Diener der berühmten Sänger war. Und daß vor allem diese Sänger, die Kastraten an der Spitze, den Erfolg einer Oper ausmachten. Und daß ein berühmter Kastrat oder eine Primadonna für eine Aufführung viel, viel mehr Geld bekam als der Komponist für seine ganze Oper.

Mutter und Schwester in Salzburg wurden gemahnt, fleißig für den guten Fortgang der Oper zu beten. Vater Leopold bat seine Salzburger Freunde, dem Buben heitere Briefe zu schreiben, um ihn zu

Großer Ball in der Mailänder Oper, wo Mozarts italienische Opern uraufgeführt wurden

zerstreuen. Denn er war von dem Übermaß der Arbeit sehr ernst geworden. Wenn Wolfgang nur nicht krank würde, sorgte sich der Vater und holte den Buben täglich zu einem kleinen Spaziergang aus dem Zimmer. Die Schwierigkeiten mit den Sängern bauschte der Vater diesmal nicht auf wie damals in Wien, sondern redete Wolfgang gut zu, sich »glücklich durchzubeißen, wie der Hanswurst durch den Dreckberg«.

Alles war gespannt auf die erste Orchesterprobe, die der kleine Komponist selber leitete – in italienisch, mit fremden Musikern, immer weiter komponierend und ändernd. Aber: »Die Sängerinnen und Sänger sind sehr zufrieden und völlig vergnügt.« Vergnügt war auch der Kopist, der die Notenstimmen abschrieb. Denn er verkaufte seine Arien-Abschriften auch an das Publikum und sah mit dieser Oper ein gutes Geschäft voraus. Leopold Mozart bemerkte, daß »der Kopist manchmal durch Verschickung und Verkauf der Arien mehr Geld gewinnt als der Kapellmeister für die Komposition«.

Im großen »Regio Ducal Teatro« zu Mailand dirigierte der junge Mozart seine neue Oper am 26. Dezember 1770 vom Cembalo aus, während der Vater aufgeregt in seiner Loge saß. Immerhin dauerte die Aufführung mit drei Balletteinlagen und

MITRIDATE
RE DI PONTO,

DRAMMA PER MUSICA
DA RAPPRESENTARSI

NEL REGIO-DUCAL TEÁTRO
DI MILANO

Nel Carnovale dell' Anno 1771.

DEDICATO

A SUA ALTEZZA SERENISSIMA

IL

DUCA DI MODENA,

REGGIO, MIRANDOLA ec. ec.

AMMINISTRATORE,
E CAPITANO GENERALE
DELLA LOMBARDIA AUSTRIACA
ec. ec.

IN MILANO,)(MDCCLXX.

Nella Stamperia di Giovanni Montani.

CON LICENZA DE' SUPERIORI.

Titel des Textbuches zur Mailänder Mozart-Oper
»Mitridate, Re di Ponto«

vielen Wiederholungen von Arien insgesamt sechs Stunden. »Evviva il Maestro! Evviva il Maestrino!« riefen die Zuhörer. »Es lebe der Meister! Es lebe der kleine Meister!« Jedermann wollte nun mit dem »Signor Maestro« reden, ihn aus der Nähe sehen und ihm etwas Gutes tun. Die größte Freude machte dem Buben eine aus Salzburg stammende Dame, die ihn zu Leberknödel und Sauerkraut in ihr Haus einlud (den nachfolgenden Kapaun und Fasan nahm er kaum zur Kenntnis).

Nun war bewiesen, daß Wolfgang Mozart nicht nur ein Wunderkind war, sondern auch ein vielversprechender Opernkomponist!

Mit einem neuen Opernauftrag in der Tasche verließen Vater und Sohn fröhlich Mailand und fuhren weiter nach Venedig. Hier freuten sie sich an den Maskenbällen und dem wilden Karnevalstreiben auf dem Markusplatz, bekamen viele vornehme Einladungen und fanden es herrlich, in hochherrschaftlichen Gondeln auf dem Canale Grande zu den Konzerten zu fahren.

Italien hatte bisher alle Erwartungen erfüllt – bis auf eine feste Stellung an einem Hof. Aber Wolfgang war ja kaum fünfzehn – und bald würde er wieder nach Italien reisen, zu seiner nächsten Oper.

Plötzlich erwachsen

Als Vater und Sohn nach fünfzehn Monaten wieder in Salzburg ankamen, schauten die Salzburger verdutzt. Der junge »Cavaliere«, »Ritter von Mozart«, war ganz verändert: Er war um gut einen Kopf größer geworden (aber immer noch sehr klein) und hatte eine tiefe Stimme (seine Tonlage war nun ein zarter, aber wohlklingender Tenor). Vor allem aber: Aus dem hübschen Buben war in Italien ein häßlicher junger Mann geworden. Sogar Nannerl erschrak über seine »welsche gelbe Farbe, die ihn ganz unkenntlich machte«.

Leichter würde er es nun nicht haben. An Fürstenhöfen spielte das Aussehen eine große Rolle, zumal bei einem Künstler. Und wenn er schon kein niedliches Wunderkind mehr war, so mußte er doch wenigstens ein hübscher, romantischer Jüngling sein. Aber Wolfgang war häßlich, mit seinen Pockennarben im Gesicht, der großen Nase, der kleinen Gestalt. Und er blieb häßlich sein Leben lang und litt darunter.

In diese Salzburger Zeit fiel auch eine erste Liebesgeschichte des Fünfzehnjährigen, wir wissen aber nicht, mit welchem Mädchen. (Vielleicht war es Therese von Barisani, die Tochter des fürsterzbischöflichen Leibarztes? Oder die »großäugete Mundbäckentochter« Ottilie Feyerle, die sich so sehr in Wolfgang verliebte, daß sie enttäuscht ins Kloster ging – aber nur für kurze Zeit?) Wir wissen es nicht und lassen dem jungen Mann sein Geheimnis.

Die Mozarts hatten in Salzburg nicht nur Freunde. Manche Leute (vor allem die Leute mit »zwei langen Ohren«, also die unmusikalischen) wollten von dem angeblichen Wunder nichts wissen. Der junge Mozart solle sich nichts einbilden! In Salzburg war seit eh und je Musik gemacht worden, und keine schlechte. Was war schon ein Musiker? Doch wohl nichts Besseres als der Hofkoch oder der erzbischöfliche Silberputzer? Alle waren sie Diener des Erzbischofs. Und an dem kleinen, häßlichen Jüngling war nun wirklich nichts Besonderes!

Außerdem waren viele neidisch. Sie rechneten aus, daß der Vizekapellmeister Leopold Mozart in den letzten neun Jahren sechs Jahre und zehn Monate auf Urlaub war und trotzdem sein Gehalt bekommen hatte. Die anderen erzbischöflichen Diener aber mußten in Salzburg brav ihren Dienst tun. War das etwa gerecht? Aber der alte Erzbischof schützte sein Salzburger »Wunder«, und so konnten die Feinde ihm nichts anhaben.

Im August 1771 machten sich Vater und Sohn wieder auf die Reise nach Mailand: Erzherzog Ferdi-

Medaille zur Hochzeit des Mailänder Brautpaares

nand, ein jüngerer Sohn der Kaiserin Maria Theresia und neuer Statthalter der Lombardei, hielt dort Hochzeit mit der reichen Erbprinzessin von Modena. Als Hochzeitsgeschenke sollten zwei neue Festopern geschrieben werden, eine große von Maria Theresias altem Musiklehrer Hasse und eine kleinere in zwei Akten, »Ascanio in Alba«, vom jungen Mozart. Das Textbuch wurde nicht nach Salzburg geschickt, und so konnte Mozart nichts vorbereiten.

Diesmal reisten sie im eigenen kleinen Wagen. Wolfgang stöhnte über die »viele Hitze« während der achttägigen Reise. »Und der Staub hat uns beständig impertinent sekkiert.« Sie seien fast »erstikket und verschmachtet«.

In Mailand wurden Vater und Sohn huldvoll von der Braut empfangen. Vater Mozart freute sich: Das junge Paar würde einen eigenen Hof haben – und einen eigenen Musikdirektor brauchen. Wer anderer kam dafür in Frage als Wolfgang Ritter von Mozart? Der Erzherzog war nur zwei Jahre älter als Wolfgang. Das würde eine prächtige Zusammenarbeit geben, vielleicht für ein ganzes Leben! Die Familie Mozart würde in das stolze Mailand übersiedeln, Nannerl würde vornehme Schüler haben, die gut zahlten und . . . und . . . und . . . Wolfgang: »Ich habe keine Lust mehr auf Salzburg.«

Sobald das Textbuch eintraf, ging er mit Begeisterung an die Arbeit. »Ascanio in Alba« ist ein Schäferstück in zwei Akten (wie damals Bastien und Bastienne). Das junge Schäferpaar – schön und hold – sollte ein Sinnbild des Brautpaares sein, und die

Der Aufbau für die »Cuccagna«, den Höhepunkt der Hochzeitsfeiern in Mailand

80

Göttin Venus, die als guter Geist über allem schwebt, die Kaiserin Maria Theresia darstellen.

Es gab keine Schwierigkeiten: Wolfgangs Italienisch war gut, er kannte die Orchestermusiker vom letztenmal – und sie kannten und schätzten ihren »maestrino«. Die größte Freude aber: Freund Manzuoli, der weltberühmte Kastrat, sang die Partie des Ascanio! (Als Honorar für den Auftritt in beiden Festopern erhielt er siebenhundert Dukaten, also siebenmal so viel wie der Komponist.)

Das einzige, was fehlte, war Ruhe. Denn im Haus der Mozarts wohnten auch noch andere Musiker: über ihnen ein Violinist, unter ihnen ein anderer Violinist, neben ihnen gab ein Singmeister seine Lektionen, und in einem anderen Raum spielte ein Oboist. »Das ist lustig zum Komponieren!« spottete Wolfgang im Brief an Nannerl. »Es gibt einem viel Gedanken!« Durch nichts, auch nicht durch andere Musik, ließ er sich vom Komponieren ablenken.

Häufig kamen Musiker und Sänger am Abend zu Besuch. Wolfgang hatte stets ein Notenpapier neben seinem Teller liegen und schrieb und schrieb, ohne auf dem Klavier auszuprobieren, ohne Noten auszubessern, während die anderen sich unterhielten. (Nur Tintenkleckse machte er immer noch häufig, weil er in der Eile die Feder zu tief in das Tintenfaß hielt.)

In nur zwölf Tagen hatte Wolfgang die große Komposition fertig: fünfzehn Arien, acht Chöre und drei Terzette. Eine ungeheure Belastung für einen Fünfzehnjährigen, der außerdem noch von Heimweh gequält wurde und der »allerliebsten Schwester« sehnsüchtig schrieb: »Ich pfeif oft meinen Pfiff, und kein Mensch gibt mir Antwort.«

Während der Maestro sein neues Stück probte, fand die Hochzeit im Mailänder Dom statt. In anderen Kirchen heirateten gleichzeitig vierhundert Brautpaare – und die Kaiserin bezahlte das Fest und die Aussteuer. Eine Woche lang sollte gefeiert werden:

Kaiserin Maria Theresia als Witwe mit ihrem Sohn, Erzherzog Ferdinand

Es gab einen Maskenzug, ein Wagen- und ein Pferderennen und schließlich die berühmte Cuccagna: Der Wein floß aus Springbrunnen für das Volk, und zu essen gab es ungeheure Mengen. Von weit her waren die Leute zu diesem Ereignis angereist.

Da geschah ein Unglück: Eine Tribüne stürzte unter den Menschenmassen zusammen. Fünfzig Menschen wurden schwer verletzt, viele starben. Die Mozarts erschraken: Es war eben jene Tribüne, auf der sie Plätze hatten. Wenn sie nicht zu spät gekommen wären . . .

»Ascanio in Alba« wurde am dritten Tag der Feiern, am 17. Oktober 1771, uraufgeführt und hatte mehr Erfolg als Hasses Oper am Tag danach. Leopold Mozart schrieb stolz nach Salzburg: »Alle Kavaliere und andere Leute reden uns beständig auf den Straßen an, dem Wolfgang zu gratulieren . . . Die Serenata des Wolfgang hat die Oper vom Hasse so niedergeschlagen, daß ich es nicht beschreiben kann.« Hasse aber, gütig und großzügig, sagte: »Dieser Knabe wird uns alle vergessen machen.«

Der junge Erzherzog empfing den jungen Komponisten, um ihm persönlich zu sagen, wie sehr ihm die Oper gefallen habe. Ja, er war so begeistert, daß er ihm eine Stelle als Hofkomponist in Mailand geben wollte. Er müsse aber zunächst seine Mutter, die Kaiserin, um Erlaubnis fragen.

Doch die Kaiserin erfüllte Ferdinands Wunsch nicht. Im Gegenteil: Sie war bös mit ihm. Er solle mehr lernen und sich nicht von Musik und Theater ablenken lassen. Sie verbot dem Sohn, Mozart in seine Dienste aufzunehmen. Sie glaube nicht, »daß Sie einen Komponisten oder solche unnützen Leute brauchen«. Noch ein zweites Mal brauchte sie das böse Wort von den »unnützen Leuten« und schimpfte, »daß diese Leute in der Welt herumschwärmen wie Bettler«. Außerdem sei Mozart zu teuer, denn er habe »eine große Familie«.

Wie konnte sich die Meinung der Kaiserin nur so ändern? Was war geschehen? Wir wissen es nicht. Wir wissen nur eines: Durch die kaiserliche Ungnade erhielt Wolfgang keine Stelle am Hof von Mailand (und später auch nicht am Hof von Florenz und Wien).

Vorerst freilich war die Familie Mozart böse auf den siebzehnjährigen gutmütigen Erzherzog Ferdinand, der sein Versprechen nicht gehalten hatte. Denn von Maria Theresias plötzlicher Ungnade erfuhren sie nichts.

Der neue Erzbischof

Erzbischof Colloredo, Landesherr von Salzburg

Mit großer Verspätung kamen sie nach Salzburg zurück. Der Erzbischof würde schon Verständnis für den langen Urlaub haben. Doch als sie in Salzburg eintrafen, lag Erzbischof Graf Schrattenbach im Sterben.

Nach seinem Tod brach eine neue Zeit für Salzburg an: Denn neuer Fürsterzbischof wurde der vierzigjährige Graf Hieronymus Colloredo, ein sehr gebildeter und selbstbewußter Mann, der sich mehr als Landesfürst denn als Bischof fühlte. Er würde Ordnung in diese verschlampten Salzburger Verhältnisse bringen! Er würde reformieren, wie es sein großes Vorbild, Kaiser Joseph II., in Wien tat, und vor allem würde er sparen, allen unnützen Aufwand meiden (ausgenommen bei seinen geliebten Reitpferden).

Die geistlichen Theaterstücke wurden abgeschafft, bisher Höhepunkte im Salzburger Leben. Laut Colloredo widerstrebten diese Spektakel »wahrer Gottesverehrung«. Prunkvolle Prozessionen wurden verboten, Begräbnisse vereinfacht und die Messen gekürzt: Ab sofort durfte keine Messe länger als eine dreiviertel Stunde dauern – keine langen Arien mehr, keine lange Zwischenmusik! Schnell, schnell! Jetzt gab es nur noch eine »Missa brevis«, eine kurze Messe, und die Kirchensonaten dauerten höchstens drei Minuten. Überall wurde gerechnet und geändert. Die moderne Zeit hielt Einzug im verschlafenen Salzburg.

Die neue Sparsamkeit wirkte sich auf die Salzburger Wirtschaft und die Finanzen gut aus. Aber die meisten Salzburger murrten, besonders die Musiker, die nun zu den unnützen Leuten zählten.

Auch der junge Mozart mußte sich umstellen und fand es schwierig, ein festliches Hochamt »mit allen Instrumenten, Trompeten und Pauken usw. aufzuführen, alle vorgeschriebenen Meßgesänge vom Kyrie bis zum Agnus Dei unterzubringen« – in nur fünfundvierzig Minuten. »Diese Art von Komposition verlangt ein eigenes Studium.«

Trotz einer neuerlichen Krankheit tat er zunächst alles, um den neuen Landesherrn günstig zu stimmen: Für die Huldigungsfeier komponierte er den Einakter »Der Traum des Scipio« mit einer Ouvertüre, zwölf Arien und zwei Chören, dann einige (kurze) Messen und Litaneien für den Dom. Außerdem Klaviersonaten, viele Sinfonien, Arien, Menuette und anderes. Auch die anderen Salzburger Musiker arbeiteten mehr als sonst: Der neue Erzbischof verlangte Leistung für sein Geld und kontrollierte auch sehr genau, ob jeder Musiker seine Dienstzeiten einhielt!

Immerhin aber machte der Erzbischof den sechzehnjährigen Mozart zum besoldeten erzbischöflichen Konzertmeister mit einem Jahresgehalt von hundertfünfzig Gulden, etwa der Hälfte vom Gehalt des Vaters. Und er gab Vater und Sohn Mozart Urlaub für eine Reise nach Mailand, wo Wolfgang ja noch einen Opernauftrag hatte.

Die opera seria »Lucio Silla« handelt vom römischen Diktator Lucio Silla, der die Braut eines Freundes zur Ehe zwingen will, aber nach vielen Verwicklungen verzichtet und vom Tyrannen zum guten Herrscher wird. (Mit dem historischen römischen Diktator Sulla hat die Oper kaum etwas zu tun.)

Im Herbst 1772 machten sich Vater und Sohn auf die dritte Italienreise. Im Reisegepäck hatte Wolfgang die Ouvertüre, drei Chöre und die Rezitative: alles, was er in Salzburg vorbereiten konnte. Die achtzehn großen Arien konnten erst nach den Wünschen der Sänger in Mailand komponiert werden.

Das allerdings wurde aufregend, denn die Sänger kamen verspätet, und der Komponist mußte Tag und Nacht arbeiten. Schließlich wurde dann noch der erste Sänger krank. Er wurde durch einen unerfahrenen Kirchensänger ersetzt, dem die Arien zu schwer waren. Also wurden zwei Silla-Arien gestrichen. Damit verlor die Rolle an Bedeutung, und die Oper hatte – nicht programmgemäß – plötzlich eine andere Hauptfigur: die Giunia mit ihren wunderschönen Koloraturarien. Eigentlich hätte die Oper nun »Giunia« und nicht mehr »Lucio Silla« heißen müssen.

Die Sängerin der Giunia, Anna de Amicis, fand

Der Palazzo ducale in Mailand. Hier wurde Mozart mehrmals vom jungen Herzogspaar empfangen.

Wolfgang »unvergleichlich«. Die Mozarts kannten sie noch aus der Wunderkindzeit und hatten sie zuletzt in Neapel bewundert. Vater Mozart schwärmte, Wolfgang »hat ihr ihre Hauptarie mit solchen Passagen gemacht, die neu und ganz besonders erstaunlich schwer sind; sie singt solche, daß man erstaunen muß, und wir sind in der allerbesten Freundschaft und Vertraulichkeit mit ihr.«

Wieder arbeitete der Sechzehnjährige angespannt Tag und Nacht. Für Briefe an die ferne Schwester blieb kaum Zeit: »Ich kann unmöglich viel schreiben, denn ich weiß nichts, und zweitens weiß ich nicht, was ich schreibe, indem ich nur immer die Gedanken bei meiner Oper habe und Gefahr laufe, Dir anstatt Worten eine ganze Arie herzuschreiben.« Aber sogar jetzt war er zu einem kleinen Rätsel für die Schwester aufgelegt: »Wohle leb, und neue mir bals was schreibes. Die Teutschland vom Post ist noch nicht angekommen.«[*]

In der Musik des Silla zeigt sich ganz deutlich eine Stiländerung. Die Historiker sprachen später von einer »romantischen Krise« des jungen Mannes. Als Beispiel führten sie eine düstere, geradezu unheimliche Grabesszene an, die für Zeitgenossen recht ungewöhnlich klang. Kein Zweifel: Der Sechzehnjährige machte nicht nur körperlich, sondern auch musikalisch eine starke Entwicklung durch, wurde immer eigenwilliger, löste sich immer mehr von den Vorbildern.

Die Proben verliefen normal. Die Uraufführung des »Lucio Silla« jedoch am 26. Dezember 1772 wurde eine Katastrophe: Um sechs Uhr sollte sie anfangen. Eine halbe Stunde früher war die Oper so voll, »daß niemand mehr hineinkonnte«. Und dann warteten alle: die Zuhörer, die Sänger, die Musiker, die Beleuchter, der Maestro und sein nervöser Vater – in dem engen und bei der Kerzenbeleuchtung immer heißeren Theater. Denn Erzherzog Ferdinand und seine Frau kamen nicht, und ohne das hohe Paar konnte die Oper nicht beginnen. Was war nur geschehen? Der Erzherzog hatte sich zu lange beim Mittagessen aufgehalten und mußte dann noch eigenhändig fünf Neujahrsbriefe schreiben. Leopold Mozart: »Notabene, er schreibt sehr langsam.«

Sie warteten drei Stunden – dann erschien das junge Paar endlich, und der Maestro durfte den Taktstock heben. Die Sänger waren mißmutig und müde. Der eingesprungene Kirchensänger machte als Silla alles falsch. Während die aufgeregte Primadonna als Giunia ihre erste, sehr schwere Koloraturarie sang, sollte er Zorn zeigen, machte aber »diese zornige Aktion so übertrieben, daß es

schien, als wollte er ihr Ohrfeigen geben und ihr die Nase mit der Faust wegstoßen«. Die Zuhörer brachen in Gelächter aus. Wolfgangs geliebte Primadonna de Amicis aber glaubte in ihrer Nervosität, die Leute wollten sie auslachen – und sang vor Schreck den ganzen Abend nicht gut. Und so gingen die Katastrophen fort – fast sechs Stunden lang (es gab ja auch noch lange Ballett-Einlagen!).

Zwei Stunden nach Mitternacht waren die Sänger, Musiker und der Maestro und sein Vater endlich erlöst. Das verschlafene, ausgehungerte Publikum raffte sich nur zu kurzem Beifall auf. »Lucio Silla« war ein Mißerfolg, darüber konnten auch die späteren gut besuchten Aufführungen nicht hinwegtrösten. Die schlimmste Folge war: Wolfgang bekam keinen Opernauftrag mehr in Italien (und zwar sein Leben lang, was er freilich nicht ahnen konnte).

Wolfgang war fast siebzehn und erwachsen. In Salzburg hatte er keine Zukunft. Er wollte so gerne in Italien bleiben. Erkannte denn niemand das Wunder seiner Begabung?

Leopold Mozart hatte in seiner Verzweiflung auch dem Herrscher der Toskana, Großherzog Leopold, eine Bewerbung geschickt und wartete nun auf Antwort. Dadurch verzögerte sich die Heimreise, was sie mit einem schweren Rheumatismus Leopolds begründeten. Doch beruhigte der angeblich Kranke seine besorgte Frau: »wmo fcu vsn alfnlr Krmnkulft glocurfbln, fot meelo nfcut wmur fcu wmrl lfnfgl täge im bette meelfn fzt blifndl fcu afcu glohnd hnd glul ulhtl fn dfl splrm. Dh ahot mblr mn meeln srtln omgln, dmo fcu krmnk olyl.«[*] (Die Geheimschrift verwendete die Familie von nun an eifrig, weil sie

[*] »Lebe wohl und schreibe mir bald was Neues. Die Post von Deutschland ist noch nicht angekommen.«

[*] »Was ich von meiner Krankheit geschrieben, ist alles nicht wahr. Ich war einige Tage im Bette, allein, jetzt befinde ich mich gesund und gehe heute in die Opera. Du mußt aber an allen Orten sagen, daß ich krank sei.«

wußte, daß der neue Erzbischof die Post seiner Untertanen sehr genau überwachen ließ.)

Aber das lange Warten nützte nichts: Auch der Herrscher der Toskana wollte den jungen Komponisten nicht haben. »Gott wird was anderes mit uns vorhaben«, seufzte Leopold Mozart. Wie war doch alles einfach, als Wolfgang noch das kleine zarte Wunderkind war!

Mitte März 1773 kamen Vater und Sohn enttäuscht nach Salzburg zurück. Nun, da es nicht mit einer Übersiedlung nach Italien klappen wollte, übersiedelte die Familie Mozart wenigstens in Salzburg. In der kleinen Wohnung in der Getreidegasse war es einfach zu eng. Nannerl wurde bald zweiundzwanzig und war immer noch nicht verheiratet, Wolfgang war siebzehn. Allein die Klaviere nahmen viel Platz ein, und Nannerl und Wolfgang brauchten eigene Zimmer. Leopold Mozart an seine Frau: »So wie wir, wie die Soldaten, untereinander schliefen, können wir nicht mehr sein. Der Wolfgang ist nicht mehr sieben Jahre alt.«

Sie zogen aus der Enge der mittelalterlichen Innen-

Geheimschrift der Familie Mozart

Vertauschung der Buchstaben:

a ~ m
e ~ l
i ~ f
o ~ s
u ~ h

z.B.: Salzburg = omezbhrg

stadt in den modernen Stadtteil am anderen Ufer der Salzach, ganz nahe dem Schloß Mirabell, dem Sommerschloß des Erzbischofs. Die Wohnung im *Tanzmeisterhaus* (genannt nach dem Hausbesitzer, einem fürsterzbischöflichen Tanzmeister) hatte acht Zimmer, und der »Tanzmeistersaal«, das größte Zimmer, war fast so groß wie die ganze alte Wohnung. Hier konnten sie Konzerte geben für viele Gäste, sogar Klaviere ausstellen, deren Verkauf Vater Mozart vermittelte. Bei schlechtem Wetter war die ganze Schützengesellschaft unterzubringen. Bei schönem Wetter hatte man einen hübschen Garten beim Haus. Endlich bekamen Wolfgang und Nannerl eigene Zimmer. Es blieb sogar noch Platz für Musikschüler, die nun in Kost und Quartier aufgenommen wurden.

Für die große Wohnung brauchten sie zwei Dienstboten: Zur treuen Thresl, die längst als »Kuchelmensch« zur Familie gehörte und Wolfgang vergötterte, kam nun noch die Nandl als Hilfe. (Ihr Lohn betrug einen Gulden pro Monat – neben Kost, Kleidung und Wohnung.)

Das Tanzmeisterhaus, heute Mozart-Museum

Die neue Wohnung war teuer – und mit den beiden kleinen Salzburger Gehältern nicht zu bezahlen. Aber sie hofften ja auf Wolfgangs große Karriere und suchten eine Gelegenheit, wieder auf Reisen zu gehen. Eine solche bot sich schon bald: Der Erzbischof verbrachte den Sommer in Wien, und Vater und Sohn Mozart baten um Erlaubnis, ebenfalls nach Wien reisen zu dürfen. Denn »Ihre Hochfürstliche Gnaden« würde sie doch in Salzburg nicht vermissen.

Es kam zu einer ernsten Auseinandersetzung: Der Erzbischof rechnete ihnen den Urlaub der letzten Zeit vor und erinnerte sie energisch an ihre Pflichten. Wolfgangs Erfolge in Italien interessierten ihn nicht. Cavaliere? Ritter von Mozart? In Salzburg sei Mozart kein Cavaliere, päpstlich oder nicht päpstlich. Er sei Diener des Erzbischofs – wie die Kammerdiener, die Lakaien, die Köche, die Kutscher – mehr oder weniger. Außerdem: Mozart solle sich keine Hoffnungen auf eine verantwortungsvolle Stellung (etwa als Kapellmeister) machen und sein Glück »andern Orts suchen«. Dann erlaubte der Erzbischof eine zweimonatige Reise nach Wien.

Vater und Sohn Mozart wußten sich vor Wut kaum zu fassen: Nur weg aus Salzburg! War Wolfgang nicht ein Wunder der Musik? Und sollte hier als Lakai des Salzburger Erzbischofs sich das Leben schwermachen lassen? Die große Kaiserin in Wien würde helfen.

Zwei Monate dauerte der Aufenthalt in Wien. Sie besuchten die alten Freunde und Verehrer, vor allem den Arzt Dr. Mesmer, der Wolfgang (fünf Jahre nach Bastien und Bastienne) nicht mehr wiedererkannte – worüber sie alle sehr lachten. Sie staunten über die kostbare Glasharmonika, die Mesmer um mehr als zweihundert Gulden gekauft hatte und auf der er meisterhaft spielte. Das Instrument bestand aus schalenförmigen Glasglocken, die

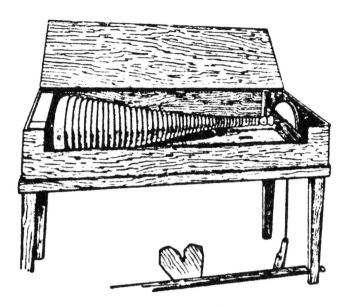

Modell einer alten Glasharmonika

eng ineinander an einer drehbaren Achse angeordnet waren und mit angefeuchteten Fingern gespielt wurden. Wolfgang durfte auch darauf spielen und seufzte: »Wenn wir nur auch eine hätten!«

Natürlich mußte Wolfgang zeigen, was er inzwischen gelernt hatte, und komponierte Unterhaltungsmusik für die Sommerfeste im prächtigen Mesmerschen Park: Die Bläser und Streicher zogen beim Schein der Fackeln und Lampions mit einer kleinen Marschmusik durch den Park vor das Haus, spielten vor den festlich geputzten Gästen ihre Musik (wobei die erste Geige mit einem kunstvollen Part im Mittelpunkt stand und Extrabeifall bekam) und zogen dann wieder mit Marschmusik ab. Leopold Mozart schwärmte: »Der Garten ist unvergleichlich mit Prospekten und Statuen, Theater, Vogelhaus, Taubenschlag und in der Höhe ein Belvedere in den Prater hinüber.« Ja, bei solchen Freunden ließ es sich gut leben – besonders, da Mesmer ein hervorragender Musiker war und viele Instrumente spielte.

Aber Mozart brauchte eine feste Stellung in Wien!
Ungeduldig warteten Vater und Sohn auf ein huld-
volles Zeichen vom Kaiserhof: Doch Kaiser Joseph
blieb unsichtbar. Kaiserin Maria Theresia empfing
sie zwar, hatte aber weder einen Kompositionsauftrag noch eine Konzerteinladung, von einer Anstellung am Hof ganz zu schweigen. Sehr enttäuscht
berichtete Leopold Mozart nach Salzburg: »Die
Kaiserin war sehr gnädig mit uns, allein dieses ist
auch alles.«
Auch mit dem Geldverdienen ging es diesmal nicht
gut. Leopold Mozart schrieb seiner Frau nach Salzburg, je fetter sein Leib, um so magerer werde sein
Geldbeutel. Er mußte wieder Geld ausleihen, aber:
»Die Sache wird und muß sich ändern, seid getrost,
Gott wird helfen.« Und schließlich: Vater und Sohn
seien gesund, das sei die Hauptsache. (Das schrieb
Vater Leopold immer dann, wenn es ihnen ganz
schlecht ging, als allerletzten Trost.)
Nach zwei Monaten mußten sie enttäuscht abreisen
– zurück in das verhaßte Salzburg.
Aber wenn er auch kein Geld verdiente, so lernte
Wolfgang doch sehr viel in Wien. Wieder war es die
Oper, die ihn am meisten interessierte. In Wien
wurden die neuesten Werke Glucks gespielt, die
sich von den italienischen Opern sehr unterschieden
und ganz neue Wege gingen: mehr »Poesie«, mehr
Wahrhaftigkeit, nicht nur große Koloraturen und
Gesangskünste ohne Bezug zur Opernhandlung.
Aber auch die Opern des jungen Antonio Salieri
lernte er kennen – und Joseph Haydns Intrumental-
musik. Er nahm von allen großen Komponisten,
was ihm gefiel, lernte und fand immer mehr seinen
eigenen Stil.
Von den nächsten Salzburger Monaten wissen wir
sehr wenig. Vater und Sohn Mozart taten ihren
Dienst bei Hof, trafen die Freunde beim Bölzlschießen und Kegeln, Wolfgang lieh sich heimlich erzbischöfliche Pferde zum Reiten aus. Sie feierten aus-

Salzburger Küchenmagd mit einem Fischkessel

giebig Fasching bei den Maskenfesten im Salzburger Rathaus. Der junge Mozart war bekannt für
seine Possen, er war stets verliebt und ein guter
Tänzer. Bei einer der Faschingsmaskeraden trat er
als Friseurbub auf und brachte alle zum Lachen.
Seine Kompositionen dieser Zeit aber zeigen einen

beachtlichen Fortschritt in Technik und Empfindung. Deutlich ist nun der Einfluß Joseph Haydns zu spüren, vor allem bei den neuen Sinfonien. Dann schrieb er sein erstes Klavierkonzert und sechzehn Menuette für den Hof, Divertimenti, fünf Klaviersonaten, ein Fagottkonzert, Messen, Serenaden und vieles andere. Erinnerte sich denn niemand von seinen alten Verehrern an das frühere Wunderkind, das nun, erwachsen und musikalisch gereift, hier in dem engen Salzburg festsaß?

Im Winter 1774 kam endlich der lang ersehnte Opernauftrag, nicht aus Wien und nicht aus Italien, sondern aus München vom Kurfürsten von Bayern. Die opera buffa »La finta giardiniera« (Die falsche Gärtnerin) ist eine turbulente Liebesgeschichte mit drei Paaren, Verkleidungen und Verwechslungen: Eine Gräfin verkleidet sich als Gärtnerin und gewinnt nach allen möglichen Komplikationen ihren

Geliebten, den Grafen, zurück. Wählerisch konnte der junge Komponist mit dem Textbuch nicht sein. Endlich ein Opernauftrag!

Im Dezember machten sich Vater und Sohn in grimmiger Kälte in einer offenen Postkutsche auf die Reise. Eisige Zugluft schnitt ihnen ins Gesicht, und die Füße waren nicht warmzuhalten. »Ich hatte Filzschuh über die Stiefel und dann waren wir in Fußsäcken, und dennoch hätten wir es nicht ausstehen können, wenn ich nicht auf der dritten Poststation hätte einen großen Buschen Heu in die Kutsche legen und unsere Fußsäcke mit Heu völlig umstecken lassen.« Wolfgang kam schwer erkältet, mit geschwollener Backe und großem Kopfweh in München an – und konnte eine Woche lang nicht ausgehen. Die Oper wurde auf den Januar verschoben.

Viele Freunde aus Salzburg kamen zur Premiere

Ansicht von München zur Mozartzeit. In der Mitte die beiden Türme der Frauenkirche

89

nach München, vor allem Nannerl. Wieder gab es allerhand Verwirrungen. Diesmal war der italienische Operndirektor mit der Ehefrau eines Münchner Grafen durchgebrannt und hatte an der Oper ein Chaos zurückgelassen. Leopold Mozarts Kommentar: »So sehen die Leute, daß die Welschen aller Orten Spitzbuben sind.« Er nützte wirklich jede Gelegenheit, um auf die Italiener zu schimpfen.

Die Sänger und Musiker kamen mit der neuen Oper und dem jungen Maestro gut zurecht und sagten (laut Leopold Mozart), »daß sie noch keine schönere Musik gehört«. Bei der ersten Aufführung war das Haus gesteckt voll, auch die Familie des Kurfürsten war erschienen, und »nach einer jeden Arie war allzeit ein erschreckliches Getös mit Klatschen und ›Viva maestro‹ Schreien«.

Dies berichtete Vater Mozart stolz nach Salzburg. Ob er nicht wie meistens den Erfolg des Sohnes übertrieb? Andere erzählten nämlich, die neue Oper sei »ausgepfiffen« worden, jedenfalls kein Erfolg gewesen.

Tatsache ist: die Oper wurde nur zweimal wiederholt. Und obwohl er sich immer wieder in München bemühte, dauerte es sechs Jahre bis zum nächsten Opernauftrag (dem Idomeneo).

Nach der Premiere hatten es Vater, Tochter und Sohn nicht eilig heimzufahren. Wolfgang an die Mutter: »Mit unserer Rückkehr wird es so bald nichts werden, denn die Mama weiß ja, wie wohl das Schnaufen tut.« Sie stürzten sich in voller Maske in den Münchner Fasching und waren ausgelassen und überglücklich, dem engen Salzburg entflohen zu sein. Die stets pflichtbewußte Nannerl hatte nur Sorgen, ob die Mutter sich auch genug um ihre Vögel kümmere, und schrieb: »Lebt der Kanari, die Meisen und der Rotkropf noch oder haben Sie die Vögel verhungern lassen? Wir werden zu Ende dieses Karnevals nach Hause kommen, meine Schülerinnen sollen indessen üben.«

Natürlich besuchten sie so oft wie möglich die Oper, hörten Kirchenmusik – und Wolfgang komponierte unentwegt, selbst noch im Maskenkleid. Mit fadenscheinigen Begründungen dehnten Vater und Sohn diesen Urlaub drei Monate aus. Der Unmut des Erzbischofs wuchs. Das Verhältnis zwischen Dienstherrn und seinen beiden Musikern wurde immer schlechter. Nur fort aus Salzburg! Aber auch der Kurfürst von Bayern hatte keine Stelle frei.

Vater und Sohn gaben die Hoffnung nicht auf. Vielleicht war bei Erzherzog Maximilian, dem jüngsten Sohn Maria Theresias, etwas zu machen? (Das war jener, dessen lilafarbenes Galakleid Wolfgang als Wunderkind lange trug.) Im April kam der neunzehnjährige Maximilian auf der Durchreise nach Salzburg, wo ihn der Erzbischof mit einer kleinen Mozart-Oper überraschen wollte: »Il re pastore« (Der Schäferkönig) – also wieder ein Schäferstück! Und wieder ein Loblied auf einen edlen König.

Weil die Zeit drängte, strich Mozart das Stück von drei auf zwei Akte zusammen und hatte neben der Ouvertüre nur vierzehn Gesangsnummern zu komponieren. Diesmal sang zu Ehren des hohen Gastes sogar ein italienischer Kastrat, für den der Komponist hohe Koloratur-Arien nach neapolitanischer Mode schrieb. (Zur Schäfer-Rolle paßten diese halsbrecherischen Koloraturen gar nicht. Aber die Opernregeln und der Erzbischof wollten es so.)

Der Erzherzog nahm die kleine Oper huldvoll zur Kenntnis, hörte auch noch ein Mozartsches Klavierkonzert, ließ sich mit Speis und Trank verwöhnen und reiste weiter. Ob er vielleicht bald einen Musiker brauchen könnte? Mozart wagte nicht zu fragen.

Die Lage wurde immer schlechter: Um Geld zu sparen, ließ der Erzbischof das Residenztheater schließen. Ein neues Theater sollte nur noch von auswärtigen Wandertruppen bespielt werden. Damit konnten die Salzburger Musiker keine Oper mehr aufführen. Wolfgang schrieb klagend an seinen verehrten Lehrer Padre Martini: »Ich lebe in einem Lande, wo der Musik das Glück nicht hold ist.« Er sei betrübt, »so weit von dem Menschen entfernt zu sein, den ich auf der Welt am meisten liebe, verehre und hochschätze«. Das war eine versteckte Bitte an den Lehrer, ihn nach Bologna zu rufen. Doch dieser tat so, als hätte er nicht verstanden.

Wolfgang war nun schon zwanzig. Was war aus dem »Wunder« geworden? Daß seine Serenaden bessere Musik waren als die Serenaden der anderen Salzburger Hofkompositeure, ebenso die Messen für den Dom, verstanden nur wenige, und der Erzbischof schon gar nicht. Mozart trug kein Feuermal auf der Stirn als Zeichen des Himmels: Seht her,

dies ist ein Genie! Er war ein unscheinbarer junger Mann, etwas kindisch wirkend, mit rasch wechselnden Stimmungen. Und außerdem hochmütig und überheblich! Was bildete er sich eigentlich ein: ein groß gewordenes Wunderkind! Konnte er nicht still seine Arbeit tun wie die anderen auch?

So unzufrieden er auch immer in Salzburg war – er komponierte ununterbrochen: Seine fünf berühmten Violinkonzerte entstanden in dieser schwierigen Zeit, Messen und Chöre, Auftragswerke wie die Polterabendmusik für eine Tochter des Salzburger Patriziers Haffner – die »Haffner-Serenade« –, Klavierkonzerte für die Gräfin Lodron und die »Lodronsche Nachtmusik«, erzbischöfliche Tafelmusik, Musik für Hochzeiten und Namenstage, Gartenfeste und Kirchenfeiern. Zu Neujahr 1777 komponierte er gar ein Notturno für vier Orchester (drei

Hauskonzert in einem vornehmen Gartensalon, gezeichnet von Daniel Chodowiecki

Mozart als »Ritter vom goldenen Sporn« mit dem Ordenskreuz und »mit aller meiner Ernsthaftigkeit, wie ich im Porträt bin«, gemalt 1777 als Geschenk für Padre Martini in Bologna

von ihnen waren Echos zum Hauptorchester). Der Zwanzigjährige hatte schon ein Werkverzeichnis von dreihundert Nummern.

Die feindselige Spannung zu Erzbischof Colloredo wurde immer gefährlicher, Wolfgang immer aggressiver und selbstbewußter. Schließlich kam es 1777 zu einem großen Krach. Der Erzbischof kritisierte seinen jungen Konzertmeister und empfahl ihm, »in Neapel in ein Konservatorium zu gehen, um die Musik zu erlernen«. Der Einundzwanzigjährige (und sein Vater) wußten sich vor Empörung kaum zu fassen. Nur fort aus Salzburg! Aber wohin?

Im März 1777 schrieb Vater Mozart ein langes Gesuch an den Erzbischof »mit der umständlichen Beschreibung unserer traurigen Umstände« und bat um eine Gehaltserhöhung. (Wolfgang hatte ja immer noch ein winziges Gehalt von 150 Gulden, und der Vater hatte 350 Gulden, also auch sehr wenig.) Es kam keine Antwort.

Nun reichten Vater und Sohn wieder ein Gesuch ein, ihnen »gnädigst eine Reise von etlichen Monaten zu erlauben, um dadurch uns wieder in etwas aufzuhelfen«. Das sollte heißen, daß sie im Ausland Geld verdienen wollten.

Doch der Erzbischof lehnte einen Urlaub für Leopold ab. Wolfgang, der ohnehin nur eine halbe Stelle hatte und stets soviel Unruhe verbreitete, dürfe aber allein fahren.

»Sapperlot«, schimpfte Wolfgang und wurde sehr zornig. Das war zuviel! Im August 1777 bat er den Landesfürsten in einem langen, sehr selbstbewußten Brief um seine Dienstentlassung: »Je mehr die Kinder von Gott Talente erhalten haben, je mehr sind sie verbunden, Gebrauch davon zu machen, um ihre eigenen und ihrer Eltern Umstände zu verbessern . . . Diesen Talentenwucher lehrt uns das Evangelium.«

Der Erzbischof dankte für die Belehrung und gab kurz und bündig den Befehl: »Vater und Sohn haben hiermit nach dem Evangelium die Erlaubnis, ihr Glück weiter zu suchen.« Damit waren Vater und Sohn Mozart entlassen.

Der Schock ging tief: Leopold Mozart wurde krank vor Aufregung und Sorge. Was sollte werden? Das große Haus, die unverheiratete Tochter, und er,

Leopold Mozart, wurde alt. Er würde nirgendwo auf der Welt eine neue Stellung bekommen. Wolfgang konnte die Familie nicht allein erhalten. So unangenehm es war: Leopold Mozart mußte den Erzbischof um Entschuldigung und um Wiedereinstellung in den Dienst bitten. Die Bitte wurde schließlich huldvoll gewährt. Leopold Mozart wußte: Von nun an konnte er sich keine Eigenmächtigkeiten mehr erlauben. Nun war er ein untadeliger, sehr bitterer Diener seines Herrn.

Die Mutter: Anna Maria Mozart

Wolfgang dagegen war in Salzburg nicht zu halten, was der Vater verstand: »Es macht dem Fürsten keine Ehre, daß er Dir einen so schlechten Gehalt gab, und Dir keine Ehre, daß Du ihm so lang um diese Bagatelle gedient hast.«

Der Einundzwanzigjährige wollte sein Glück an einem anderen Fürstenhof versuchen. Sein Optimismus war grenzenlos: Er würde bald die ganze Familie mit Geld versorgen können und sie aus Salzburg befreien.

Skeptisch schaute der Vater auf seinen Sohn: Er war so unerfahren, so kindlich, so ahnungslos, so verwöhnt. Nur Musik hatte er im Kopf, alles andere war ihm unwichtig. Der Vater hatte ihm bisher alles Alltägliche abgenommen: die Verhandlungen mit Konzertagenten, Gastwirten und Postillionen, mit Musikern und Kupferstechern und Notenkopisten, das Einkaufen von Reiseproviant und das Ordnen der Kleider, die Geldeinteilung, das Verkaufen von Konzertkarten und ... und ... Vater Mozart schüttelte ungläubig und sehr traurig den Kopf: Sein Sohn war ein musikalisches Wunder, gewiß, aber nicht lebenstüchtig. Im Vergleich mit Gleichaltrigen wirkte er kindlich. Erwachsen und gereift war er wirklich nur in allem, was die Musik betraf – da allerdings unerreichbar für jeden. Es war, als hätte sich seine ganze Lebenskraft in dieser einzigen Begabung konzentriert.

Man konnte dieses erwachsene Kind nicht allein in die Welt schicken. Denn das bedeutete die Gefahr, daß das einzigartige Talent, das »Wunder« Wolfgang Mozart, Schaden nehmen könnte.

Sorgen machten dem Vater auch all die moralischen Versuchungen, die auf einen jungen Mann lauerten! Wenn ihn nun eine Frau in ihre Netze zog und verdarb? Wenn Wolfgang seinen Glauben verlor? Wenn er krank würde? »Die Menschen sind alle Bösewichter! Je älter Du wirst, je mehr Du Umgang mit den Menschen haben wirst, je mehr wirst Du diese traurige Wahrheit erfahren«, schärfte der Vater dem allzu gutgläubigen Sohn ein.

In seiner Angst entschloß sich Leopold Mozart zu einem sehr großen Opfer. Er verzichtete für ungewisse Zeit auf sein idyllisches Familien- und Eheleben und schickte seine Frau mit auf die Reise.

Anna Maria Mozart, siebenundfünfzig Jahre alt, eine lebenslustige, derbe, gesunde Person, hatte freilich keine Erfahrung als Reiseleiter und war ein wenig sorglos – der Gatte hatte ihr stets alle schwierigen Angelegenheiten erledigt. Aber sie liebte den Sohn abgöttisch und würde ihm eine angenehme Gesellschaft sein.

Die Mozarts trösteten sich: Vielleicht ging es nur nach München. Bis Wolfgang dort eine Stelle am Hof bekam, konnte die Mutter ihm helfen und dann nach Salzburg zurückkehren.

Daß der Einundzwanzigjährige alt genug war, allein zu reisen, fiel weder Vater noch Mutter ein. Nannerl sagte noch als alte Frau über den Bruder: »Außer der Musik war und blieb er fast immer ein Kind.« Das sei die »schattige Seite« seines Charakters gewesen. Die Folge davon: »Immer hätte er eines Vaters, einer Mutter oder sonst eines Aufsehers bedurft.«

Seinen Namenstagsbrief an den Vater 1777 begann Mozart: »Allerliebster Papa! Ich kann nicht Poetisch schreiben; ich bin kein Dichter. ich kann die redensarten nicht so künstlich eintheilen, daß sie schatten und licht geben; ich bin kein mahler. ich kann sogar durchs deuten und durch Pantomime meine gesinnungen und gedancken nicht ausdrücken; ich bin kein tänzer. ich kann es aber durch töne; ich bin ein Musikus.« und endete mit: »ich küsse dem Papa 1000 mahl die Hände, und verbleibe bis in den Tod Mon très cher Père gehorsamster Sohn Wolfgang Amadé Mozart. Mannheim, den 6. November 1777.«

Auf Stellungssuche

Im September 1777 fuhren Mutter und Sohn aus Salzburg ab. Der Vater sorgte sich bis zwei Uhr nachts um das Gepäck und stand schon wieder um sechs Uhr früh am Wagen, um alles zu überwachen. Und dann, als der Wagen fort war, fiel ihm voll Schrecken ein, daß er den beiden keinen väterlichen Segen für die Reise gegeben hatte. Das machte die Verzweiflung noch größer. Nannerl weinte und klagte über »Kopfweh und Grausen im Magen«, sie mußte vor Aufregung erbrechen, band sich dann den Kopf mit einem großen Tuch ein, schloß die Fensterläden und legte sich krank ins Bett. Der ebenfalls betrübte Hund Pimperl legte sich an ihre Seite.

Wolfgang bemühte sich, brieflich den Vater zu beruhigen: »Wir leben wie die Fürsten! Uns geht nichts ab als der Papa.« Und dann: »Ich bin der andere Papa. Ich geb auf alles acht. Ich habe mir auch gleich ausgebeten, die Postillonen auszuzahlen, denn ich kann doch mit die Kerls besser sprechen als die Mama.« Und: »Ich bin immer in meinem schönsten Humor. Mir ist so federleicht ums Herz, seitdem ich von dieser Schikane weg bin! – – Ich bin auch schon fetter.«

Auch die Mutter bat ihren Mann, sich »alle Verdrießlichkeiten aus dem Sinn« zu schlagen, und versuchte, ihn mit derben Späßen aufzuheitern: »Wir führn ein charmantes Leben, früh auf, spät ins Bett . . . adio ben mio, leb gesund, reck den Arsch zum Mund. Ich wünsch euch eine gute Nacht, scheiß ins Bett, daß kracht . . . jetzt kannst weiter reimen. Maria Anna Mozartin.« Vor allem sorgte sie sich um den Hund Pimperl, ob Nannerl ihn auch fleißig »scheißen und brunzen« führe, ihm nicht zuviel zu fressen gebe, und ähnliches.

Nannerl schrieb klagend: »Daß die Mama und der Hanswurst lustig und wohlauf sind, habe ich mit Vergnügen gehört. Aber wir armen Waisen müssen halt Trübsal blasen und Langeweile geigen.« Die sechsundzwanzigjährige Nannerl brachte große Opfer für den Bruder. Denn sie mußte den Haushalt für den Vater führen, ihn in seiner Einsamkeit trösten – und träumte vergeblich davon, heiraten zu dürfen. Der Vater wies ihren treuen Verehrer, den Hofmeister der Salzburger Edelknaben, ab: Er war nicht gut genug.

Nannerl wurde bitter und traurig. Sie kränkelte und kannte nur einen Trost: den Bruder, in dessen wunderbares Talent sie alle Hoffnung auf ein besseres Leben setzte. Sie gab Klavierstunden und verdiente monatlich etwa zehn Gulden, die sie sparte: Wolfgang würde sie bald brauchen (was stimmte). Sie musizierte jeden Abend mindestens zwei Stunden mit dem Vater und half ihm auch beim Komponieren. Was auch immer Wolfgang der armen Nannerl antat: Unerschütterlich blieb ihr Staunen über die wunderbare Musik, die er machte.

Einmal neckte sie den Vater: Sie lernte eine neue Klavier-Komposition Wolfgangs rasch auswendig, die mit der Post gekommen war, und spielte sie dem heimkehrenden Vater vor. Sie habe sich etwas ausgedacht, sagte sie, wenn es dem Vater gefalle, wolle sie es aufschreiben. Der Vater schreckte bei den Tönen zusammen: »Wo zum Teufel hast du diese Gedanken her?« Keine Sekunde lang glaubte er also, daß Nannerl diese Musik geschrieben haben könnte. Lachend zog das Mädchen dann Wolfgangs Brief aus der Tasche und spielte sein neues Stück ganz vor.

Der Vater plante und rechnete und schrieb lange, ernste Briefe mit Anweisungen – die von Frau und Sohn nicht befolgt wurden, vor allem nicht die drin-

Die Schwester: Maria Anna Mozart

gende Mahnung: »fur ahot nmcu gled trmcutln.«*
Sie häuften Schulden statt Geld an.

Aber die Hauptsache war ja eine Anstellung in München. Salzburg und München lagen nur drei Tagesreisen auseinander, es gab Freunde da und dort – und viele Möglichkeiten, Geld zu verdienen.

---

* Ihr müßt nach Geld trachten.

Denn in der Umgebung gab es reiche Schlösser und Klöster, die ständig Musik brauchten.

Ein Freund sprach beim Kurfürsten für den jungen Musiker vor. Doch Maximilian III. sagte freundlich: »Jetzt ist es noch zu früh. Er (also Mozart) soll gehen, nach Italien reisen, sich berühmt machen. Ich versage ihm nichts. Aber jetzt ist es noch zu früh.« Der Kurfürst war nicht einmal zu einer Audienz bereit, geschweige denn zu einem Konzert.

Da Mozart unbedingt mit ihm sprechen wollte, ließ er sich eines Morgens in ein kleines Zimmer bringen, durch das der Kurfürst nach der Messe durchgehen mußte. Dort sprach er ihn demutsvoll an: »Euer Kurfürstliche Durchlaucht erlauben, daß ich mich untertänigst zu Füßen legen und meine Dienste antragen darf?« Er pries seine Fähigkeiten an: »Ich bin schon dreimal in Italien gewesen, habe drei Opern geschrieben, bin Mitglied der Akademie in Bologna . . . Mein einziger Wunsch ist, Euer Kurfürstlicher Durchlaucht zu dienen.«

Der Kurfürst in Eile, denn er wollte auf die Jagd: »Ja, mein liebes Kind, es ist keine Vakatur da. (Es ist keine Stelle frei.) Mir ist leid. Wenn nur eine Vakatur da wäre.«

»Ich versichere Euer Durchlaucht, ich würde München gewiß Ehre machen.«

»Ja, das nutzt alles nicht. Es ist keine Vakatur da.« Und schon war er aus dem Zimmer hinaus, und Mozart blieb enttäuscht zurück.

Er bat einen Verehrer um Vermittlung beim Fürsten: »Der Kurfürst weiß nichts von mir. Er weiß nicht, was ich kann.« Und selbstbewußt: »Ich lasse es auf eine Probe ankommen. Er soll alle Komponisten von München herkommen lassen. Er kann auch einige von Italien und Frankreich, Deutschland, England und Spanien beschreiben.« Er traue sich, gegen jeden anzutreten. Doch der Kurfürst kam nicht auf eine solche Idee.

So oft wie eben möglich besuchte Mozart die

Münchner Oper. Neben die italienische Oper trat auch hier immer mehr das deutsche Singspiel: Die Leute wollten verstehen, was auf der Bühne passierte. Aber es gab kaum Originalstücke, sondern meist Übersetzungen italienischer und französischer komischer Opern. Das würde er, Mozart, leicht ändern können: »Wie würde ich erst beliebt werden, wenn ich der deutschen Nationalbühne in der Mu-

Mozarts Traum: Die Pracht einer festlichen Opernaufführung in einem großen Haus (Gemälde von Giovanni P. Pannini. Ausschnitt)

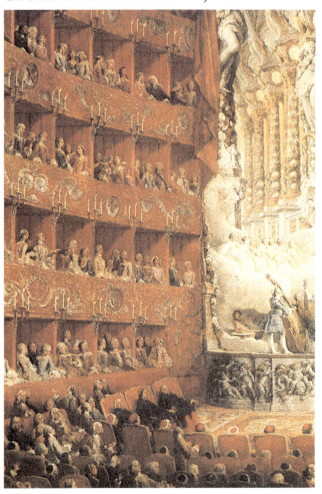

sik emporhülfe? Und das würde durch mich gewiß geschehen. Ich war schon voll Begierde zu schreiben, als ich das deutsche Singspiel hörte.« Vier Opern jährlich würde er komponieren können, meinte er. Aber es kam kein Auftrag.

In seiner Not und seinem Wunsch, in München zu bleiben, schmiedete Wolfgang recht abenteuerliche Pläne. Er könne von Konzerten leben, und Freunde würden für seinen Unterhalt sammeln. Das war nun aber dem Vater zuviel: »Was würde Dir dieses für eine Ehre machen, wie würde der Erzbischof darüber spotten. Man muß sich nicht so klein machen und nicht so hinwerfen. Dazu ist gewiß noch keine Not.« Und die besorgte Nannerl schrieb: »Dir wäre es keine Ehre, wenn Du in München bliebest, ohne Dienst.« Wolfgang solle sein Glück »bei einem anderen großen Herrn« versuchen.

Dann tauchte wie eine Sternschnuppe ein Opernauftrag für Neapel auf. Wolfgang an den Vater: »Ich habe eine unaussprechliche Begierde, wieder einmal eine Oper zu schreiben ... Wenn ich einmal zu Neapel geschrieben habe, so wird man mich überall suchen ... Man macht sich dadurch mehr Ehre und Kredit, als wenn man hundert Konzerte in Deutschland gibt. Und ich bin vergnügter, weil ich zu komponieren habe, welches doch meine einzige Freude und Passion ist ... Ich darf nur von einer Oper reden hören, ich darf nur im Theater sein, Stimmen hören, oh, so bin ich schon ganz außer mir.«

Doch der erwartete Auftrag aus Neapel kam nicht. Der Vater drängte auf Weiterfahrt: »Um des Himmels willen, wenn Ihr in München so lange geblieben, wo doch gar kein Kreuzer Einnahme zu hoffen, und zwar fast drei Wochen, dann werdet Ihr weit kommen!« Mutter Mozart mußte also packen. Das hatte bei den früheren Reisen stets ihr Mann gemacht, und sie stöhnte: »Ich schwitze, daß mir das Wasser über das Gesicht läuft vor lauter Bemü-

Mozarts Freund und Bewunderer, der Augsburger Orgel- und Klavierbauer J. A. Stein, dargestellt bei der Arbeit

hung mit dem Einpacken. Hole der Plunder das Reisen. Ich meine, ich muß die Füße ins Maul schieben vor Müdigkeit.«

Es ging zunächst nach Augsburg, wo Leopold Mozart Anzeigen in die Zeitungen setzen ließ: »Ehre für uns, lieber Patriot! Einen Tonkünstler, einen Landsmann hier zu haben, um den uns ganz England, Frankreich und Italien beneidet ... Herr Mozart wird sich alle Mühe geben, seine Herren Landsleute etliche Stunden recht herrlich zu unter-

halten.« In einer anderen Zeitung war von »Chevalier Mozart« und »Ritter Mozart« die Rede.

Die Augsburger Verwandten und die Freunde empfingen Mutter und Sohn herzlich. Der Klavierbauer Stein freute sich darüber, daß seine Klaviere unter Mozarts Händen so ganz besonders schön klangen. Stolz stellte er seine achtjährige Tochter vor, aus der er ein musikalisches Wunderkind machen wollte. Mozart verächtlich: »Wer sie spielen sieht und hört und nicht lachen muß, der muß von Stein wie ihr Vater sein.« Das Kind könne nicht Takt halten. Immer diese Wunderkinder!

Hier in Augsburg trug Mozart bei besonderen Gelegenheiten seinen »Orden vom goldenen Sporn« und ließ sich »Ritter von Mozart« nennen: »In Augsburg mußt Du es alle Tage nehmen, da macht es Dir Ansehen und Respekt«, hatte der Vater angeordnet. Ausgerechnet über diesen Orden aber geriet er mit dem Sohn des mächtigen Augsburger Stadtpflegers in Streit. Der junge Mann spottete über den Fremden, der sich so auffallend schmückte: Der Orden bestehe wohl nicht aus Gold, sondern nur aus Kupfer und habe keinen Wert, höhnte er, und andere junge Leute lachten dazu übermütig.

Mozart wurde »warm vor Wut und Zorn«, konnte sich nicht beherrschen und warf den Augsburger Herren seinen ganzen Künstlerstolz entgegen: »Sie brauchen keinen Sporn, Sie haben ihn schon im Kopf. Ich habe zwar auch einen im Kopf, aber es ist halt ein Unterschied. Ich möchte mit dem Ihrigen wahrhaftig nicht tauschen!« Und noch hochmütiger: »Ich kann noch eher alle Orden, die Sie bekommen können, bekommen, als Sie das werden, was ich bin. Und wenn Sie zweimal sterben und wieder geboren werden!« Er stand auf, nahm Hut und Degen und ging fort.

»Angenehm« sollte er sich machen, um Erfolg zu haben. Aber das schaffte er nicht, ganz im Gegenteil: Er machte sich mit seinen Zornausbrüchen unnötig Feinde, und zwar einflußreiche Feinde: Der junge Herr, den er so beschimpfte, war immerhin für die Musik in Augsburg zuständig.

Das öffentliche Konzert wurde kein großer Erfolg, obwohl die Freunde halfen: Onkel Alois Mozart, der Buchbinder, verkaufte die Konzertkarten. Der Freund Stein ließ seine drei gerade fertig gewordenen Klaviere auf das Podium transportieren: Höhepunkt des Konzertes war nämlich eine Mozartsche Komposition für drei Klaviere, wobei Stein selbst einen Part übernahm.

Das »Bäsle«, Maria Anna Thekla Mozart, die Tochter des Augsburger Buchbinder-Onkels

Aber die Augsburger Bürger hatten wenig Sinn für Musik, und die Orchestermusiker, die als Begleiter engagiert waren, spielten nicht gut: »Ein Orchester zum Fraiskriegen.« Das Ganze sei eine »vornehme Bauernstuben-Akademie« gewesen. Die erschienenen Adeligen nannte Mozart höhnisch »die Duchesse Arschbömmerl, die Gräfin Brunzgern, und dann die Fürstin Riechzumdreck mit ihren zwei Töchtern, die aber schon an die zwei Prinzen Mußbauch vom Sauschwanz verheiratet sind«. Er haßte Augsburg: »Ich bin recht froh, wenn ich wieder in einen Ort komme, wo ein Hof ist.«

»Wenn nicht ein so liebs Bäsle da wäre, so reuete es mich so viel, als ich Haar am Kopf habe, daß ich nach Augsburg bin.« Das »Bäsle« (der schwäbische Ausdruck für Cousine) war die achtzehnjährige Tochter des Buchbinder-Onkels, Maria Thekla Mozart: »Das ist wahr, wir zwei taugen recht zusammen, denn sie ist auch ein bißchen schlimm. Wir foppen die Leute miteinander, daß es lustig ist.«

So ärgerten sie den Pater Emilian (»ein hoffärtiger Esel und ein einfältiger Witzling«) im Kloster St. Ulrich, der »immer seinen Spaß mit dem Bäsle haben« wollte. »Endlich, als er rauschig war, fing er von der Musik an, er sang einen Kanon . . . Er fing an. Ich war der Dritte. Ich machte aber einen ganz anderen Text darauf, zum Beispiel: O du Schwanz du, leck du mich am Arsch . . . Dann lachten wir wieder eine halbe Stunde.«

Wolfgangs Abschied vom Bäsle war tränenschwer – und Anlaß für eine neue Schießscheibe, die Vater Mozart für das Bölzlschießen malen ließ: »Eine Augsburgerin stand rechter Hand und präsentierte einem jungen Menschen, der Stiefel anhatte und reisefertig war, einen Reisebuschen. In der andern Hand hatte sie ein erstaunlich auf dem Boden nachschleppendes Leinlach (Leintuch), womit sie die weinenden Augen abtrocknete.« Dabei stand der spöttische Vers:

»Adieu, meine Jungfer Bas! – Adieu, mein lieber Vetter!
Ich wünsch zur Reise Glück, Gesundheit, schönes Wetter:
Wir haben vierzehn Tag recht fröhlich hingebracht, verhaßtes Schicksal! – ach! – ich sah sie kaum erscheinen,
so sind sie wieder weg! – wer sollte nun nicht weinen?«

Die Augsburger Abrechnung erbrachte ein Minus von siebenundzwanzig Gulden. Erfolgreich war die Reise bisher nicht. Leopold Mozart: »Zu Zeiten fehlt es halt noch am Ellenbogen!«

Weiter ging es an den Hof des Fürsten von Oettingen-Wallerstein. Doch in seiner Residenz war der Fürst nicht anzutreffen. Mutter und Sohn fuhren ihm in sein Lustschloß nach, im November, bei schlechtem Wetter und trotz einer Verkühlung von Mutter Mozart. Der Fürst würde vielleicht einen guten Musiker brauchen! Doch der Fürst befand sich nach dem Tod seiner jungen Frau gerade »in der größten Melancholie«, wollte keine Musik hören und hatte seine Musiker beurlaubt.

Trotzdem fuhren sie nicht gleich weiter. Wolfgang gab einige Hauskonzerte, ärgerte einen einheimischen Pianisten, den er mit seinem Spiel »in den Sack steckte«, und machte allerhand Schabernack. Sogar der Vater in Salzburg wurde darüber informiert und schrieb dem Sohn einen mahnenden Brief: »In Wallerstein machtest Du ihnen tausend Spaß, nahmst die Violin, tanztest herum und spieltest, so daß man Dich als einen lustigen, aufgeräumten, närrischen Menschen anpries.« Auf diese Art würde er es nie zu einer Hofanstellung bringen.

Vater Leopold saß hilflos in Salzburg fest und merkte sehr wohl, daß diese Reise nicht gutging. Aber das Ziel, Wolfgangs Anstellung bei Hofe, war noch nicht erreicht.

Augsburg, ganz links das große Haus des Klavierbauers Stein, wo Mozart oft zu Besuch war

Mannheim

Also weiter zum nächsten Hof, nun allerdings zu einem berühmt-musikalischen, dem »Paradies der Tonkünstler«: Mannheim. Vor dem Kurfürsten, Karl Theodor von der Pfalz, hatten einst die Wunderkinder schon gespielt. Er würde staunen, welche Fortschritte der junge Mozart gemacht hatte. Und er, der so hochmusikalisch war, würde sicher das »Wunder Mozart« erkennen und für seinen Hof gewinnen wollen!

Die Mannheimer Oper war damals die modernste in Deutschland. Hier wurden schon deutsche Singspiele ausprobiert statt der steifen italienischen Oper, zur Freude von Leopold Mozart: »In Mannheim ist schon alles deutsch, nur ein paar Kastraten ausgenommen.« Um zur Probe für ein solches deutsches Singspiel zurechtzukommen, fuhren Mutter und Sohn eilig nach Mannheim – und verzichteten unterwegs auf Konzerteinnahmen.

Freilich hatten die Mannheimer nicht gerade auf Mozart gewartet. Viele kannten seinen Namen nicht. Ach ja, da war einmal vor Jahren ein Wunderkind gewesen, das gut Klavier spielte! Der überempfindliche und selbstbewußte Mozart erwartete überall sofortige Hochachtung. Wenn diese ausblieb, war er beleidigt. Er beschwerte sich beim Vater: »Einige, die weiter nichts von mir wissen, haben mich groß angesehen, aber auch so gewiß lächerlich.« Sie nahmen den jungen Mann nicht ernst, der da unter Aufsicht seiner Mutter angereist war. Mozart: »Sie denken sich halt, weil ich klein und jung bin, so kann nichts Großes und Altes hinter mir stecken; sie werden es aber bald erfahren.« Der Vater mahnte, Wolfgang solle nicht so hoch-

Kurfürst Karl Theodor von der Pfalz als Musiker

mütig sein und mehr Geduld mit anderen Menschen haben: »Sogar Leute, die Dich noch nicht kennen, sollten Dir's an der Stirn lesen, daß Du ein Mensch von Genie bist.« Durch diese Eigenschaft würde er sich noch viele Feinde in seinem Leben machen.

Doch sobald Mozart seine Kunst zeigte, wurde er herzlich im Kreis der Mannheimer Musiker aufgenommen. Der Kapellmeister Cannabich wurde ein Freund fürs Leben, ebenso die Musikerfamilie Wendling: Ein Bruder war Flötist, der andere Geiger. Die Frauen und Töchter waren gute Sängerinnen. Hier in Mannheim fühlte sich Wolfgang wohl. Er schwärmte: Die neuen Freunde hätten »Lebensart, sind gut gekleidet, gehen nicht in die Wirtshäuser und saufen«. (Das war ein Hieb auf die Salzburger, etwa Michael Haydn: »Nach jeder Litanei sauft er ein Viertel Wein.«)

Die Gehälter der Mannheimer Musiker waren ansehnlich: Cannabich bekam 1800 Gulden jährlich, Kompositionen wurden extra honoriert. Mutter Mozart: »Das sieht anders aus als zu omezbhrg. Es möchte einem wohl das Maul wässerig werden.«

Wolfgang war so oft wie irgend möglich in der Oper und auf den Proben. Doch die neuen deutschsprachigen Stücke in Mannheim waren nicht nach seinem Geschmack: »Es ist keine Natur darinnen und alles übertrieben und für die Sänger nicht gut gesetzt.« Weiterhin trug er seine Opernpläne im Kopf und versuchte, eine neue Form zu finden.

Der Vater drängte: Wolfgang müsse Geld verdienen, Konzerte geben, Kompositionen verkaufen, den Kurfürsten um eine Stellung fragen. Der Sohn sprach also beim Mannheimer Hofmusikintendanten vor: »Ich bin schon vor fünfzehn Jahren hier gewesen. Ich war dort sieben Jahre alt, aber nun bin ich älter und größer geworden, und so auch in der Musik.«

Er spielte bei Hofe vor und erhielt zum Dank eine kostbare Uhr im Wert von zwanzig Karolin (etwa zweihundert Gulden). Wolfgang enttäuscht: »Mir wären jetzt zehn Karolin lieber gewesen. Auf der Reise braucht man Geld.« Er habe nun fünf Uhren und wolle sich »an jeder Hose noch ein Uhrtaschl machen lassen, und wenn ich zu einem großen Herrn komme, beide Uhren tragen (wie es ohnehin jetzt Mode ist), damit nur keinem mehr einfällt, mir eine Uhr zu verehren.«

Der Vater beschwor ihn, nicht nachzugeben und wieder um eine Stelle zu fragen. Notfalls würde es

auch eine Anstellung für kurze Zeit tun, um »Dein Genie zeigen zu können«. Denn von Mannheim verbreiteten sich »die Strahlen wie von einer Sonne durch ganz Deutschland, ja durch ganz Europa«.

So versuchte es der Sohn beim Kurfürsten: »Ich empfehle mich Euer Durchlaucht zu höchster Gnad, mein größter Wunsch wäre, hier eine Oper zu schreiben; ich bitte auf mich nicht ganz zu vergessen. Ich kann Gott Lob und Dank auch Deutsch.« (Er betonte damit, ein deutsches Singspiel schreiben zu wollen – im Gegensatz zu seinen früheren italienischen Opern.)

Der Kurfürst war huldvoll, entschied aber nichts. Die Kapellmeisterstellen waren besetzt. Aber vielleicht eine Organistenstelle, schlug der Vater vor: »Und wenn so ocuelcutl srgmnfotln da sind? – Hast Du denn nicht auch srgle gespielt?«*

Immerhin durfte Mozart vor den vier unehelichen Kindern des Kurfürsten spielen: Wenn der Kurfürst ihn wenigstens als Lehrer dieser Kinder anstellen würde! Um den hohen Herrn huldvoll zu stimmen, komponierte er für die Kinder Klaviervariationen und freundete sich mit der Gouvernante an. Aber es fiel keine Entscheidung. Er wartete und wartete – und gab das Geld aus, das der Vater sich ausleihen mußte, Woche um Woche.

Abgesehen vom Geld hatte Mozart hier eine schöne Zeit: Er schwelgte im herrlichen Klang des Mannheimer Orchesters, das damals seine glanzvollste Zeit hatte, berühmt vor allem durch seine wunderbaren Bläser und Streicher. Elegant, französisch und sehr modern klang die Mannheimer Musik, und Mozart lernte und lernte – und freute sich seiner Selbständigkeit. Denn die Mutter ließ den Sohn gewähren.

Bald verliebte er sich wieder: diesmal in die fünf-

---

* »Und wenn so schlechte Organisten da sind? Hast Du denn nicht auch Orgel gespielt?«

Das 1777 eröffnete Deutsche Nationaltheater Mannheim, wo Mozart viele Opernabende erlebte

zehnjährige Rose Cannabich. Als Zeichen seiner Zuneigung komponierte er für sie eine Klaviersonate mit ihrem musikalischen Porträt (»Wie das Andante, so ist sie«). Außerdem gab er ihr ohne Honorar Klavierunterricht. Der Vater war außer sich, daß der Sohn zahlende Schüler dafür aufgab: »Du willst lieber aus Gefälligkeit Lektion geben – ja das willst Du! . . . Deinem alten achtundfünfzigjährigen Vater steht es besser an, um eine elende Bezahlung herumzulaufen, daß er Dich unterstützen kann, da Du Dich unterdessen unterhältst, einem Mädchen umsonst Lektion zu geben. Mein Sohn, denke doch nach und gib Deiner Vernunft Platz!«

Dann gab es im Haus Cannabich noch Roses schlimme und wilde Schwester Liesl, in die sich Wolfgang ebenfalls verliebte. Dem Vater berichtete er: »Ich, Johannes Chrysostomus Amadeus Wolf-gangus gebe mich schuldig, daß ich vorgestern, und gestern (und auch öfters) erst bei der Nacht um zwölf Uhr nach Haus gekommen bin; und daß ich . . . beim Cannabich . . . oft und – nicht schwer, sondern ganz leichtweg gereimet habe, und zwar lauter Sauereien, nämlich vom Dreck, Scheißen und Arschlecken, und zwar mit Gedanken, Worten und – aber nicht mit Werken. Ich hätte mich aber nicht so gottlos aufgeführt, wenn nicht die Rädelsführerin, nämlich die sogenannte Liesl, mich gar sosehr dazu animiert und aufgehetzt hätte; und ich muß bekennen, daß ich ordentlich Freude daran hatte. Ich bekenne alle diese meine Sünden und Vergehungen von Grund meines Herzens, und in Hoffnung, sie öfters bekennen zu dürfen, nehme ich mir kräftig vor, mein angefangenes sündiges Leben noch immer zu verbessern . . .« Und so weiter.

103

Der Vater war fassungslos über diesen Brief: »Ich weiß in der Tat nicht, was ich schreiben soll ... So eine Reise ist kein Spaß, das hast Du noch nicht erfahren. Man muß andre wichtigere Gedanken im Kopf haben als Narrenpossen ... sonst sitzt man auf einmal im Dreck, ohne Geld – und wo kein Geld ist, ist auch kein Freund mehr. Und wenn Du hundert Lektionen umsonst gibst, Sonaten komponierst und alle Nächte, statt wichtigeren Dingen, von zehn Uhr bis zwölf Uhr Sauereien machst. Begehre dann einen Geldkredit! – Da hört aller Spaß einmal auf, und im Augenblicke wird das lächerlichste Gesicht ganz gewiß ernsthaft.« Und: »Bis jetzt habt Ihr eine Spazierreise gemacht, und ist die Zeit mit Unterhaltung und Spaß dahingegangen.« Und: »Ich denke mir hier das Hirn aus dem Kopf, schreibe mir die Augen blind ... und Ihr seht alles als eine Kleinigkeit an, seid gleichgültig.«

Das war auch ein Tadel für die Mutter: Warum paßte sie nicht besser auf? Was ging nur im fernen Mannheim vor? Wieder kam ein alberner Brief: »Ich kann gescheit nichts heuts schreiben, denn ich heiß völlig aus dem biel. Der Hapa üble es mir nicht Müssen Paben, ich so halt einmal heut bin, ich helf mir nicht können. wohlen sie leb. ich gute eine wünsche nacht. sunden sie geschlaf. werdens nächste ich schon schreiber gescheiden.«* Was sollte das nur wieder bedeuten?

Zum Glück kannte Leopold Mozart nicht die Briefe, die sein Sohn in dieser Zeit an das »allerliebste Bäsle Häsle« in Augsburg schrieb, mit Unterschriften wie »der alte junge Sauschwanz Wolfgang Amadé Rosenkranz«, »dero gehorsamster untertä-

nigster Diener, mein Arsch ist kein Wiener« und ähnlichem.

»Liebstes, bestes, schönstes, liebenswürdigstes, reizendstes, von einem unwürdigen Vetter in Harnisch gebrachtes Bäschen oder Violoncellchen«, nannte Wolfgang das Mädchen und gab im viele kecke Briefrätsel auf.

Dieser Übermut und diese Albernheiten paßten so gar nicht zu einem (hoffentlich) künftigen kurfürstlichen Hofkompositeur.

Nach sechswöchigem Warten endlich kam die Absage des Kurfürsten. Inzwischen war es Dezember. Mutter Mozart saß in einem schlecht geheizten, sehr teuren Gasthauszimmer allein, während der Sohn von morgens bis abends unterwegs war: »Der Wolfgang hat so viel zu tun, daß er nicht weiß, wo ihm der Kopf steht, mit Komponieren und Lektion geben, er hat nicht Zeit.« Und, ganz die stolze Mutter: »Sie sagen alle, daß er seinesgleichen nicht hat, seine Kompositionen tun sie völlig vergöttern.«

Der Vater machte sich auch Sorgen um seine arme Frau: Ständig war sie allein, sie, die von Salzburg her viel Geselligkeit gewöhnt war. Er mahnte den Sohn: »Du sollst und mußt die Mama nicht allein

---

* »Ich kann heute nicht gescheit schreiben, denn ich bin völlig aus dem Häusl. Der Papa muß es mir nicht übel haben, ich bin heute halt einmal so, ich kann mir nicht helfen. Leben Sie wohl. Ich wünsche eine gute Nacht. Schlafen Sie gesund. Nächstens werde ich schon gescheiter schreiben.«

Der Mannheimer Markt zur Mozartzeit

Trübsal blasen und anderen Leuten überlassen, solange sie bei Dir und Du bei ihr bist.« Immer deutlicher wurde: die Mutter war für den Sohn keine Hilfe, sondern eine Belastung. So gerne wäre sie heim nach Salzburg gefahren, aber jetzt im Winter war die Reise zu beschwerlich. Vielleicht im Frühjahr!

Vater Mozart schrieb Briefe an Bekannte in ganz Europa mit der Bitte, sich für den stellungslosen Sohn einzusetzen. Vielleicht klappte es in Wien! Auch Kaiser Joseph II. wollte die deutsche Oper fördern und suchte »einen jungen Kapellmeister, der die deutsche Sprache versteht, Genie hat und imstande ist, etwas Neues auf die Welt zu bringen«. Wolfgang an den Vater: »Ich glaube, das wäre so eine gute Sache für mich.« Flehentlich bat er: »Schreiben Sie, ich bitte Sie, an alle erdenklichen guten Freunde in Wien, daß ich imstande bin, dem Kaiser Ehre zu machen.«

Aber Joseph II. war sparsam und vorsichtig. Er hatte zwei berühmte Opernkomponisten im Dienst: Gluck und Salieri. Und hatte es nicht mit den Mozarts Ärger gegeben, damals mit der »Finta«? Es kam kein Angebot aus Wien.

Die Mannheimer Glanzzeit war 1778 plötzlich zu Ende: Kurfürst Karl Theodor trat laut Erbvertrag im Januar die Nachfolge des kinderlos gestorbenen bayrischen Kurfürsten an und übersiedelte nach München – mit seinem Hofstaat und natürlich seinen Musikern. Mannheim war nun keine Residenz mehr, sondern eine Provinzstadt – und überdies von Krieg bedroht. Denn die anderen deutschen Staaten fochten den Erbvertrag an. Mutter Mozart berichtete, »daß 10 000 Mann marschieren werden, daß Munitionswagen von Wien in Marsch sind«.

Sie hatte recht: Joseph II. besetzte mit seinen Truppen Niederbayern und die Oberpfalz. Preußen und Sachsen rechneten sich ebenfalls Gewinne aus. Auch die preußischen Truppen setzten sich in Bewegung: Der bayrische Erbfolgekrieg brach aus. Die Mozarts mußten aus Mannheim fort.

Die Weberischen

Weiter nach Paris! Wolfgang wollte gemeinsam mit Mannheimer Musikern reisen, die Mutter bei der nächsten guten Gelegenheit nach Salzburg zurückkehren. Der Vater schrieb an alle alten Pariser Verehrer und bat auch einen ehemaligen Schreiblehrer der Königin Marie Antoinette, seiner Schülerin einen Empfehlungsbrief für Wolfgang zu schreiben. Gewiß würde sie sich an den kleinen Wolfgang erinnern, der im Schloß von Schönbrunn vorspielte, als sie selbst noch die kleine Erzherzogin Maria Antonia war? Ganz gewiß würde sie einen guten deutschen Musiker in Paris brauchen. Denn sie war musikalisch, konnte gut singen und Klavier und Harfe spielen. Vor allem: Sie liebte die Oper.

Der Vater bereitete alles sorgsam vor, ordnete an, welche Kleider der Sohn mit nach Frankreich nehmen solle, welche Noten und welche Koffer, und fragte bei seiner Frau an: »Glaubst Du, daß nun Wolfgang seine Sachen in acht nehmen wird? Ich hoffe, er wird sich daran gewöhnt haben und nicht immer den Kopf voll Noten haben.« Aber in dieser Hinsicht war jede Hoffnung vergebens. Was sollte ein Komponist denn sonst im Kopf haben, wenn nicht Noten?

Natürlich gab der Vater dem Sohn auch viele Ratschläge mit auf die Reise. Er solle sich zuerst darum bemühen, vornehmen Damen Unterricht zu geben: »Die Damen machen alles in Paris und sind große Liebhaberinnen vom Klavier.« Er schickte eine lange Liste mit Pariser Adressen, bat seine Frau, Wolfgang das Gebetbuch einzupacken, gab dem Sohn seinen väterlichen Segen für die Reise und schärfte ihm wieder und wieder ein: »Denke täg-

lich, was Du Gott, der Dir so außerordentliche Talente gegeben, schuldig bist.«

Aber der Sohn reiste nicht nach Paris. Er unternahm in aller Ruhe eine kleine Konzertreise zu seiner alten Verehrerin, Prinzessin von Nassau-Weilburg (jener Schwester des Prinzen von Oranien, die Wolfgang und Nannerl damals in Den Haag während ihrer Krankheit so rührend versorgt hatte). Sie lebte eine Tagesreise von Mannheim entfernt. Herr Fridolin Weber und zwei Töchter begleiteten Mozart.

Wer war dieser Fridolin Weber? Wolfgang erklärte die Familienverhältnisse der Webers: Der Vater (»ein grundehrlicher deutscher Mann«) verdiene als Bassist und Kopist vierhundert Gulden jährlich und habe von diesem geringen Gehalt eine Frau und sechs Kinder, darunter fünf Töchter, zu ernähren. Die fünfzehnjährige Tochter Aloysia sei eine wunderbare, ganz außerordentliche Sopranistin und könne »auf jedem Theater die Primadonna machen«.

Die Webers waren also eine Musikerfamilie. (Auch der Bruder Fridolin Webers war Musiker, der später

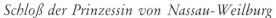

Schloß der Prinzessin von Nassau-Weilburg

einen berühmten Komponisten als Sohn hatte: Carl Maria von Weber, der also Aloysias Vetter war.) Die Webers waren arm wegen der vielen Kinder, aber ansonsten nicht ärmer als die Familie Mozart: Vater Weber verdiente immerhin noch um fünfzig Gulden mehr als Vater Mozart. Auch Weber wollte durch seine hochbegabte Tochter Aloysia zu Ruhm und Geld kommen, ganz ähnlich wie Vater Mozart durch seinen Sohn. Außerdem hatte die Familie Weber unter der schlechten Behandlung eines adeligen Dienstherrn bitter leiden müssen, ähnlich wie die Mozarts. Wolfgang hatte nicht so unrecht, wenn er betonte, daß »die ganze Familie wie die Mozartische« sei.

Das aber wollte Vater Leopold nie und nimmer wahrhaben. Er fühlte sich ja stets als etwas Besseres als seine Musikerkollegen. Er hatte so viel studiert und gelernt, um von der vornehmen Gesellschaft akzeptiert zu werden. Immer und immer schärfte er dem Sohn ein, sich an die »gute Gesellschaft« anzulehnen: »Mit hohen Standspersonen kannst Du immer ganz natürlich sein, aber mit allen andern mache den Engländer«, er solle also jede Vertraulichkeit meiden. Durch das »Wunder« seines Talents sei Wolfgang den Großen gleichgestellt und habe mit kleinen Leuten nichts mehr gemein, fand der Vater. Ganz sicher spekulierte Leopold Mozart auch mit einer reichen Heirat des Sohnes: Vornehme, musikbegeisterte Schülerinnen gab es ja genug. Ängstlich war er bemüht, den unerfahrenen Sohn vor einer schlechten Heirat zu bewahren. Und auch jetzt, vor der Parisreise, schärfte er ihm wieder ein: »Frauenzimmer, die Versorgung suchen, stellen jungen Leuten von großem Talent erstaunlich nach, um sie ums Geld zu bringen oder gar in ihre Falle und zum Manne zu bekommen. Gott und Deine wachbare Vernunft wird Dich bewahren. Das würde wohl mein Tod sein!«

Und nun ließ sich Wolfgang von einer armen Musi-

Aloysia Weber, Wolfgangs große Liebe

kerfamilie mit fünf unverheirateten Töchtern einfangen!

Mutter Mozart war hilflos und schrieb ihrem Mann heimlich: »Sobald er mit den Weberischen ist bekannt worden, so hat er gleich seinen Sinn geändert, mit einem Wort: Bei andern Leuten ist er lieber als bei mir. Ich mache ihm im einen und anderen, was mir nicht gefällt, Einwendungen, und das ist ihm nicht recht.« Wolfgang hörte nicht mehr auf die Mutter.

Es war seine erste Reise ohne Vater oder Mutter und dauerte immerhin zwölf Tage, fröhliche Tage fürwahr: täglich Konzert bei Hof, Einladungen und ein verliebter Wolfgang, der Aloysia anschwärmte, ob sie nun seine Arien sang oder seine Klaviersonaten spielte: »Was mich am meisten wundert, ist, daß sie so gut Noten liest. Stellen Sie sich vor, sie hat meine schweren (!) Sonaten, langsam, aber ohne eine Note zu fehlen, prima vista (also vom Blatt) gespielt.«

Immer wieder sang Aloysia jene große gefühlvolle Arie, die Wolfgang auf ihre Stimme geschrieben hatte: »Non so d'onde viene« – in Übersetzung etwa: »Ich weiß nicht, woher jenes zärtliche Gefühl kommt, jene unbekannte Regung, die in meiner Brust entsteht. Jener Kälteschauer, der mir durch die Adern läuft.«

In seiner glücklichen Stimmung lud Wolfgang Vater und Töchter Weber großzügig ein. So blieben von der Reise nur 42 Gulden Profit übrig »und das unaussprechliche Vergnügen, mit grundehrlichen, gut katholischen und christlichen Leuten in Bekanntschaft gekommen zu sein«. Das sollte den frommen Vater beruhigen.

Weber sei ein fürsorglicher Begleiter, schwärmte Wolfgang dem Vater vor: »Ich hörte einen Mann sprechen wie Sie. Ich durfte mich um nichts bekümmern. Was zerrissen war, fand ich geflickt. Mit einem Wort, ich war bedient wie ein Fürst.« Und: »Ich habe diese bedrückte Familie so lieb, daß ich nichts mehr wünsche, als daß ich sie glücklich machen könnte; und vielleicht kann ich es auch.« (Wie stellte er sich das eigentlich vor?)

Die Mutter bekam von der Reise ein langes Gedicht:
»Madame Mutter!
Ich esse gerne Butter.
wir sind Gott Lob und Dank
gesund und gar nicht krank.
Wir fahren durch die Welt,
haben aber nit viel Geld;
doch sind wir aufgeräumt
und keins von uns verschleimt...« Und so weiter, und so weiter, bis zu den Versen: »Die Wahrheit zu gestehen, so möcht ich mit den Leuten/Viel lieber in die Welt hinaus und in die großen Weiten.« Und: »Der Arsch vom Weber ist mehr wert als der Kopf vom Ramm« (einem seiner geplanten Pariser Reisegefährten).

Das bedeutete, daß Wolfgang plötzlich seine Reisepläne geändert hatte: Er wollte nicht mit den Freunden nach Paris, sondern lieber mit den Webers nach Italien reisen und aus Aloysia eine Primadonna machen: »Für ihr Singen stehe ich mit meinem Leben, daß sie mir gewiß Ehre macht. Sie hat schon die kurze Zeit von mir viel profitiert, und was wird sie erst bis dahin profitieren?« Er wolle für sie eine Oper schreiben, aber eine italienische, »seria, nicht buffa«. Auch alle seine schönen Pläne, ein deutsches Singspiel zu schreiben, waren plötzlich vergessen, denn Aloysia wollte in das italienische Opernfach: »Ich bin einem jeden neidig, der eine schreibt. Ich möchte ordentlich vor Verdruß weinen, wenn ich eine Aria höre oder sehe.«

Immerhin: Sie wollten auf der Durchreise in Salzburg den Vater vierzehn Tage besuchen. Dann wollten sie »in die Schweiz gehen, vielleicht auch nach Holland«. Die älteste Tochter, Josepha, würde

Fröhliche Hausmusik im 18. Jahrhundert

die Hauswirtschaft führen und kochen. Und: »Der Gedanke, einer armen Familie aufzuhelfen, vergnügt mich in der ganzen Seele.« Kein Zweifel: Wolfgang war ernstlich verliebt, viel ernster als in das Bäsle oder Rose und Liesl Cannabich. Aloysia Weber war die große Liebe seines Lebens.

Mit »Verwunderung und Schrecken« reagierte der Vater auf diesen Brief, der seine Zukunftshoffnungen zu zerstören schien. Nannerl weinte zwei Tage lang, ebenso lange, wie der Vater für seinen Antwortbrief brauchte.

Er bemühte sich trotz aller Empörung, ruhig und verständnisvoll zu bleiben. Er erinnerte den Sohn an die Kindheit, »wo Du nicht schlafen gingst, ohne auf dem Sessel stehend mir das oragna figatafa zu singen«, das Nasenspitzel zu küssen und zu erklären, den Vater immer »in Ehren zu halten«. Und nun: »Du könntest Dich wirklich entschließen, mit fremden Leuten in der Welt herumzuziehen? Deinen Ruhm – Deine alten Eltern, Deine liebe Schwester auf die Seite zu setzen? – mich dem Fürsten und der ganzen Stadt, die Dich liebt, dem Spott und Gelächter auszusetzen?«

Wolfgang müsse auf der Reise Geld verdienen, um die Familie zu ernähren und die Schulden zu verringern, »vor allem aber, Dir Ruhm und Ehre in der Welt zu machen ... in eines der größten Ansehen, die jemals ein Tonkünstler erreicht hat, Dich nach und nach zu erheben«. Eine unbedachte Heirat würde ein Unglück für sein Talent sein, würde aus Wolfgang einen »gemeinen Tonkünstler, auf den die ganze Welt vergißt« machen. Es gebe nur zwei Möglichkeiten für die Zukunft, entweder »von einem Weibsbild eingeschläfert mit einer Stube voll notleidender Kinder auf einem Strohsack« zu leben, »oder als ein berühmter Kapellmeister, von dem die Nachwelt auch noch in Büchern liest«. »Millionen Menschen haben keine so große Gnade von Gott erhalten wie Du, welche Verantwortung! Wäre es

nicht schade, wenn ein so großes Genie auf Abwege geriete!«

Wolfgangs Reiseplan hätte den Vater »beinahe um meine Vernunft gebracht«. Er sei »abscheulich« und »nur eine Sache für kleine Lichter, für Halb-Komponisten, für Schmierer ... Nenne mir einen großen Komponisten, der sich würdiget, einen solchen niederträchtigen Schritt zu tun?« Wie könne ausgerechnet Wolfgang, der selbst nichts als Schulden habe, eine arme Familie »erretten« wollen?

Dann kam der energische Befehl: »Fort mit Dir nach Paris! Und das bald. Stelle Dich großen Leu-

Königin Marie Antoinette mit ihrer prachtvollen Harfe, gemalt vom französischen Hofmaler J. B. A. Gautier-Dagoty

ten an die Seite. Von Paris aus geht der Ruhm und Name eines Mannes von großem Talente durch die ganze Welt.« Und: »Die Mama wird mit dem Wolfgang nach Paris gehen, damit Ihr Euch in Ordnung richtet.« Basta.

Wolfgang regte sich über diesen Brief so auf, daß er krank wurde. Dann entschloß er sich, dem Vater zu folgen und statt mit den Webers nach Italien, mit der Mutter nach Paris zu fahren, den Vater aber zu beruhigen: »Verlassen Sie sich nur auf mich, ich werde mich nach allen Kräften bemühen, dem Namen Mozart Ehre zu machen.« Der Schwester riet er gereizt, »sie soll nicht gleich über jeden Dreck weinen, sonst komme ich mein Lebtag nicht zurück«.

Darauf reagierte der Vater natürlich verstimmt und schilderte noch einmal das armselige Leben in Salzburg: Die Schulden seien auf siebenhundert Gulden angewachsen. »Ich sehe aus wie der arme Lazarus. Mein Schlafrock ist voll der Fetzen, daß, wenn in der Frühe jemand läutet, ich davonlaufen muß. Mein flanellenes Leibl, das ich schon so viele Jahr Tag und Nacht trage, ist so zerrissen, daß es kaum mehr auf dem Leib bleibt, und ich kann mir weder einen andern Schlafrock noch ein Leibl machen lassen.« Er habe auch keine schwarz-seidenen Strümpfe mehr und könne nicht daran denken, in Komödien oder auf einen Ball zu gehen.

»Das ist unser Leben: Sorgen von innen und Sorgen von außen.« Und er habe weder seine Frau noch seinen Sohn bei sich, »und Gott weiß, ob – oder wann wir einander wiedersehen!« Das ärgste aber: »Meine ganze Freude, Dich spielen und Deine Kompositionen zu hören, sind dahin, alles um mich herum ist tot.« Er beschwor den Sohn, die schlimme Lage zu verbessern.

Der Sohn aber ließ keinen Zweifel daran, daß die Paris-Reise nichts als ein Opfer für den Vater sei, wahrlich keine gute Voraussetzung für den Erfolg.

In Mannheim gab es einen tränenreichen Abschied. Beim Kapellmeister Cannabich machten sie zum letztenmal Musik: Mozarts Konzert für drei Klaviere wurde von drei Mozart-Schülerinnen gespielt: Rose Cannabich, Aloysia Weber und einer dritten. Dann der Höhepunkt des Konzertes: Aloysia sang die für sie geschriebene Arie »Non so d'onde viene«. Wolfgang stolz: »Mit dieser hat meine liebe Weberin sich und mir unbeschreiblich Ehre gemacht. Alle haben gesagt, daß sie noch keine Aria so gerührt habe wie diese.«

Als Andenken schenkte Mutter Weber Wolfgang zwei selbstgestrickte Manschetten (»Tatzerln«) und Vater Weber Notenpapier und die Komödien von Molière mit der Bemerkung: »Jetzt reist halt unser bester Freund weg, unser Wohltäter.« Aloysia könne ihm »nicht genug dankbar sein«. Wolfgang an den Vater: »Wie ich wegging, so weinten sie alle. Ich bitte um Verzeihung, aber mir kommen die Tränen in die Augen, wenn ich daran denke.«

Mit der Mutter in Paris

Wohlversehen mit Ratschlägen, Adressen, einem Wörter- und einem Gebetbuch, Landkarten, Noten und fremden Münzen (deren Wert Leopold brieflich erklärt hatte), fuhr die siebenundfünfzigjährige Salzburger Hausfrau Anna Maria Mozart, die fast kein Französisch konnte und sich nach Hause zurücksehnte, mit ihrem Sohn von Mannheim nach Paris. Die Reise dauerte zehn bittere Tage.

Der kleine zweisitzige Wagen hatte keine Scheiben. Sie waren also voll dem kühlen Märzwetter ausgesetzt. Nachts kampierten sie in billigen Absteigen. Sie sparten beim Essen und ratterten täglich acht, neun Stunden über die schlechten Landstraßen: »Wir haben geglaubt, wir können es nicht aushalten. Ich habe mich mein Lebtag niemals so gelangweilt«, berichtete Wolfgang, und die tapfere Mutter Mozart schrieb, der Wind habe sie »fast erstickt und der Regen ersäuft, daß wir beide im Wagen waschnaß sein worden und schier nicht schnaufen gekonnt«.

Der Sohn kann kein angenehmer Reisegefährte gewesen sein: Er hatte Liebeskummer und Heimweh nach Mannheim. Würde Aloysia an ihn denken? Würde sie seine Lieder singen? Würde sie auf ihn warten? Er haßte Paris schon, bevor sie endlich in die Stadt einfuhren.

»Ein ganzer Franzos« sollte Mozart hier werden und berühmt in der ganzen Welt, so wollte es der Vater. »Dies sind nun Deine Jahre, die Du für Dich und für uns alle benutzen mußt.« Er mahnte Frau und Sohn, gewissenhafter zu sein: »Sonst verderbt ihr wieder alles, und es geht, wie es bisher gegangen. Was ich aufgebaut habe, habt ihr niedergerissen: und was ich nach eurem Vorschlage eingegangen, war am Ende auch wieder nichts.«

In Paris bezogen Mutter und Sohn ein ärmliches und trotzdem teures Zimmer. Die Mutter saß fortan hier »wie im Arrest, welcher noch dazu so dunkel ist und in ein kleines Höfel geht, daß man den ganzen Tag die Sonne nicht sehen kann und nicht einmal weiß, was es für ein Wetter ist. Mit harter Mühe kann ich bei einem einfallenden Lichte etwas weniges stricken ... Der Eingang und die Stiegen sind so eng, daß es unmöglich wäre, ein Klavier hinaufzubringen. Der Wolfgang muß also außer Haus komponieren.« Die Mutter traurig und einsam: »Ich sehe ihn also den ganzen Tag nicht und werde das Reden völlig vergessen.«

Stadtbesichtigungen waren zu teuer, denn dafür war ein Wagen nötig – ihr eigener war längst verkauft. So studierte Mutter Mozart statt dessen den neuen Pariser Stadtplan und stellte Vergleiche mit

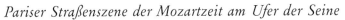

Pariser Straßenszene der Mozartzeit am Ufer der Seine

früher an, als ihr Mann sie und die kleinen Kinder umhergeführt hatte.

Wolfgang war zum Essen meist eingeladen. Die Mutter aber machte eine ganz neue bittere Erfahrung: sie bekam in ihrem Quartier sehr schlechtes Essen. Klagend schrieb sie nach Salzburg: »Die Fasttage sind gar nicht zu beschreiben und nicht auszustehen.« Das hieß: Sie hungerte in ihrem dunklen einsamen Zimmer. Als sie Mitte April endlich ein neues Quartier mit zwei Zimmern bezogen (wieder ein Umzug mit mühseligem Kofferpacken für die einsame, müde Frau!) wurde Mutter Mozart krank, erholte sich aber wieder.

Wolfgang bemühte sich anfangs, die väterlichen Anordnungen zu befolgen, Antrittsbesuche zu machen und seine Empfehlungsschreiben abzugeben. Aber es ging wieder nicht gut. Erstens war sein Französisch noch sehr mäßig. (In Italien wäre es mit der Sprache viel leichter gewesen!) Vor allem aber: Dieses Hin und Her durch die fremde, riesige Stadt war ihm zu mühsam und nicht mit seinem Stolz zu vereinbaren. »Zu Fuß ist es überall zu weit oder zu kotig, denn in Paris ist ein unbeschreiblicher Dreck.«

Das stimmte freilich. Die Pariser benützten die dunklen Hauseingänge als Bedürfnisanstalten – der Gestank war ungeheuerlich. Auch der Mist wurde einfach auf die Straße geworfen, was wiederum Schmeißfliegen, Ratten, Mäuse und anderes Getier anzog. Das war in anderen Großstädten ähnlich, nur gab es in der riesigen Stadt Paris Schwierigkeiten mit der Reinigung. Mozart vermißte vor allem die Spritzwagen, die in Wien allgegenwärtig waren. Wer es sich leisten konnte, machte alle Wege im Wagen – aber das war für Mozart zu teuer.

Fünfzehn Jahre waren seit dem ersten Pariser Besuch vergangen. Aus dem Wunderkind war ein unansehnlicher, kleingewachsener Jüngling mit Blatternnarben im Gesicht geworden – ein arbeitsloser,

Die königliche Musikkapelle konzertiert für die vornehme Gesellschaft des Pariser Hofes

schlecht Französisch sprechender ausländischer Musiker auf der Suche nach einer Stellung.

Viele Verehrer von damals waren gestorben oder uninteressiert. Die berühmte Hauskapelle des Prinzen Conti, mit der das Wunderkind auf dem großen Ölgemälde (Seite 44) dargestellt war, war aufgelöst. Vor allem aber: die junge Königin Marie Antoinette erinnerte sich nicht mehr an ihren einstigen Spielgefährten. Sie, die Salieri und Gluck so eifrig förderte, empfing Mozart noch nicht einmal und gab ihm auch keinen Auftrag. Erkannte denn niemand in ganz Paris, daß Wolfgang Amadé Mozart ein Wunder von einem Komponisten war? Und daß er sein Talent hier in Paris zeigen wollte, am liebsten mit einer großen französischen Oper?

Er war ungeduldig wie eh und je: Wieder meinte er, ganz Paris habe auf ihn gewartet, und war gekränkt, wenn man ihn nicht kannte oder vertröstete oder gar wegschickte. »Die Leute machen halt Komplimente und dann ist's aus.« Und: »Wer nicht hier ist, der glaubt nicht, wie fatal das ist.« Kurz, er hatte keine Lust, wie ein Bettler durch das riesige Paris zu gehen und um einen Auftrag zu bitten.

Den Vater bat er um Verständnis und schilderte – sehr ausführlich und sehr übertrieben – die schlechte Behandlung durch eine Herzogin: »Da mußte ich eine halbe Stunde in einem eiskalten, ungeheizten und ohne Kamin versehenen großen Zimmer warten.« Endlich sei die Dame hereingekommen und habe ihn an ein Klavier verwiesen. »Ich sagte: Ich wollte von Herzen gern etwas spielen, aber jetzt sei es unmöglich, da ich meine Finger nicht empfinde vor Kälte.« Ob er nicht in einem Zimmer mit Kamin spielen dürfe? Es kam keine Reaktion.

Die Herzogin setzte sich nieder, einige Herren kamen, setzten sich zu ihr und begannen zu zeichnen. Ihnen war er offenbar nicht zu kalt. Hatte Wolfgang nicht wieder übertrieben, als er dem Vater klagte: »Fenster und Türen waren offen. Ich hatte nicht allein in Händen, sondern im ganzen Leib und Füßen kalt und der Kopf fing mir auch gleich an wehe zu tun ... und ich wußte nicht, was ich so lange vor Kälte, Kopfweh und Langeweile anfangen sollte.«

Widerstrebend spielte er dann doch »auf dem miserablen, elenden Pianoforte. Was aber das Ärgste war, daß die Madame und alle die Herren ihr Zeichnen keinen Augenblick unterließen, sondern immer fortmachten und ich also für die Sessel, Tisch und Mauern spielen mußte.« Sapperlot! Die Herrschaften hielten es nicht der Mühe wert, sich auf seine Kunst zu konzentrieren! Das konnte er sich nicht gefallen lassen! Er unterbrach das Spiel und bat, ein anderes Mal kommen zu dürfen. Aber nein, er solle auf den Ehemann warten.

Dieser Ehemann erwies sich als musikalisch, hörte aufmerksam zu – »und ich vergaß darüber alle Kälte, Kopfweh und spielte ungeachtet dem elenden Klavier so – wie ich spiele, wenn ich gut in Laune bin.« Kurz: »Geben Sie mir das beste Klavier, aber Leute zu Zuhörern, die nichts verstehen oder die nichts verstehen wollen und die mit mir nicht empfinden, was ich spiele, so werde ich alle Freude verlieren.«

Wie damals in seiner Wunderkindzeit, lehnte Mo-

Musterbogen eines Perückenmachers mit Modellen für verschiedene Anlässe und Standespersonen

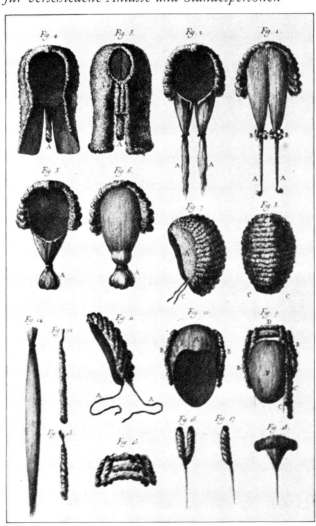

zart es ab, Musik zur Unterhaltung für »lange Ohren«, unmusikalische Leute, zu machen. Dieser Künstlerstolz hinderte ihn daran, sich in Paris »gefällig« zu machen und Geld zu verdienen. Er galt auch hier bald als hochmütig und äußerst schwierig. Er wiederum redete sich ein, Feinde zu haben, »wo habe ich sie aber nicht gehabt?«

Immerhin fand er bald Schüler, die einzige Möglichkeit, an Geld zu kommen. (Oh, wie er das Unterrichten haßte!) Der Vater solle das doch verstehen: »Sie dürfen nicht glauben, daß es Faulheit ist – nein! – sondern weil es ganz wider mein Genie, wider meine Lebensart ist. – Sie wissen, daß ich sozusagen in der Musik stecke – daß ich den ganzen Tag damit umgehe – daß ich gerne spekuliere, studiere, überlege; nun bin ich hier durch diese Lebensart behindert.« – »Gott gebe nur, daß ich mein Talent dadurch nicht verderbe.«

Er haßte Paris: »Wenn hier ein Ort wäre, wo die Leute Ohren hätten, Herz zum Empfinden und nur ein wenig etwas von Musik verstünden und Geschmack hätten, so würde ich von Herzen zu allen diesen Sachen lachen. Aber so bin ich unter lauter Viechern und Bestien, was die Musik anbelangt!«

Nach Mannheim gefiel ihm gar nichts, schon gar nicht die französische Sprache: »Wenn nur die verfluchte französische Sprache nicht so hundsföttisch zur Musik wäre! Das ist was Elendes, die deutsche ist noch göttlich dagegen. Und dann erst die Sänger und Sängerinnen! Man sollte sie gar nicht so nennen, denn sie singen nicht, sondern sie schreien, heulen, und zwar aus vollem Halse, aus der Nase und Gurgel.« Der Vater wußte sogleich, was hinter dieser Kritik stand: Wolfgangs Sehnsucht nach Aloysia Weber und deren wunderbarer, gefühlvoller Stimme.

Inständig bat der Sohn, »daß ich bald Italien zu sehen bekomme. Damit ich doch hernach wieder aufleben kann.« Der Vater entschied: »Paris ist jetzt der sicherste Ort, teils Geld zu machen, teils ohne Furcht des Krieges zu leben.« Die Konkurrenz von Opernkomponisten und Musiklehrern war in Italien noch viel, viel größer als in Paris. Das Wichtigste aber: »Bin ich imstande, unsere ocuhedln zh blzmueln* und zugleich dir Reisegeld, wenigstens drei oder vierhundert Gulden, nach Italien zu geben?«

Kurz tauchte eine Fata Morgana auf: eine Organistenstelle in Versailles, sechs Monate Arbeit jährlich für zweitausend Livres Gehalt. Aber der Traum ging vorüber, gefolgt von einem anderen: Königin Marie Antoinette stand kurz vor der Geburt ihres ersten Kindes. Da wurden doch bald große Feste gefeiert! Und Feste brauchten Musik, eine Oper! »Wenn ich mir öfters vorstelle, daß es richtig ist mit meiner opera, so empfinde ich ein ganzes Feuer in meinem Leibe und Zittern an Händen und Füßen vor Begierde, den Franzosen immer mehr die Deutschen kennen, schätzen und fürchten zu lernen.«

Der Vater gab gute Ratschläge: »Mit der Oper wirst Du Dich wohl nach dem Geschmack der Franzosen richten. Wenn man nur Beifall findet und gut bezahlt wird, das übrige hole der Plunder.« Dann käme der Name Mozart auch in die Zeitungen: »Das möchte ich wünschen dem Erzbischof zu Trotz.«

Aber der einzige Auftrag blieb eine kleine Ballett-Komposition (»Les petits riens«) als Zwischenspiel in einer Oper. Honorar gab es dafür nicht. Auf dem Programmheft fehlte sogar der Name des Komponisten.

Mozart suchte keinen Kontakt mit den erfolgreichen Pariser Komponisten und blieb isoliert, was wohl auch mit seinen geringen Französisch-Kenntnissen zusammenhing. Die Pariser stritten gerade darum, ob sie der italienischen Oper oder der mo-

* Schulden zu bezahlen

derneren französischen den Vorrang geben sollten. Niemand war auf die Meinung des jungen Mozart neugierig.

Er beobachtete aber sehr genau, welche Art von Oper beim Publikum ankam: nicht die gedankenschwere »Reformoper« Glucks, auch nicht die gestelzte »opera seria«, sondern die »opera buffa«, die er »welsche komische Oper« nannte. »Warum gefallen denn die welschen komischen Opern überall?« schrieb er dem Vater später. »Mit allem Elend, was das Buch anbelangt! – Sogar in Paris – wovon ich selbst Zeuge war. – Weil da ganz die Musik herrscht – und man darüber alles vergißt.«

Man müsse eine neue Form entwickeln, die starren Regeln auflösen und die verschiedenen Opernstile – opera seria und buffa, die französische komische Oper – miteinander vermischen, um zu einem spannenden Musiktheater zu kommen. Die französische Oper gefiel ihm – als unterhaltsames Sprechtheater mit Musik. »Ich finde halt, daß in der Musik der Hanswurst noch nicht ausgerottet ist, und in diesem Fall haben die Franzosen recht«, schrieb er noch Jahre später. (Einiges lernte er also doch hier in

Paris!) Und als ein Schüler ihn später fragte, ob die italienische Oper nicht besser sei als die französische, antwortete er: »Was die Melodie anlangt, ja, aber was den dramatischen Effekt anlangt, nein.«

In Paris komponierte er nicht viel – ein deutlicher Ausdruck seiner schlechten Verfassung. Hier entstand aber die Klaviersonate, die jedes klavierübende Kind der Welt kennt:

Und einige Variationen über französische Volkslieder, so zum Beispiel: »Ah, vous dirai-je, Maman«:

Sein größter Erfolg war die »Pariser Sinfonie« – ganz im Pariser Stil geschrieben, für großes Orchester mit Pauken und Trompeten und zum erstenmal auch Klarinetten. Nach der Probe schimpfte der Komponist über das angeblich schlechte Orchester:

Der Palast der Tuilerien, wo Mozarts Pariser Sinfonie uraufgeführt wurde

[Handschriftlicher Brief Mozarts, oben rechts: »Paris ce 3 juillet 1778«]

Mozarts Brief an den Freund Bullinger in Salzburg nach dem Tod der Mutter am 3. Juli 1778: »Allerbester Freund! Für Sie ganz allein. Trauern Sie mit mir, mein Freund! – Dies war der traurigste Tag in meinem Leben – dies schreibe ich um 2 Uhr nachts – ich muß es Ihnen doch sagen, meine Mutter, meine liebe Mutter ist nicht mehr! – Gott hat sie zu sich berufen – er wollte sie haben, das sehe ich klar – mithin habe ich mich in Willen Gottes gegeben.«

»Ich habe mein Lebtag nichts Schlechteres gehört, Sie können sich nicht vorstellen, wie sie die Sinfonie zweimal nacheinander heruntergehudelt und heruntergekratzt haben. Mir war wahrlich ganz bang.« Wenn es bei der Aufführung nicht besser gehe, wolle er eingreifen, dem Konzertmeister »die Violin aus der Hand nehmen und selbst dirigieren«.

Der Vater war entsetzt über einen so »erhitzten Gedanken«: »Behüte Gott, diese und alle derlei Einfälle mußt Du Dir ausschlagen. Sie sind unüberlegt. Ein solcher Schritt würde Dir das Leben kosten, und das setzt doch kein vernünftiger Mensch auf eine Sinfonie.« Denn niemand, der »auf Ehre hält«, könne sich so eine Beleidigung gefallen lassen. »Ein Italiener würde schweigen und Dich in einem Winkel totschießen.«

Zum Glück für den hitzigen Komponisten spielten die Musiker bei der Uraufführung besser. »Ich ging gleich vor Freude nach der Sinfonie ins Palais Royal, nahm ein guts Gefrornes, betete den Rosenkranz, den ich versprochen hatte, und ging nach Haus.«

Zu Haus allerdings erwartete ihn ein großes Unglück: Die Mutter lag schwerkrank mit Fieber, Schüttelfrost, Bauch- und Kopfweh, konnte plötzlich nichts mehr hören. Die Nächte wachte der Sohn an ihrem Bett: »Ich ging herum, als wenn ich gar keinen Kopf hätte. Ich hätte dort die beste Zeit gehabt zum Komponieren, aber – ich wäre nicht imstande gewesen, eine Note zu schreiben.« Er ging auf die Suche nach einem deutschen Arzt, weil die Mutter keinen französischen wollte, schließlich auf die Suche nach einem deutschen Geistlichen.

Anna Maria Mozart hatte hier in Paris ein trauriges, einsames Leben geführt, nicht geklagt, den Sohn unermüdlich gegenüber dem strengen Vater verteidigt und beschönigt, wo sie nur konnte: »Wir reden fast täglich von unsern Salzburger Freunden und wünschten sie zu uns, viele würden Augen und Maul aufreißen, wenn sie das seheten, was hier zu

116

sehen ist.« Dies war ihr letzter Brief. Zwei Wochen später, am 3. Juli 1778, war sie tot.

Wolfgang hatte gerade, an ihrem Bett sitzend, dem Vater über seinen großen Sinfonie-Erfolg berichtet. Nun mußte er den Tod der Mutter melden: Er tat es sehr, sehr vorsichtig, schrieb zunächst von einer schweren Krankheit. Gleichzeitig bat er in einem anderen Brief einen Salzburger Freund und Geistlichen, dem Vater und der Schwester in ihrem Schmerz beizustehen.

Nur ein einziger Freund begleitete Mozart auf dem letzten Weg der Mutter auf den Friedhof von Saint Eustache. Wie würde der Vater die Nachricht aufnehmen? Würde er wohl dem Sohn Vorwürfe machen?

Ja, er hatte meistens »Noten im Kopf« gehabt und sich allzuwenig um die einsame Mutter gekümmert. Hatte er nicht auch zu spät einen Arzt gerufen? Hatte die Mutter sich »ihrem Sohn aufopfern« müssen, wie der Vater später bitter klagte? Denn was hatte sie, die Hausfrau aus Salzburg, in Paris zu suchen? Sie mußte den unselbständigen, allzu sorglosen Sohn begleiten, ihm die Wäsche in Ordnung halten, die Perücke pflegen, achten, ob er in die Kirche und zum Beichten gehe, vor verderblichen Einflüssen schützen, ihn trösten, wenn er niedergeschlagen war, und beruhigen, wenn er zornig wurde.

Und wie hatte der Gatte in seinen Briefen geschimpft, weil sie nicht genug auf das Geld aufgepaßt und nicht alle seine vielen Anordnungen befolgt hatte! Schützend und verteidigend hatte sie sich stets vor den Sohn gestellt, ihren »Augapfel«, wie der Vater sagte, eine gute Mutter, »die Dich ganz außerordentlich geliebt hat, die völlig stolz auf Dich war und die (ich weiß es mehr als Du) gänzlich in Dir gelebt hat«.

Er habe »bisweilen so melancholische Anfälle«, klagte der zweiundzwanzigjährige Mozart jetzt, da er ganz allein in dem verhaßten Paris war. Er packte die bescheidenen Kleider der Mutter zusammen, kündigte das Zimmer auf und fand Unterschlupf bei dem alten Freund und Förderer Melchior Grimm.

Der Friedhof St-Eustache in Paris, wo Mozarts Mutter begraben wurde.

Leopolds Kampf um den Sohn

Bei aller Trauer um seine Frau überwog bei Leopold Mozart die Sorge um den fernen Sohn. Er gab jede Hoffnung auf eine Stelle im Ausland auf und bemühte sich, Wolfgang nach Salzburg zurückzuholen. Inzwischen war dort die Stelle des Hoforganisten frei geworden, und Leopold Mozart tat alles Menschenmögliche, um den Erzbischof günstig zu stimmen. Um nicht Wolfgangs Erfolglosigkeit im Ausland eingestehen zu müssen, beklagte er sein Los als Witwer: Er sei ohne seinen Sohn zu einsam und hilflos!

Als der Erzbischof schließlich einwilligte, dem jungen Mozart die Stelle eines Konzertmeisters und Hoforganisten für ein Gehalt von fünfhundert Gulden zu geben, weigerte sich Wolfgang, die Stelle anzunehmen, und schimpfte über die »grobe, lumpenhafte und liederliche Hofmusik« in Salzburg. »Es kann ja ein honetter Mann, der Lebensart hat, nicht mit ihnen leben. Er muß sich ja ihrer schämen! Ja, wenn die Musik so bestellt wäre wie zu Mannheim!« Salzburg sei »kein Ort für mein Talent«.

Er forderte und forderte: Er wolle in Salzburg gemeinsam mit dem Vater »alle Gewalt, was nur immer zur Musik notwendig ist«. Der Obersthofmeister dürfe ihm nicht dreinreden: »Denn ein Kavalier kann keinen Kapellmeister abgeben, aber ein Kapellmeister wohl einen Kavalier.« Und: »Der Erzbischof kann mich gar nicht genug bezahlen für die Sklaverei in Salzburg!« und dürfe ihm »nicht den Großen spielen, wie er es gewohnt war«: »Es ist gar nicht unmöglich, daß ich ihm eine Nase drehe!«

Der Vater kämpfte um seinen Sohn und versicherte ihm, »daß ich ohne Dich eher sterbe und daß ich, wenn ich Dich bei mir zu haben das Vergnügen haben könnte, um viele Jahre länger leben würde«.

Er pries die geographische Lage Salzburgs »im Mittelpunkt zwischen München, Wien und Italien«, erwirkte beim Erzbischof die Zusicherung, daß Wolfgang für auswärtige Opernaufträge Urlaub bekomme – und er lockte sogar mit dem Versprechen, »Demoiselle Weber« nach Salzburg einzuladen, vielleicht eine Anstellung am Salzburger Hof für sie zu bekommen. Der Erzbischof wolle »sie absolut hören«. Familie Weber könnte bei den Mozarts im Tanzmeisterhaus wohnen.

»Alles wünscht Dich hier zu sehen. Der Obersthofmeister trägt Dir seine Pferde an.« Im Winter »können wir nun auf alle Bälle im Fasching auf das Rathaus gehen ... Alle Sonntage ist unser Bölzlschießen.« Ach ja, Wolfgangs Lieblingsspeise: Die Magd Thresl habe »dreizehn Kapaunen gekauft«. Und eine Woche später noch einmal: »Das Mensch, die Thresl, der Narr, hat abermals sechs Kapaunen gekauft, und gestern hat die Nannerl ein paar schöne Spitzentatzerl für Dich eingehandelt.« Ja, und der Hund Pimperl schicke »viel tausend Lecker. – Kannst Du mehr verlangen?«

Wolfgang selbstbewußt: »wlnn afcu dfl omezbhrglr umbln wseeln, os ahooln ofl afcu hnd meel alfnl whnocul blirfldfgln – osnot blksaaln ofl afcu glwfo nfcut«.* Er stellte von vornehrein klar: Er wollte weder Diener des Erzbischofs sein noch Befehlsempfänger des Obersthofmeisters – aber auch kein braves Kind seines strengen Vaters.

Er ließ sich Zeit in Paris, mußte seine kostbaren Uhren verkaufen und sich außerdem noch Geld ausleihen. Schließlich stritt er mit jenem Mann, der ihn in seinem Haus aufgenommen hatte und nach besten

* »Wenn mich die Salzburger haben wollen, so müssen sie mich und alle meine Wünsche befriedigen. Sonst bekommen sie mich gewiß nicht.«

118

Beginn der Klaviersonate a-Moll, die Mozart wenige Tage nach dem Tod der Mutter in Paris schrieb

Kräften förderte: Melchior Grimm. Grimm hatte sich erlaubt, den jungen Mann zu ermahnen, aktiver zu sein und sich mehr anzustrengen, um Aufträge zu bekommen. Der überempfindliche Wolfgang reagierte beleidigt und schimpfte: Grimm sei »von der welschen Partie« – also falsch – »und sucht mich zu unterdrücken«. Er sei fähig, »Kindern zu helfen, aber nicht erwachsenen Leuten«.

Der Vater wußte sehr wohl: Mit dem zweiundzwanzigjährigen Sohn würde es in Salzburg schwer werden. Ende September war Mozarts Lage in Paris endgültig untragbar geworden. Wohl oder übel mußte er sich auf die Rückreise machen, und zwar zu seinem Ärger mit der einfachen Post (die Grimm bezahlt hatte). Acht Tage brauchte er bis Nancy, fuhr dann nach Straßburg, wo der Vater für ihn einen Kreditbrief vorbereitet hatte. In Straßburg spielte Mozart auf berühmten Silbermann-Orgeln (die Orgelbauer Silbermann stammten ja aus Straßburg) und gab drei Konzerte vor leerem Saal: »Es ist nichts Traurigeres als eine große Tafel von achtzig Couverts und nur drei Personen zum Essen. Und dann war es so kalt!«

Der Vater drängte: Der Sohn solle sich nicht so lange aufhalten. Außerdem: »Der Gedanke, nach Mannheim zu reisen, fällt weg.« Aber der Sohn fuhr ebendort hin: »Erschrecken Sie nicht.« Aloysia war inzwischen mit ihrer Familie nach München übersiedelt, aber viele alte Freunde, so die Familie Cannabich mit der sanften Rose und der schlimmen Liesl, nahmen ihn herzlich auf. »Gottlob und Dank, daß ich wieder in meinem Mannheim bin! Sie können sich gar nicht vorstellen, was für gute und wahre Freunde ich hier habe.«

Christian Cannabich, Kapellmeister in Mannheim

Nach den schlechten Pariser Erfahrungen schwelgte er jetzt in der herrlichen Musik des Mannheimer Orchesters. In Salzburg würde er solche Musik kaum noch hören können: »Ach, wenn wir nur auch Klarinetti hätten! Sie glauben nicht, was eine Sinfonie mit Flauten, Oboen und Klarinetten einen herrlichen Effekt macht . . . Ach, die Musik könnte bei uns viel schöner und besser sein, wenn der Erzbischof nur wollte.« Kurz: Er wollte eigentlich lieber in Mannheim bleiben: »Es ist recht das Geriß um mich. Mit einem Wort, wie ich Mannheim liebe, so liebt Mannheim mich. Ich glaube, ich werde doch noch hier angestellt werden.«

Jetzt brach bei Leopold Mozart der Zorn los: »Angestellt? Was heißt das? Du sollst weder in Mannheim noch an keinem Ort der Welt jetzt angestellt werden. Ich will das Wort ›Angestellt‹ nicht mehr hören.« Und: »Deine ganze Absicht geht dahin, mich zugrunde zu richten, nur um Deine in Luft stehenden Pläne auszuführen.« Und noch schlimmer: »Ich hoffe, daß Du, nachdem Deine Mutter in Paris hat sterben müssen, Du Dir nicht auch die Beförderung des Todes Deines Vaters über Dein Gewissen ziehen willst.« Und: »Ich will, wenn Gott will, noch ein paar Jahre leben, meine Schulden zahlen – und dann magst Du, wenn Du Lust hast, mit dem Kopf an die Mauer laufen.« Versöhnlich fügte er diesen bösen Worten dann hinzu: »Doch nein! Du hast ein zu gutes Herz! Du hast keine Bosheit, Du bist nur flüchtig, – es wird schon kommen!«

Dieser Brief traf den Sohn tief. Nun hatte er noch mehr Angst vor der Rückkehr nach Salzburg.

Die Klarinette – Mozarts Lieblingsinstrument, das er häufig und gerne in seiner Musik einsetzte

Aloysia

In der langen, unglücklichen Pariser Zeit gab es für Mozart eine große Sehnsucht: Aloysia. Er hatte vergeblich versucht, für sie ein Engagement in Paris zu bekommen und auf diese Art die Familie Weber nach Paris zu holen (was Vater Mozart natürlich nicht wissen durfte). Er hatte dem Mädchen sehnsüchtige Briefe geschrieben, vor allem nach dem Tod der Mutter: »Wenn ich keinen Vater und Schwester hätte, für welche ich mehr leben muß als für mich, für dessen Unterhalt ich sorgen muß, so wollte ich mit größter Freude mein Schicksal gänzlich vernachlässigen und nur ganz allein auf das Ihrige bedacht sein, denn Ihr Wohlsein, Ihr Vergnügen, Ihr Glück macht mein ganzes Glück aus.« Es gehe ihm gesundheitlich gut: »Aber meine Seele ist nicht ruhig und sie wird es nie sein, solange ich nicht die tröstliche Sicherheit haben werde, daß Ihrem Können Gerechtigkeit widerfahren ist. Doch am glücklichsten werde ich an dem Tage sein, an dem ich die große Freude erleben werde, Sie wiederzusehen und herzlichst zu umarmen. Nur in diesem Wunsche, in dieser Hoffnung finde ich den einzigen Trost und Frieden.«

Während Mozart sich in Paris um sie sorgte, bekam Aloysia ein Engagement an der kurfürstlichen Oper in München mit einem Gehalt, das von sechshundert bald auf tausend Gulden angehoben wurde. Damit zerrann auch die Hoffnung, sie nach Salzburg holen zu können.

Aber vielleicht würde Aloysia nun Wolfgangs Weg in München ebnen können? Daran dachte auch Vater Mozart, schrieb er doch nun plötzlich, er sei Wolfgangs Liebe zu Aloysia »ganz und gar nicht entgegen«. »Ich war's damals nicht, als ihr Vater arm war. Warum sollte ich's nun jetzt sein, da *sie* Dein Glück und nicht Du ihr Glück machen kannst?«

Der zweiundzwanzigjährige Mozart setzte jedenfalls sehr große Hoffnungen auf dieses Wiedersehen mit Aloysia. Eigenartigerweise bat er das »Bäsle«, aus Augsburg ebenfalls nach München zu kommen und ihn dort zu treffen: »Sie werden vielleicht eine große Rolle zu spielen bekommen.« Sollte sie die Zeugin seiner Verlobung sein?

Zu Weihnachten 1778 kam er, voller Erwartung und Liebe, im Haus Weber an – und wurde bitter enttäuscht. Die siebzehnjährige Aloysia fühlte sich ganz als Primadonna. Selbstbewußt und fremd trat sie dem Freund entgegen, der ihr sein Geschenk (sein Brautgeschenk?) übergab: eine neue Arie, für die er sich besonders viel Mühe gegeben hatte.

Die Sängerin schaute den kleinen, unscheinbaren Mozart an – und lachte: »Nein, wie du komisch aussiehst!« (Er hatte doch eigens für sie diese eleganten Pariser Kleider angezogen. Was meinte sie denn?) Sie meinte die auffallenden Pariser Goldknöpfe auf dem feinen roten Pariser Anzug: Wegen der Trauer um die Mutter hatte er sie mit schwarzen Schleifen umwickelt. Das war wohl wirklich sehr auffällig und bunt. Aloysia fand es jedenfalls lächerlich.

Völlig verunsichert und eingeschüchtert wagte Mozart dann doch, das Mädchen zu fragen, ob es ihn heiraten wolle. Wenn sie gemeinsam musizierten? Er würde in München bleiben und Opern schreiben, und die schönsten Arien seien natürlich für sie. Gemeinsam würden sie Erfolg haben!

Aloysia hörte kaum zu, was ihr Verehrer da sagte. Sie war ohnehin Primadonna, und auch andere Komponisten schrieben ihr Arien. Was sollte sie mit Mozart? Ach nein, er war ihr nicht gut genug. So klein und häßlich wie er war. Erfolgreich war er nicht. Schulden hatte er. Kurz: Sie wollte ihn nicht.

Der Schock war schrecklich. Kurze Zeit noch behielt der junge Mann seine Fassung und verbarg seinen tiefen Schmerz hinter Trotz und Stolz: Er setzte sich schnell ans Klavier und tobte dort seine Gefühle aus. Zornig spielte er eine derbe Melodie und sang dazu sehr laut einen bayrischen Vers. Aber welchen von beiden?

Mozarts Freunde, die seine Vorliebe für derbe Ausdrücke kannten, sagten, es sei ganz sicher der volkstümliche bayrische Vers gewesen: »Schnupftabak, Rauchtabak und an Prisil (Brasilzigarre) – Leck mi das Mensch im Arsch, das mi net will.«

Manchen Biographen freilich war dieser Vers zu grob. (Ein Mozart, der so wunderbare Musik schrieb, konnte doch nicht so schlimme Worte sagen!) Sie milderten den Vers ab: »Ich laß das Mädchen gern, das mich nicht will.«

Erst als er allein war, gab sich der Abgewiesene seinem Schmerz hin – wahrscheinlich war es der bitterste Schmerz, den er in seinem Leben empfand. Sogar das Briefeschreiben, sonst immer sein Trost, fiel ihm schwer. »Ich kann nicht, mein Herz ist gar zu sehr zum Weinen gestimmt!« Er bat den Vater: »Ich hoffe, Sie werden mir bald schreiben und mich trösten.« Warum er ihn trösten solle, schrieb er allerdings nicht, nur: »Heute kann ich nichts als weinen. Ich habe gar ein zu empfindsames Herz.«
Etwas Trost fand er bei dem treuen Bäsle, das wirklich nach München gekommen war und nun nicht Zeuge einer Verlobung, sondern einer unglücklichen Liebe wurde.
Viel später, als Mozart schon tot – und dann erst richtig berühmt war, wurde Aloysia gefragt, warum sie Mozart nicht geheiratet habe. Aber sie konnte keinen Grund angeben, außer daß »sie ihn damals nicht lieben« konnte und sein Talent nicht erkannt habe.

Aloysia Weber in einer Bühnenrolle

Die Münchner Freunde gaben sich alle Mühe, den Verzweifelten aufzurichten. Einer von ihnen schrieb vorsorglich an Leopold Mozart, Wolfgang sei »kaum aus den Tränen zu bringen«. Und: »Er hat das allerbeste Herz«, sei »so rein, so kindlich«. Außer Vater und Schwester »kennt er nichts mehr auf der Welt«. Vater Mozart solle den Sohn in Liebe aufnehmen. Kurz: Wolfgang hatte Angst vor dem Zorn des Vaters und fühlte sich nicht stark genug, ihm in seiner jetzigen traurigen Situation entgegenzutreten.
Doch Leopold Mozart, der seinen Sohn trotz allem liebte, stellte ihm einen »zärtlichen und vergnügten« Empfang in Aussicht und schrieb, die Salzburger hätten sogar die »Herbstunterhaltung aus der Schützenkassa« verschoben und warteten sehnsüch-

tig auf ihn. Das Bäsle begleitete Wolfgang auf der Reise nach Salzburg. Seine Angst muß wirklich sehr groß gewesen sein.

Mitte Januar 1779, also vier Monate nach der Abreise aus Paris, traf der fast dreiundzwanzigjährige Mozart in Salzburg ein – als Gescheiterter. Der Verlust der Mutter kam ihm hier im großen Tanzmeisterhaus besonders schmerzlich zu Bewußtsein – und war da nicht doch ein bitterer Ton bei Vater und Schwester zu spüren? Wie früher scherzte Wolfgang mit der überempfindlichen Schwester und nannte sie »Zizibe«. Er schrieb lustige Briefe an das Bäsle in Augsburg und ließ sie raten und rechnen. So schickte er ihr »12345678987654321 Empfehlungen, und an alle guten Freunde von mir allein 624, von meinem Vater 100 und von der Schwester 150, zusammen 1774 und summa summarum 12345678987656095 Komplimente«. (Ob diese Rechnung wohl stimmt?)

Das treue Bäsle als »Engel«, gezeichnet von Vetter Wolfgang

Aber er hatte nun auch oft traurige, ja trostlose Momente. (Wissenschaftler meinen, diese Traurigkeit habe seiner Musik die letzte Reife gegeben: Sie war nun nicht nur schön, sondern auch tief und sehr oft erschütternd und aufwühlend.)
Trotz des äußeren Mißerfolges hatte die Pariser Reise Mozarts Selbstbewußtsein gestärkt. Er wußte nun, daß er »so ziemlich alle Art und Stil von Kompositionen annehmen und nachahmen« konnte. Er beherrschte alle Stile der Musik und konnte sie an passender Stelle einsetzen. Er kannte auch alle Formen der Oper (opera seria, opera buffa, die französische opera comique, das deutsche Singspiel) und sann darüber nach, wie er für sich daraus das Beste nehmen und eine dramatische, packende Oper ganz abseits all dieser festen Formen schreiben könne.
Das neue Salzburger Theater zeigte inzwischen einige Vorteile: Fremde Wanderbühnen brachten immer andere Stücke, immer andere Schauspieler und Sänger. Von ihren Stücken war einiges zu lernen, und die Mozarts hatten es nicht weit: Das Theater lag gegenüber dem Tanzmeisterhaus, so nah, daß Nannerl mit ihrem Fernrohr die Ankunft der Besucher beobachten konnte – was sie mit Begeisterung tat.
1780 machte die Theatergruppe des neunundzwanzigjährigen, sehr feschen und eleganten Emanuel Schikaneder in Salzburg Station. Die Truppe bestand aus vierunddreißig Leuten – Schauspielern, Tänzern, Musikern, Kulissenmachern, Souffleusen und Maschinisten. Die Kinder der Truppe halfen natürlich mit: bei der Kasse, bei der Musik und als Schauspieler und Tänzer in den Kinderrollen.
Schikaneder war der unumstrittene Direktor: Er spielte die Hauptrollen (seine Glanzrolle war der Hamlet), schrieb die erfolgreichsten Stücke, manchmal auch die Musik, studierte alle ein – und wußte ganz genau, was bei den Zuschauern Erfolg hatte. Von der italienischen Oper jedenfalls hielt er nichts:

Emanuel Schikaneder (1751–1812), Schauspieler und Direktor einer Wanderbühne, seit Salzburger Tagen Mozarts Freund

Er meinte, die Leute müßten verstehen, was sie hörten, müßten auch etwas zu lachen haben und zu weinen. Die opera seria mit ihren langen Rezitativen und Koloraturarien sei viel zu langweilig und unverständlich.

Er führte gerne Singspiele in deutscher Sprache auf, mit guten Schauspielern, die auch singen konnten (nur keine Kastraten!), mit einer blutvollen Liebesgeschichte und einigen derben Späßen – das kam bei den Leuten an. Die Dialoge wurden gesprochen und nicht (wie in der Oper) gesungen, die gefühlvollen Stellen allerdings mit Arien betont, und zum Umbau der Kulissen gab es Zwischenmusik. Alle seine Schauspieler konnten auch tanzen (vor allem seine Frau, die eine bewunderte Tänzerin war). Jedenfalls war Schikaneder mit seiner Bühne erfolgreich und so reich, daß er sich einen eigenen Wagen und Pferde leisten konnte und seidene Kleider.

Schikaneder und der junge Mozart wurden bald Freunde. Die Mozarts bekamen Freikarten für alle Aufführungen, und Schikaneder wurde zum Kegeln und zum sonntäglichen Bölzlschießen eingeladen. (Auf einer Schießscheibe wurde er wegen seiner vielen Liebschaften verspottet.)

Wolfgang war ständig im Theater, scherzte mit den Schauspielerinnen, gab den Musikern Tips, lernte die neuen Stücke Goethes und Lessings kennen, die alten von Shakespeare und die vielen lustigen und schaurigen Volksstücke und Singspiele (insgesamt führte die Truppe in diesem Winter neunundzwanzig verschiedene Stücke auf). Er fragte Schikaneder über die Bühnenarbeit aus, kritisierte ihn auch, vor allem, wenn ihm etwas zu lang erschien: Kürzeres hätte mehr Wirkung, meinte er. Schikaneder ermunterte ihn, eine volkstümliche Oper für seine Wanderbühne zu komponieren.

Mozart war Feuer und Flamme und bat Trompeter Schachtner, ein »Büchel« für eine lustige Türkenoper zu schreiben. Denn das war gerade die neueste Mode: Das hundertste Jubiläum des Sieges über die Türken von 1683 stand ja bevor.

Gleichzeitig nahm sich Mozart wieder das Stück »Thamos, König in Ägypten« vor, zu dem er bereits früher einige Chöre komponiert hatte. Mit Schikaneder unterhielt er sich lang über dieses ägyptische Märchen von dem Sonnentempel, über die Großmut des Oberpriesters und die unerschütterliche und siegreiche Liebe des jungen Paares. Auch das wäre doch ein guter Opernstoff!

Idomeneo

Beide Singspiele blieben jedoch unvollendet – aus einem erfreulichen Grund: Denn endlich, endlich kam im Herbst 1780 ein Opernauftrag aus München, zwar nicht für ein deutsches Singspiel, sondern eine Opera seria: »Idomeneo, König von Kreta«. Es ist die alte Geschichte vom König, der in großer Seenot schwört, den Göttern den ersten Menschen zu opfern, der ihm nach der Rettung entgegenkommt. Dies ist freilich sein Sohn Idamantes. Zu diesem Konflikt kommen Liebeskonflikte. Ein Orakelspruch löst alle Wirren, und Idamantes wird neuer König von Kreta.

Der Salzburger Hofkaplan Varesco sollte aus dem französischen Text ein italienisches Textbuch machen. Der junge Komponist aber redete ihm ständig in seine Arbeit hinein: Dramatischer sollte der Text werden, kürzere Zwischentexte haben, mehr Abwechslung bieten, Chöre und Volksszenen, Duette und Terzette statt aneinandergereihte Arien.

Varesco mußte straffen, kürzen, ändern, das Stück viermal neu schreiben und wurde schließlich ärgerlich: Was wollte Mozart eigentlich? Es war doch alles genau nach den alten Regeln! Aber diese alten Regeln ließ Mozart für sich nicht mehr gelten. Er wollte eine neue, aufregende Oper machen.

Die Zeit dafür war knapp: Die drei Akte des Idomeneo haben zweiunddreißig Nummern, außerdem mußte die Ouvertüre und eine fünfsätzige Ballettmusik geschrieben werden. Für diese Arbeit und die Einstudierung und Aufführung gab der Erzbischof nur sechs Wochen Urlaub. Aber immerhin: Endlich, endlich fort aus Salzburg! Die Freunde nahmen bei der Poststation Abschied. Schikaneder, der Sportli-

che, lief sogar noch ein Stück neben der fahrenden Kutsche her. Viel Glück für die neue Oper! Und als nächste ganz bestimmt ein deutsches Singspiel!

Über die dreitägige Reise in der Postkutsche klagte Mozart: »Dieser Wagen stößt einem doch die Seele heraus! – und die Sitze! – hart wie Stein! – von Wasserburg aus glaubte ich in der Tat, meinen Hintern nicht ganz nach München bringen zu können! – Er war ganz schwielig – und vermutlich feuerrot – zwei ganze Posten fuhr ich die Hände auf den Polster gestützt und den Hintern in Lüften haltend.« Er wolle lieber »zu Fuß gehen, als in einem Postwagen fahren«.

Dann aber genoß er die Münchner Zeit in vollen Zügen und erzählte später, sie sei die glücklichste Zeit seines Lebens gewesen. Wie herrlich seine ge-

Mozarts eigenhändiger Titel zum »Idomeneo«

liebten »Mannheimer« Musiker spielten! Niemand klagte, daß Mozarts Musik zu schwer oder zu ungewöhnlich war. Im Gegenteil: Je kunstvoller die Musik, um so begeisterter waren die Musiker. Wieder warnte der Vater: Allzu komplizierte Musik bringe keinen Erfolg, denn wer außer den Mannheimern könne das spielen? Außerdem: »Ich empfehle Dir, bei Deiner Arbeit nicht einzig und allein für das musikalische, sondern auch für das unmusi-

Altes Kostümbild zum »Idomeneo«

kalische Publikum zu denken. Du weißt, es sind hundert unwissende gegen zehn wahre Kenner; vergiß also das sogenannte Populare nicht, das auch die langen Ohren kitzelt.«

Unmögliches forderte da der Vater von seinem Sohn. Denn für »die langen Ohren« unmusikalischer Leute wollte er keine Musik machen: »In meiner Oper ist Musik für aller Gattung Leute – ausgenommen für lange Ohren nicht.«

So ist die Musik des Idomeneo wirklich eine Musik für Kenner geworden, glanzvoll im Orchester und den Chören, mit herrlichen Arien. Viele Leute halten sie für die beste opera seria, die es gibt. Populär (und erfolgreich) aber wurde sie nicht.

Die Sänger waren glücklich mit ihren neuen Arien. Der grauhaarige Sänger des Idomeneo »ist so in seine Aria verliebt, als es nur immer ein junger, feuriger Mann in seine Schöne sein kann. Denn nachts, ehe er einschläft, und morgens, da er erwacht, singt er sie . . . er ist zufrieden wie ein König.«

Nur die Sängerinnen fanden wenig Gnade vor dem Komponisten. Sie könnten nicht »das Herz rühren« – im Gegensatz zu Aloysia. Sie war inzwischen Primadonna in Wien, verheiratet – und unvergessen.

Mozarts Arbeitseifer war schier unbegreiflich: »Kopf und Hände sind mir so von dem dritten Akte voll, daß es kein Wunder wäre, wenn ich selbst zu einem dritten Akte würde.« Die Musiker waren begeistert, sagten »das wäre die schönste Musik, die sie gehört hätten, daß alles neu und fremd wäre«. Die Sturmszene im zweiten Akt sei so stark, »daß es jedem, auch in der größten Sommerhitze, eiskalt machen müßte«. Der Kurfürst aber sagte nach der Probe lachend: »Man sollte nicht meinen, daß in einem so kleinen Kopf soviel Großes stecke.« Eine Stelle hatte er jedoch nicht frei.

Zur Uraufführung Ende Januar 1781 kamen Vater, Schwester und einige Salzburger Freunde nach

Das erst 1777 eröffnete Cuvilliés-Theater in München, wo der »Idomeneo« uraufgeführt wurde

München, genossen den Erfolg – und anschließend den Münchner Fasching. Mozart war nach der angespannten Arbeit übermütig und lebenslustig wie lange nicht – und verliebte sich wieder. Beim Vater verteidigte er sich: »Ich dachte mir: Wo kommst du hin? Nach Salzburg! Mithin mußt du dich letzen!« In diesen fröhlichen Münchner Wochen setzte er auch das folgende Lied in Musik, das so recht seine Stimmung zeigt:

»Was frag ich viel nach Geld und Gut,
wenn ich zufrieden bin.
Gibt Gott mir nur gesundes Blut,
so hab ich frohen Sinn
und sing aus dankbarem Gemüt
mein Morgen- und mein Abendlied.«

Der Urlaub war freilich allzu lang ausgedehnt: Vier Monate statt sechs Wochen!

Der große Krach

Endlich riß dem Salzburger Erzbischof die Geduld. Er brauchte seinen Konzertmeister dringend für Konzerte in Wien und befahl ihm, sofort dorthin zu reisen und sich bei ihm zu melden.

Sapperlot! schimpfte Mozart.

Aber die Reise nach Wien hatte auch Vorteile.

Könnte er sich nicht dort nach einer besseren Stelle umschauen und dann den verhaßten Salzburger Dienst aufkündigen? Vor kurzem erst war Kaiserin Maria Theresia gestorben, und ihr Sohn, Kaiser Joseph II., war nun Alleinherrscher. Er war ein Förderer der deutschen Oper. Mozart wollte zu ihm vordringen: »Denn ich will absolument, daß er mich kennenlernen soll. Ich möchte ihm mit Lust meine Opera durchpeitschen.«

Wien würde sein deutsches Singspiel sicher brauchen können. »Ich freute mich ordentlich nach Wien und wußte nicht warum.«

Salzburger Familienbild mit Vater Leopold, Nannerl und Wolfgang, kurz bevor Wolfgang nach Wien zog. An die tote Mutter erinnert das Bild an der Wand.

In Wien empfing ihn der Salzburger Erzbischof mit Vorwürfen: »Er nannte mich einen Buben, einen liederlichen Kerl, sagte mir, ich solle weitergehen.« Das fing ja gut an! Im Deutschen Haus (genannt nach dem Deutschritterorden), wo auch der Erzbischof wohnte, bezog Mozart ein hübsches Zimmer. Zum Mittagessen wurde er an die Bediententafel verwiesen. Sapperlot! Nahm denn niemand hier zur Kenntnis, daß er etwas Besonderes war! »Die zwei Herren Leibkammerdiener sitzen oben an. Ich habe doch wenigstens die Ehre, vor den Köchen zu sitzen. Nu, ich denke halt, ich bin in Salzburg.« Ihm, Wolfgang Amadé Mozart, gebühre ein Platz am Tisch des Grafen Arco, des salzburgischen Oberküchenmeisters, »aber nicht bei den Kammerdienern, die die Lüster anzünden, die Tür aufmachen und im Vorzimmer bleiben müssen, wenn ich darin bin«. Bei Tisch wurden einfältige grobe Späße gemacht: »Mit mir macht keiner Späße, weil ich kein Wort rede, und wenn ich was reden muß, so ist es allzeit mit der größten Seriosität.«

Der Münchner Erfolg hatte Mozarts Selbstbewußtsein gestärkt. Er war nicht mehr bereit, als Diener irgendeines Herrn zu arbeiten. Er war ein Künstler. Alles, was der Erzbischof anordnete, war dem jungen Konzertmeister zuwider. Auch das Honorar für die Wiener Konzerte sei zu gering, schimpfte er.

Er schämte sich, in Wiener Adelshäusern als Diener des Erzbischofs behandelt zu werden, ließ sich nicht von Lakaien führen, »sondern ging gerade die Zimmer durch ins Musikzimmer, denn die Türen waren alle offen. Und schnurgerade zum Prinzen hin und machte ihm mein Kompliment, wo ich denn stehenblieb und immer mit ihm sprach.« Er war kein Diener, er war ein berühmter Gast des Prinzen – im Gegensatz zu den anderen Salzburger Musikern: Sie »steckten ganz hinterm Orchester an die Mauer gelehnt und trauten sich keinen Schritt hervor«. So oft wie irgend möglich ließ er die Leibkammerdie-

Vater und Sohn Mozart trugen in erzbischöflichen kirchlichen Diensten einen solchen Chorrock.

ner und Köche allein essen und speiste als Gast in großen Adelshäusern.

Nach einigen Kämpfen mit dem Erzbischof gab Mozart ein eigenes großes Konzert in Wien mit triumphalem Erfolg. Des Applaudierens sei kein Ende gewesen, und dann »das Bravoschreien. Für Wien, wo so viele und so viele gute Klavierspieler sind, ist das gewiß Ehre genug.« Er schrieb begeistert dem Vater, »daß hier ein herrlicher Ort ist und für mein Metier der beste Ort von der Welt. Ich bin gern hier.« Und: »Hier ist doch gewiß das Klavierland!« Um den Vater zu beruhigen, fügte er hinzu: »Seien Sie versichert, daß ich mein Absehen nur habe, so viel wie möglich Geld zu verdienen. Denn das ist nach der Gesundheit das beste.«

Geld wollte er vor allem mit seiner neuen deutschen Oper verdienen. Und wartete Wien nicht geradezu auf ihn? So bald wie möglich nahm Mozart Kontakt mit dem Bühnendichter Gottlieb Stephanie auf, der an der Deutschen Oper in Wien beschäftigt war. Ihm bot er seine (noch unfertige) »Türkenoper« an.

Er wartete dringend auf Antwort, war ganz auf seine Opernpläne konzentriert. Da bekam er – ausgerechnet an der Bediententafel! – den Befehl, in wenigen Tagen mit der Post nach Salzburg zurückzufahren. Oh, dieser »Mufti«, »Menschenfeind«, »Erzlümmel« von einem Erzbischof! (Aber war es nicht das gute Recht des Dienstgebers, seinen Konzertmeister zu beschäftigen?)

Mozart folgte nicht. Er blieb in Wien.

Er hoffte, mit Konzerten und Schülern jährlich zweitausend Gulden zu verdienen. Welch ein Optimismus! Der Vater versuchte ihn umzustimmen: Ohne feste Anstellung sei es in Wien zu unsicher. Doch der Sohn wollte nicht mehr an den »Bettelort« Salzburg zurück.

Nach dem letzten Konzert für den Erzbischof am 27. April 1781 bekam Mozart die Weisung, sofort aus dem Deutschen Haus auszuziehen. Er sollte nach Salzburg zurück. Aber er blieb in Wien, packte die Koffer und zog in das Haus »Zum Auge Gottes« bei der Peterskirche – zur Familie Weber: »Da habe ich ein hübsches Zimmer, bin bei dienstfertigen Leuten, die mir in allem, was man oft geschwind braucht und, wenn man allein ist, nicht haben kann,

Gottlieb Stephanie, der die Texte der »Entführung« und des »Schauspieldirektors« schrieb

an die Hand gehen.« Fridolin Weber war vor kurzem gestorben. Seine Witwe und drei unverheiratete Töchter (Josepha, Konstanze und Sophie) verdienten sich ihren Lebensunterhalt mit Zimmervermietung. Hier fühlte sich Mozart ganz wie zu Hause.

Vater Mozart bekam Angst: Wieder diese Weberischen! Was ging in Wien eigentlich vor? Aloysia war doch mit dem Schauspieler Lange verheiratet! Der Sohn beruhigte den Vater: »Bei der Langin war ich ein Narr, das ist wahr. Aber was ist man nicht, wenn man verliebt ist! Ich liebte sie aber in der Tat und fühle, daß sie mir noch nicht gleichgültig ist.« Es sei ein Glück, »daß ihr Mann ein eifersüchtiger Narr ist und sie nirgends hinläßt und ich sie also selten zu sehen bekomme«.

Aber was hielt den Sohn in Wien fest? Er schob seine Abreise nach Salzburg immer weiter auf: Er habe noch auf Gelder zu warten, sagte er. Er fuhr auch nicht, als er den Auftrag bekam, ein Paket eiligst von Wien nach Salzburg mitzunehmen. Er habe in Wien soviel zu tun, sagte er.

Das stimmte: Er durfte in einem sehr einflußreichen Haus seinen »Idomeneo« vorspielen. Der mächtige »General-Spektakel-Direktor« empfing ihn zweimal in Audienz und machte ihm Hoffnung auf einen Opernauftrag. Ja, eine Türkenoper würde gut passen. Nur das Salzburger Libretto gefiel nicht, man müsse ein besseres suchen. In dieser aufregenden, glückverheißenden Situation sollte Mozart als Lakai des Salzburger Erzbischofs Wien verlassen. Nie und nimmer! Sapperlot!

Es kam zu folgendem Auftritt: Der Erzbischof zu seinem Musiker: »Nun, wann geht Er denn, Bursch?« Mozart entschuldigte sich, es sei kein Platz mehr in der Postkutsche. Dieser Diener war einfach zu frech, fand der Erzbischof und schimpfte (nach Mozarts Aussage): »Ich sei der liederlichste Bursch, den er kenne; kein Mensch bediene ihn so schlecht wie ich; er rate mir, heute noch wegzugehen, sonst schreibt er nach Haus, daß die Besoldung eingezogen wird«, und so weiter. Er »hieß mich einen Lump, Lausbub, einen Fex«. Mozarts Blut war »stark in Wallung«, als er sagte: »Sind also Euer Hochwürdige Gnaden nicht zufrieden mit mir?«

»Was, Er will mir drohen, Er Fex, Er Fex! Dort ist die Tür, schau Er, ich will mit einem solchen elenden Buben nichts mehr zu tun haben.«

Darauf der Diener stolz: »Und ich mit Ihnen auch nichts mehr.«

»Also geh Er.«

Mozart: »Es soll auch dabei bleiben. Morgen werden Sie es schriftlich bekommen.«

Das Deutsche Haus in der Singerstraße in Wien, wo Mozart den erzbischöflichen Dienst aufkündigte

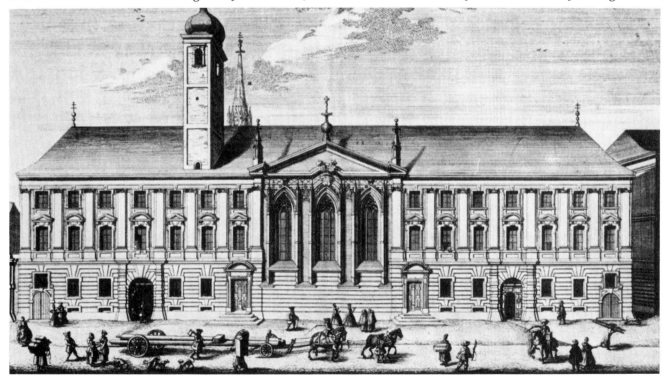

Dem Vater schrieb er: »Sagen Sie mir also, bester Vater, ob ich das nicht eher zu spät als zu früh gesagt habe?« »Heute war der glücklichste Tag für mich.« Und: »Ich will nichts mehr von Salzburg wissen. Ich hasse den Erzbischof bis zur Raserei.« Den verzweifelten Vater bat er, »munter zu sein. Denn jetzt fängt mein Glück an, und ich hoffe, daß es auch das Ihrige sein wird.«

Am nächsten Tag sprach Mozart beim Oberstküchenmeister Graf Arco vor (er war für die Hofkapelle zuständig), um sein Entlassungsgesuch zu übergeben. Der Graf wollte den aufgeregten Hitzkopf zurückhalten: Vater Mozart müsse zunächst seine Einwilligung geben. Darauf antwortete der Fünfundzwanzigjährige trotzig, »daß ich so gut wie er und vielleicht besser meine Schuldigkeit gegen meinen Vater kenne«. Mozart war derartig aufgeregt, daß er »abends in der Oper mitten im ersten Akte nach Hause gehen mußte, um mich zu legen, denn ich war ganz erhitzt, zitterte am ganzen Leibe und taumelte wie ein Besoffener auf der Gasse«.

Zwei Wochen später versuchte Graf Arco noch einmal, den jungen Mann zu beruhigen: »Glauben Sie mir, Sie lassen sich hier zu sehr verblenden. Hier dauert der Ruhm eines Menschen zu kurz. Von Anfang an hat man alle Lobsprüche und gewinnt auch sehr viel, das ist wahr. Aber wie lange? Nach etlichen Monaten wollen die Wiener wieder etwas Neues.«

Darauf Mozart: »Glauben Sie denn, daß ich in Wien bleibe?« Der Erzbischof wisse »mit Leuten von Talent« nicht umzugehen. »Herr Graf, ich bin der beste Kerl der Welt, wenn man es nur mit mir ist.«

Arco: »Ja, der Erzbischof hält Sie für einen erzhoffärtigen Menschen.«

Mozart: »Wie man mit mir ist, so bin ich es auch wieder. Wenn ich sehe, daß mich jemand verachtet und geringschätzt, so kann ich so stolz sein wie ein

Der Petersplatz in Wien, rechts das Haus »zum Auge Gottes«, wo die Webers wohnten

Pavian.« (Wie viele Schwierigkeiten sollte er mit diesem Pavian-Stolz noch haben!)

Der immer noch wohlmeinende Graf bemerkte, auch er müsse »öfters üble Worte einschlucken«.

Mozart »schupfte die Achseln« und sagte, sehr überheblich und sehr, sehr frech: »Sie werden Ihre Ursachen haben, warum Sie es leiden, und ich – habe meine Ursachen, warum ich es – nicht leide.« Damit hatte er sich die Gunst dieses Mannes verscherzt.

Acht Tage später wollte Arco das Kündigungsschreiben immer noch nicht annehmen, und Mozart erklärte trotzig, es dem Erzbischof direkt übergeben zu wollen. Es kam zu einem furchtbaren Auftritt (den Wolfgang dem Vater freilich nur sehr, sehr einseitig schilderte. Es ist gut möglich, daß das alles gar nicht so schlimm war und maßlos übertrieben, um dem Vater die Trennung von Salzburg verständlicher zu machen). Graf Arco sei in solche Wut geraten, daß er den dienstunwilligen und unverschämten Hoforganisten zur Tür hinauswarf – mit einem Tritt in den Hintern.

Mit diesem Fußtritt erklärte Mozart seinen Hofdienst für beendet. (Die Kündigung wurde freilich nie angenommen.) Der tief Beleidigte schwor dem Grafen Rache für die »Sau-Affäre« – »und sollte es in zwanzig Jahren sein«: »Denn, ihn sehen, und meinen Fuß in seinem Arsch, ist gewiß eins.« (Zum Glück begegnete er dem Grafen Arco nie mehr in seinem Leben.)

Wie viele Adelige hatten ihm, dem musikalischen Wunder, schon gehuldigt! Er, Wolfgang Mozart, würde sich nie und nimmer einem Fürsten oder Grafen beugen! »Das Herz adelt den Menschen. Und wenn ich schon kein Graf bin, so habe ich vielleicht mehr Ehre im Leib als mancher Graf. Und Hausknecht oder Graf, sobald er mich beschimpft, so ist er ein Hundsfott.«

Den ängstlichen Vater aber bat der aufrührerische, stolze Sohn nur dringend, »nicht zu viel zu kriechen – denn der Erzbischof kann Ihnen nichts tun«. Die Hofschranzen nannte er ein »elendes Gesindel«. »Je feindlicher daß diese Leute gegen Sie sind, desto stolzer und verächtlicher müssen Sie sie ansehen.« Er jedenfalls, Wolfgang Amadé Mozart, war nun kein Fürstenknecht mehr, sondern ein freier Künstler.

Doch der Vater blieb anderer Ansicht und machte harte Vorwürfe. Der Sohn wehrte sich dagegen heftiger denn je. Er wollte endlich selbständig sein und frei – auch vom Vater. Er wollte keine Vorwürfe mehr hören: »Ich bitte Sie, mein liebster, bester Vater. Schreiben Sie mir keine solchen Briefe mehr. Ich beschwöre Sie. Denn sie nützen nichts, als mir den Kopf warm und das Herz und Gemüt unruhig zu machen. – Und ich – der nun immer zu komponieren habe, brauche einen heitern Kopf und ruhiges Gemüt.«

Zu komponieren hatte er bald viel, denn schon Mitte Juni, kurz nach dem Fußtritt, war ein Opernstoff gefunden: »Die Entführung aus dem Serail«, eine Türkenoper in vier Akten, »der erste Akt unvergleichlich. Dann nimmt es aber sehr ab.« Wenn es aber umgeändert würde nach den Wünschen des Komponisten, »so kann ein gutes Buch daraus werden«.

Konstanzes »Entführung«

Cäcilie Weber, Konstanzes Mutter

Befreit hatte sich der fünfundzwanzigjährige Mozart vom Salzburger Erzbischof ebenso wie vom Vater. Leopold Mozart brauchte lang, um das zu verstehen – und kam nie über diese Enttäuschung hinweg. Sein Sohn war der Mittelpunkt seines Lebens gewesen, sein größtes Glück und nun – sein größter Schmerz. Er fühlte sich im Stich gelassen mitsamt den Schulden, die ja noch längst nicht bezahlt waren. Wolfgang versprach zwar, dem Vater regelmäßig Geld zu schicken – aber tat es nicht. Denn dazu reichte es nicht.

Das schlimmste für Leopold Mozart war aber die Art, wie diese Trennung vor sich ging: Wolfgang war nicht aufrichtig zu ihm, schrieb nicht, was sich wirklich in Wien – und im Haus Weber abspielte. Der Tratsch wußte bald bis Salzburg zu raunen: Mozart bleibe »wegen der Frauenzimmer« in Wien. Aber wenn es nicht Aloysia war, wer dann? Eine andere Weber-Tochter? Aber welche? Das einzige, was Wolfgang dem Vater beruhigend schrieb, war die Bemerkung, er unterhalte sich gut mit der achtzehnjährigen Konstanze und der vierzehnjährigen Sophie: »Ich narriere und mache Spaß.« Sonst nichts.

Er schwärmte in seinen Briefen davon, wie wohl er sich bei den Webers fühlte, wie die vier Damen bemüht waren, ihm das Alltägliche abzunehmen: Sie kümmerten sich um die Perücke, die feinen Tuch- und Seidenanzüge, die Spitzenhemden, die Seidenstrümpfe und teure Wäsche. Wie zeitraubend war das alles und wie lästig! Er könne bei den Webers »unangezogen fortschreiben und dann nur zur andern Tür zum Essen hineingehen. Sowohl abends als mittags.« Das hieß, daß er zum Essen das Haus nicht verlassen mußte – und daher im Hausrock bleiben konnte und durch langwieriges Anziehen und Frisieren keine Zeit verlor.

Bei den Webers stand stets warmes Wasser bereit. Hätte er selbst das Wasser mit Eimern vom nächsten Brunnen holen, die Stiegen heraufschleppen, dann in Kesseln und Töpfen auf dem Herd erhitzen – oder dafür einen Diener bezahlen sollen? Außerdem: Wolfgang war aus Salzburg und von seinen Reisen Bedienung gewöhnt. Er konnte gar nicht selbständig wirtschaften.

Die Webers hatten zwei gute Klaviere, die er frei benützen konnte. Für ein eigenes Klavier hatte er kein Geld: Es kostete (denn er brauchte ein besonders gutes) etwa dreihundert Gulden, und selbst die Miete eines Klaviers war sehr teuer. Das alles müsse der Vater doch verstehen! Von Konstanze kein Wort – monatelang.

Wieder hatte Leopold Mozart Angst, der Sohn

könne von einer unwürdigen Frau zum Heiraten eingefangen werden. Wieder erwähnte er, wenn auch vorsichtig, wie günstig eine reiche Frau wäre: Wolfgang könne sich dann endlich, ohne ans Geldverdienen denken zu müssen, ganz auf das Komponieren konzentrieren. Auch Antonio Salieri hatte einige Jahre zuvor eine reiche Wienerin geheiratet. Ob der Sohn nicht in das reiche Haus Auernhammer ziehen könne? Josepha Auernhammer war Mozarts beste Klavierschülerin – und in ihren Lehrer verliebt.

Sapperlot! schimpfte Mozart. Wie konnte der Vater ihm nur so etwas zumuten! Er nannte das Mädchen »eine verliebte Närrin«, ein »Scheusal, spielt aber zum Entzücken« – »so abscheulich, schmutzig und grauslich! Pfui Teufel!« – »Dick wie eine Bauerndirne.« Er wollte keine reiche Frau – und kränkte das junge Mädchen zutiefst.

Der Vater machte einen anderen Versuch: Der alte Freund und Verehrer Dr. Mesmer würde doch sicher den Komponisten von »Bastien und Bastienne« bei sich aufnehmen? Wolfgang dachte nicht daran und schrieb erbost: »Das Haus ist nicht mehr, wie es war. Wenn ich umsonst fressen will, so brauche ich nicht deswegen auf die Landstraße hinauszufahren, da habe ich in der Stadt zu Fuß Örter genug.« Was war nur in den Fünfundzwanzigjährigen gefahren? Warum war er so aggressiv, so wütend?

Was arbeitete er eigentlich? Das Textbuch der »Entführung aus dem Serail« war noch nicht fertig. Auch Lektionen und Konzerte konnte er kaum geben. Denn die adeligen Familien waren jetzt im Sommer auf dem Land. Was tat der Sohn nur in Wien? Er besuchte oft das Theater (was er dem Vater berichtete) – und ging mit Konstanze im Prater spazieren (was er dem Vater verschwieg): Er lebte ganz der neuen Liebe.

Und er gab viel Geld aus, vor allem beim Schneider. Er habe aus München nur einen schwarzen Anzug mitgebracht und der Vater habe ihm andere Kleider erst viel zu spät aus Salzburg geschickt: »Wie ein Lump konnte ich nicht in Wien herumgehen. Meine Wäsche sah aus zum Erbarmen. – Kein Hausknecht hatte hier Hemden von so grober Leinwand, wie ich sie hatte. Und das ist gewiß das abscheulichste an einem Mannsbild. – Mithin wieder Ausgaben«, verteidigte er sich beim Vater. Wahrscheinlich machte er wieder Schulden.

Ende Juli kam endlich das sehnlichst erwartete Libretto der Türkenoper an: die Geschichte von der jungen Europäerin Konstanze, die mit ihrer Dienerin Blonde in die Gewalt des Türken Selim Bassa und des grausamen Dieners Osmin gerät. Ihr Geliebter Belmonte und dessen Diener Pedrillo versuchen, die Mädchen zu befreien, scheitern jedoch. Nach einigen Verwirrungen gibt der Türke, ein edler Herrscher, den beiden Liebespaaren freiwillig die Freiheit. Mit einem Lob auf die Menschlichkeit und Güte Selim Bassas endet die Oper.

Die Oper sollte beim Besuch des russischen Großfürsten im September aufgeführt werden, also schon sehr bald. Mozart machte sich sofort an die Arbeit

Seiner vorzüglichen Schülerin Josepha Auernhammer widmete Mozart sechs Klaviersonaten.

und schrieb in zwei Tagen fast die Hälfte des ersten Aktes. »Mich freuet es so, das Buch zu schreiben«, gestand er dem Vater, die Umstände »erheitern meinen Geist dergestalten, daß ich mit der größten Begierde zu meinem Schreibtisch eile und mit größter Freude dabei sitzenbleibe.«

Ganz großen Spaß machte ihm die »türkische Musik« mit ungewohnten Instrumenten wie Piccoloflöte, Triangel, Tschinellen und einer großen Trommel. Diese »Janitscharenmusik« gab der Oper ihre besondere Note. »Der Janitscharenchor ist für einen Janitscharenchor alles, was man verlangen kann: kurz und lustig und ganz für die Wiener geschrieben.«

Aber wieder gab es Schwierigkeiten: Mozart fand nach der ersten Begeisterung das »Büchel« doch nicht gut genug und verlangte vom Textdichter Stephanie Änderungen, sogar Umstellungen von ganzen Handlungen. Die alten strengen Opernregeln seien doch gar nicht so wichtig! »Wenn wir Komponisten immer so getreu unseren Regeln folgen wollten, so würden wir ebenso untaugliche Musik, als die Textdichter untaugliche Büchel verfertigen.« Der Text solle nicht so unnatürlich sein, nicht so steif! Da hieß es im Text zum Beispiel: »Doch im Hui schwand meine Freude.« Mozart schimpfte, die deutschen Dichter sollten in der Oper »doch wenigstens die Leute nicht reden lassen, als wenn Schweine vor ihnen stünden. Hui, Sau!«

Dramatischer sollte seine Oper werden, aufregender, lustiger! Auch ein Hanswurst gehöre dazu – bei einer Türkenoper natürlich ein türkischer Hanswurst: Osmin. Seine Rolle wurde im Lauf der Arbeit immer wichtiger, weil für sie mit Ludwig Fischer ein hervorragender Bassist zur Verfügung stand. »So muß man einen Mann nutzen, besonders da er das hiesige Publikum ganz für sich hat«, schrieb Mozart dem Vater, und: »In der Arie habe ich seine schönen tiefen Töne schimmern lassen.«

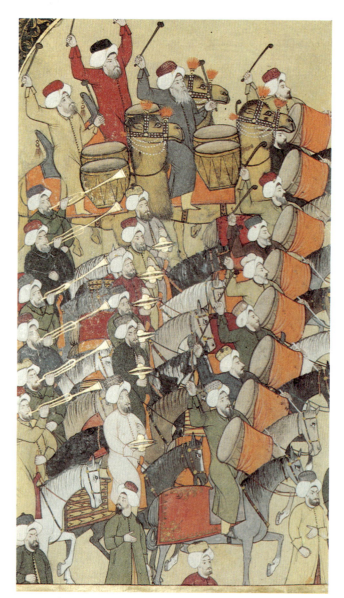

Janitscharenkapelle, wie sie als Muster für Mozarts »türkische« Musik diente.

Osmin bekam statt der vorgesehenen einen Arie vier, zum Beispiel diese Parade-Arien mit tiefen Koloraturen und riesigen Tonsprüngen, worin bis heute die großen Bassisten ihre Kunst zeigen:

Sol - che her - ge - lauf - ne Laf — — — — — — — -fen, die nur nach den Weibern gaf - fen.

Und ein zweites Beispiel:

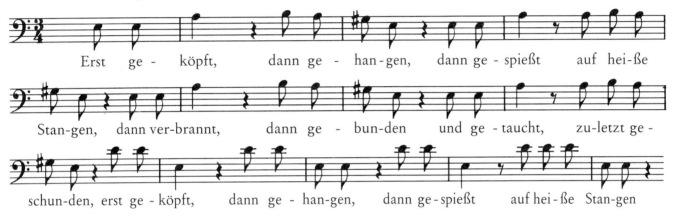

Erst ge - köpft, dann ge - han - gen, dann ge - spießt auf hei-ße Stan-gen, dann ver-brannt, dann ge - bun-den und ge - taucht, zu-letzt ge - schun-den, erst ge - köpft, dann ge - han - gen, dann ge - spießt auf hei - ße Stan-gen

Die Sänger sollten nicht nur Arien trällern, sondern fühlende Menschen darstellen: traurige, lustige, böse und schlechte – möglichst alles abwechselnd in einer Person. Denn gab es wirklich »den« Böse-wicht, der immer und überall böse ist? Oder »den« großen Helden, der immer und überall Bewunde-rung verdient?

Es war Zufall, daß die Heldin der Entführung aus-gerechnet Konstanze hieß. Mozart benützte diese Namensgleichheit, um in seiner Oper immer wieder der wirklichen Konstanze seine Liebe zu gestehen. »Die Entführung aus dem Serail« wurde Mozarts große, glühende Liebeserklärung an Konstanze Weber, je länger er komponierte, desto mehr.

Doch immer noch sagte er dem Vater nicht die Wahrheit und wehrte sich gegen den Tratsch: »Al-berne Plauderei, woran kein wahres Wort ist.« Er

sei doch kein »Erzbösewicht oder ein Dalk oder beides zugleich«. Der Vater glaube mehr »dem Ge-schwätz und der Schreiberei anderer Leute« als ihm. Und was solle das Gerede vom Heiraten: »Wenn ich mein Lebtag nicht aufs Heiraten gedacht habe, so ist es gewiß jetzt!« – »Gott hat mir mein Talent nicht gegeben, damit ich es an eine Frau hänge und damit mein junges Leben in Untätigkeit dahinlebe. – Ich fange erst an zu leben und soll es mir selbst ver-bittern.« Der Ehestand sei für ihn »dermalen ein Übel«.

Und was die jüngere Weber-Tochter angehe (damit war Konstanze gemeint): Er wolle zwar nicht ge-rade sagen, daß er mit ihr »trotzig sei und nichts rede. Aber verliebt auch nicht. Wenn ich die alle heiraten müßte, mit denen ich gespaßt habe, so müßte ich leicht zweihundert Frauen haben.«

Der Vater kannte seinen Sohn: Wolfgang versuchte krampfhaft, etwas Wichtiges zu verheimlichen. Und dieses Wichtige war die Tatsache, daß er seine Konstanze Weber sehr wohl heiraten wollte, aber sich nicht traute, das dem Vater einzugestehen. Der Verdruß wurde immer ernster.

Im September endlich, nach vier Monaten im Hause Weber, bezog Mozart ein eigenes Zimmer, um den Tratsch zu beenden (das Zimmer war jedoch ganz in der Nähe der Webers). Alle Unannehmlichkeiten malte der Sohn dem Vater nun aus: Er verliere viel Zeit und komme sich vor, »als wenn einer von seinem eigenen bequemen Reisewagen sich in einen Postwagen setzte«. Der Vater solle endlich mit den Vorwürfen aufhören: »Ich habe Sorge und Kümmernis genug hier für meinen Unterhalt. Verdrießliche Briefe zu lesen ist dann gar keine Sache für mich.« Der Vater glaube wohl, er arbeite in Wien nichts und amüsiere sich nur: »Da betrügen Sie sich wohl stark. Ich kann wohl sagen, daß ich gar kein Vergnügen habe – gar keines – als das einzige, daß ich nicht in Salzburg bin.«

Sein großes Ziel war, den Kaiser von seiner außerordentlichen Kunst zu überzeugen. Joseph II., der ein guter Cellist war, spielte dreimal wöchentlich mit seinem Kammerdiener Strack Kammermusik. Diesen mächtigen Diener, »Herrn von Strack«, wollte Mozart günstig stimmen, wenn auch auf etwas kompliziertem Weg: Er komponierte für eine Bekannte des Kammerdieners, die Theresia hieß, eine Serenade zum Theresientag am 15. Oktober und paßte die Komposition dem altmodischen Geschmack von Kaiser und Kammerdiener an, machte also eine »vernünftige«, nicht allzu eigenwillige Musik.

Die Musiker, »drei arme Schlucker, die aber ganz hübsch zusammen blasen«, machten ein gutes Geschäft mit der gefälligen neuen Serenade und führten sie an diesem Abend bei drei verschiedenen

Nachtmusik einer kleinen Musikergruppe

Theresias gegen gute Bezahlung auf. Beim Komponisten bedankten sie sich artig an dessen Namenstag, dem 31. Oktober: »Auf die Nacht um elf Uhr bekam ich eine Nachtmusik von zwei Klarinetten, zwei Hörnern und zwei Fagott – und zwar von meiner eigenen Komposition... Die Herren... haben sich die Haustüre öffnen lassen und, nachdem sie sich mitten im Hof rangiert, mich, da ich mich eben entkleiden wollte, mit dem ersten B-Akkord auf die angenehmste Art von der Welt überrascht.«

Der kaiserliche Kammerdiener aber reagierte überhaupt nicht auf die Komposition. Eine Stelle am Kaiserhof war nicht in Sicht. Auch die »Entführung aus dem Serail« war nicht fertig. Der Besuch des russischen Großfürsten mußte ohne Mozart-Oper auskommen (statt dessen wurden zwei ältere Gluck-Opern aufgeführt).

Vielleicht würde Fürst Liechtenstein einen tüchtigen Kapellmeister für sein Bläserorchester brauchen? Oder ein anderes adliges Haus? »Wenn mich der Kaiser haben will, so muß er mich bezahlen. Denn die Ehre allein, beim Kaiser zu sein, ist mir nicht hinlänglich. Wenn mir der Kaiser tausend Gulden gibt und ein Graf aber zweitausend, so mache ich dem Kaiser mein Kompliment und gehe zum Grafen. Versteht sich auf sicher.« Aber weder der Kaiser noch irgendein Graf machte Mozart ein Angebot.

Und Erzherzog Maximilian? Er war inzwischen Geistlicher und würde bald als neuer Fürsterzbischof von Köln und Münster nach Bonn ziehen. Kapellmeister in Bonn – das wäre auch etwas, dachte Mozart und bat um eine Audienz bei dem gleichaltrigen Erzherzog. Es war eine große Enttäuschung. Der Erzherzog sei früher »viel witziger« gewesen, »als er noch nicht Pfaff war«, berichtete Mozart dem Vater. »Sie sollten ihn jetzt sehen. Die Dummheit guckt ihm aus den Augen heraus. Er redet und spricht in alle Ewigkeit fort.« Also hatte er Mozart gar nicht zu Wort kommen lassen!

Doch zwei Monate später baute Mozart schon wieder Luftschlösser und schrieb dem Vater, er gelte bei dem Erzherzog viel, ja »alles«. »Er streicht mich bei allen Gelegenheiten hervor. Und ich wollte fast gewiß sagen können, daß, wenn er schon Kurfürst von Köln wäre, ich auch schon sein Kapellmeister wäre.«

Aber Maximilian dachte nicht daran, einen so selbstbewußten Künstler zum Kapellmeister zu machen. Er zog einen tüchtigen Musikbeamten vor, denn auf einen solchen war mehr Verlaß. (Wir stellen uns aber gerne vor, wie es gewesen wäre: Als Kapellmeister in Bonn wäre Mozart ja der Vorgesetzte des jungen Beethoven geworden.)

Dann tauchte wieder eine andere Hoffnung auf: Vielleicht würde ihn der Kaiser als Musiklehrer für die Braut des Thronfolgers Franz, die vierzehnjährige Prinzessin Elisabeth von Württemberg, einstellen? Doch der kaiserliche Kammerkompositeur (und berühmte Musiklehrer) Antonio Salieri erhielt die begehrte Stelle. Der um sechs Jahre jüngere Mozart war eifersüchtig: »Der Kaiser hat es mir verdorben, denn bei ihm ist nichts als Salieri.«

Große Sorgen gab es aber vor allem privat: Konstanzes Mutter und der Vormund setzten Mozart unter Druck, weil er mit der Heirat zögerte. Und dabei hatte er immer noch nicht den Vater in seine Pläne eingeweiht! Mitte Dezember erst, nach monatelangem Leugnen, gestand er dem Vater, heiraten zu wollen – mit allzu vernünftigen Begründungen: »Ich, der von Jugend auf niemals gewohnt war, auf meine Sachen, was Wäsche, Kleidung usw. anbelangt, achtzuhaben, kann mir nichts Nötigeres

Briefadresse Mozarts an seine Konstanze

denken als eine Frau.« Er gebe oft unnützes Geld aus, »weil ich auf nichts achthabe«, und sei »ganz überzeugt, daß ich mit einer Frau (mit dem nämlichen Einkommen, das ich allein habe) besser auskommen werde, als so ... Mit einem Worte, man führt ein ordentliches Leben. – Ein lediger Mensch lebt in meinen Augen nur halb. Ich hab halt solche Augen, ich kann nichts dafür.«

Und jetzt zur Hauptsache: »Nun aber, wer ist der Gegenstand meiner Liebe? – Erschrecken Sie auch da nicht, ich bitte Sie. – Doch nicht eine Weberische? – Ja, eine Weberische. – Aber nicht Josepha – nicht Sophie – sondern Konstanze, die Mittelste.«

Dann kam eine Schilderung der Weberschen Familienmitglieder, die so gar nicht mit den früheren Briefen übereinstimmte: »Die Älteste ist eine faule, grobe, falsche Person, die es dick hinter den Ohren hat.« (Damit tat er Josepha, seiner späteren »Königin der Nacht«, unrecht.) »Die Langin (seine geliebte Aloysia) ist eine falsche, schlechtdenkende Person und eine Kokette.« (Auch das war kaum ehrlich, denn Aloysia gehörte nach wie vor zu seinen engsten Freunden.) Sophie, »die Jüngste, ist noch zu jung, um etwas sein zu können – ist nichts als ein gutes, aber zu leichtsinniges Geschöpf.«

Die Braut allein erstrahlte in hellem Licht: »Die Mittelste aber, nämlich meine gute liebe Konstanze – ist die Märtyrerin darunter und eben deswegen vielleicht die gutherzigste, geschickteste und mit einem Worte beste darunter.«

Und hier Mozarts Beschreibung der neunzehnjährigen Konstanze: »Sie ist nicht häßlich, aber auch nichts weniger als schön. – Ihre ganze Schönheit besteht in zwei kleinen schwarzen Augen und in einem schönen Wachstum. Sie hat keinen Witz, aber gesunden Menschenverstand genug, um ihre Pflichten als Frau und Mutter erfüllen zu können. Sie ist nicht zum Aufwand geneigt, das ist grundfalsch – im Gegenteil, sie ist gewohnt, schlecht ge-

Konstanze zur Zeit der Heirat, gemalt von Schwager Joseph Lange

kleidet zu sein. – Denn, das wenige, was die Mutter ihren Kindern hat tun können, hat sie den zwei anderen getan, ihr aber niemals.«

Der Vater könne unbesorgt sein: »Das meiste, was ein Frauenzimmer braucht, kann sie sich selbst machen, und sie frisiert sich auch alle Tage selbst. – Versteht die Hauswirtschaft, hat das beste Herz der Welt. – Ich liebe sie, und sie liebt mich von Herzen. – Sagen Sie es mir, ob ich mir eine bessere Frau wünschen könnte?«

Dann mußte er dem Vater die schlimme Vorgeschichte der Verlobung gestehen: Der Vormund habe ihm den »Umgang« mit Konstanze verboten, wenn er nicht einen Vertrag unterschreibe mit folgenden Bedingungen: Er werde das Mädchen im Lauf der nächsten drei Jahre heiraten – oder ihr eine lebenslängliche Rente von dreihundert Gulden jährlich zahlen. Mozart an den Vater: »Was blieb mir also für ein Mittel übrig? . . . Wer aufrichtig und solid liebt, kann der seine Geliebte verlassen?« Er »konnte ja nichts Leichteres in der Welt« unterschreiben: »Denn ich wußte, daß es zu der Bezahlung dieser dreihundert Gulden niemals kommen wird – weil ich sie niemals verlassen werde . . . Allein – nun, es ist vorbei; – und die Liebe muß mich entschuldigen.«

Er beteuerte, Konstanze habe mit diesem Vertrag nichts zu tun, im Gegenteil: »Was tat aber das himmlische Mädchen, als der Vormund weg war? Sie begehrte von der Mutter die Schrift, sagte zu mir: ›Lieber Mozart! Ich brauche keine schriftliche Versicherung von Ihnen, ich glaube Ihren Worten auch so‹, und zerriß die Schrift. Dieser Zug machte mir meine liebe Konstanze noch werter.«

Leopold Mozart war und blieb jedoch felsenfest davon überzeugt: Die Familie Weber hatte den allzu gutgläubigen, naiven Sohn hinterlistig und berechnend in ihren Netzen gefangen. Würde das »Wunder Mozart« nicht unter solchen Verhältnissen verdorben werden? Jedenfalls weigerte sich der Vater, dem Sohn die Heiratserlaubnis zu geben. Vielleicht fand sich noch ein Ausweg!

Eine Atempause in all den Familienproblemen brachte eine kaiserliche Einladung für den Weihnachtsabend 1781: Mozart sollte mit dem italienischen Komponisten und Pianisten Muzio Clementi ein Klavier-Wettspiel bestreiten. Solche Auftritte liebte er, denn er war sicher: Wer auch immer daherkommen würde, er, Mozart, war der Bessere!

Natürlich zog er sich für den Kaiser besonders elegant an (sein Hofanzug in dieser Zeit war aus weißer Seide, das Hemd mit schönen Spitzen). Damit war er weit eleganter als der sparsame Kaiser, der stets einen alten Militärrock trug. Die Lakaien konnten sich einen kleinen Spott nicht verkneifen: Wer den Kaiser nicht persönlich kenne, müsse meinen, daß Mozart der Kaiser und Joseph II. ein armer Mann in Audienz sei. Auch Clementi erkannte zunächst seinen Konkurrenten nicht und hielt ihn »seines eleganten Äußeren wegen« für einen kaiserlichen Kammerherrn.

Joseph II. hatte mit der russischen Großfürstin gewettet, daß Mozart gewinnen würde. Merkwürdig: Clementis Klavier war »verstimmt und drei Tasten blieben stecken«, Mozarts Klavier dagegen tadellos.

Kaiser Joseph II. (links) und sein jüngster Bruder Erzherzog Maximilian, der später, als Fürsterzbischof von Köln, Beethoven förderte

Dazu bemerkte der Kaiser nur: »Es tut nichts.« (Offenbar war er seiner Wette für Mozart doch nicht so sicher!)

Nach einem ersten kurzen Vorspiel wurde eine »miserabel von Hand geschriebene« Sonate vorgelegt, woraus die beiden Pianisten nacheinander die verschiedenen Sätze spielen mußten, dann ging es ans freie Phantasieren. Das war Mozarts Stärke: Joseph II. schwärmte noch jahrelang davon. Selbst Clementi lobte seinen Rivalen: »Ich hatte bis dahin niemand so geist- und anmutsvoll vortragen gehört.« Mozart dagegen war nicht so höflich. Clementi spiele gut, meinte er, habe aber »keinen Kreuzer Gefühl und Geschmack. Mit einem Wort: ein bloßer Mechanikus.« (Später riet er Nannerl sogar, Clementi-Sonaten nicht zu spielen: »Clementi ist ein Scharlatan, wie alle Welschen!«)

Der Kaiser hatte seine Wette gewonnen – und unterhielt sich mit Mozart nach dem Konzert auch privat, so über die geplante Heirat. Eine Stelle bot er ihm jedoch nicht an.

Mit Hauskonzerten und drei vornehmen Schülerinnen brachte Mozart sich durch den ersten Wiener Winter, belastet durch den bitteren Zorn des Vaters, der ihm nun auch vorwarf, nicht fleißig genug zu sein. Mozart verteidigte sich und schilderte, wie sein Tag aussah: »Um sechs Uhr früh bin ich schon allzeit frisiert, um sieben Uhr ganz angekleidet. Dann schreib ich bis neun Uhr. Von neun Uhr bis ein Uhr habe ich meine Lektionen, dann esse ich«, häufig sei er in einem vornehmen Haus zu Gast, und das dauere meistens bis in den Nachmittag. »Vor fünf Uhr abends oder sechs Uhr kann ich nichts arbeiten, und öfters bin ich durch eine Akademie (Konzert) daran verhindert; wo nicht, so schreibe ich bis neun Uhr.« Wenn möglich, schreibe er noch vor dem Schlafengehen: »Da verschreibe ich mich öfters bis ein Uhr – und dann wieder um sechs Uhr auf.« Es blieben also nur fünf Stunden Schlaf.

Der Pianist und Komponist Muzio Clementi, Mozarts Gegenspieler im Wettstreit

Warum aber wurde die Oper nicht fertig? Früher hatte der viel jüngere Mozart für eine große italienische Oper sechs Wochen gebraucht. Arbeitete er so langsam, weil der Vater ihn nicht mehr ständig an die Arbeit trieb?

Die Streitereien im Hause Weber waren inzwischen so arg, daß Konstanze aus dem Elternhaus floh und bei einer Gönnerin Mozarts, der Baronin Waldstätten, Unterschlupf fand. Daraufhin drohte der Vormund, sie von der Sittenpolizei nach Hause holen zu lassen. Flehentlich bat Mozart die Baronin, »uns armen Geschöpfen an die Hand zu gehen«.

Heiraten konnten sie nicht. Denn Vater Mozart weigerte sich weiterhin, die Heiratserlaubnis zu geben. Der Sohn flehte vergeblich: »Ohne meine liebste Konstanze kann ich nicht glücklich und vergnügt sein.«

Bei all diesen Belastungen geriet das junge Paar sogar in Streit: Wolfgang war eifersüchtig, Konstanze zornig. Schließlich gab sie ihm »dreimal einen Korb«, wollte ihn nicht mehr. Er aber schrieb ihr einen langen, ernsten Brief und erklärte ihr seine unerschütterliche Liebe. Damit waren sie wieder versöhnt. (Die Eifersuchtsszene nahm Mozart in die »Entführung« auf. Belmonte wie sein Diener Pedrillo quälen dort ihre unschuldigen Geliebten mit eifersüchtigen Verdächtigungen – und müssen sich schließlich zerknirscht entschuldigen: »Ach verzeihe! Ich bereue!«)

Dann wurde Konstanze krank. Ein glücklicher Brautstand war dies wirklich nicht. Mozart: »Mir kann es nicht schlechter, sondern es muß immer besser gehen.«

Trost brachten die Sonntage: Pünktlich zwölf Uhr mittags erschien Mozart bei Baron Gottfried van Swieten, dem Vorstand der kaiserlichen Hofbibliothek, einem großen Musikliebhaber. Er hatte als kaiserlicher Diplomat in Berlin die Musik Johann

Baronin Waldstätten, die treue Freundin des jungen Paares und oftmalige Geldgeberin

Sebastian Bachs kennen- und lieben gelernt und in London die Musik Georg Friedrich Händels, also eine Musik, die in Wien als »unmodern« galt und kaum bekannt war. Es sei eine Schande, schimpfte Mozart, »daß man die wahre Kirchenmusik unter dem Dache und fast von Würmern gefressen findet«. Van Swieten besaß Abschriften dieser Musik, aus denen nun – im engsten Kreis – gespielt wurde. Auch Joseph Haydn nahm gelegentlich an diesen Privatkonzerten teil.

Für Mozart war die Musik des 1750 gestorbenen »alten Bach« ein so großes Erlebnis, daß er in eine regelrechte Schaffenskrise geriet: Er studierte Bachs »Wohltemperiertes Klavier«, schrieb einige Fugen daraus für Kammermusik um, die sie gemeinsam spielten, versuchte sich in eigenen Fugen, brach wieder ab: Diese Musik für sich zu erobern fiel ihm sehr viel schwerer als alles Frühere. Er lernte und lernte. Sein Stil zu komponieren änderte sich, wurde noch kunstvoller, noch gefühlstiefer – und für die Zeitgenossen immer schwerer zu verstehen.

Seine Bach-Begeisterung übertrug sich auf Konstanze: Sie sei »ganz verliebt darein«, berichtete Mozart stolz dem Vater. »Sie will nichts als Fugen hören« und »zankte mich recht sehr, daß ich eben das Künstlichste und Schönste in der Musik nicht schreiben wollte, und gab mit Bitten nicht nach, bis ich ihr eine Fuge aufsetzte«. Sah denn der Vater nicht endlich ein, daß Konstanze die einzig richtige Frau für seinen Sohn war?

Konstanze war natürlich die erste, die die neue Musik der »Entführung« zu hören – und zu singen bekam. Ihre Stimme war zwar längst nicht so prachtvoll wie die der Schwestern Aloysia oder Josepha, aber immerhin war Konstanze so musikalisch, daß sie vom Blatt singen konnte. So sang sie die Partie ihrer Namensschwester Konstanze aus der »Entführung« – Arien, die »der geläufigen Gurgel der Mademoiselle Cavalieri aufgeopfert« und deshalb voller Koloraturen waren.

Mozart aber sang die vier Belmonte-Arien, seine Liebeserklärungen an Konstanze, beginnend mit der sehnsüchtigen Anfangsarie, wo es heißt:

»Ich duldete der Leiden,
o Liebe, allzuviel.
Schenk mir dafür nun Freuden
und bringe mich ans Ziel.«

Über ein Jahr liebte Mozart nun schon seine Konstanze und war immer noch nicht am Ziel: einer Heirat. Jetzt aber beschloß er, nicht mehr länger zu warten, seine Oper rasch abzuschließen, um sich mit dem Honorar eine eigene Wohnung zu mieten. Im Juni 1782 begannen die Proben. Am 16. Juli 1782 wurde »Die Entführung aus dem Serail« im Wiener Hofburgtheater zum erstenmal gespielt.

Schon in der Ouvertüre klangen alle Motive der Oper an, und auch das »Janitscharenorchester« hatte zu tun. Mozart: »Ich glaube, man wird dabei nicht schlafen können, und sollte man eine ganze Nacht hindurch nicht geschlafen haben.«

Die Zuhörer waren verwirrt. Es gab Zischen und Störversuche. Der deutsche Text war – immer noch – ungewohnt in einer Oper. Außerdem konnte man die »Entführung« nicht einordnen:

Der Michaelerplatz in Wien, das kleine Gebäude rechts ist das kaiserliche Hofburgtheater, wo drei Mozart-Opern uraufgeführt wurden (Entführung, Figaros Hochzeit und Così fan tutte)

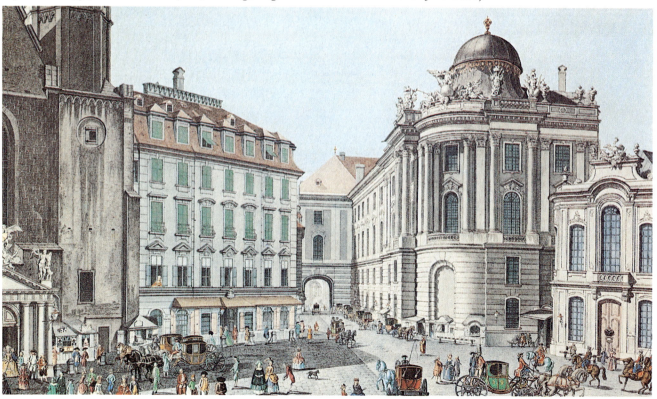

Sie war gleichzeitig ernst und heiter. Es gab hohe Koloraturen darin wie in der neapolitanischen Oper, türkische Militärmusik, kunstvolle Fugen und volkstümliche Melodien wie in einem Singspiel, wie zum Beispiel das Ständchen des Dieners Pedrillo:

Im Moh-ren-land ge-fan-gen war ____ ein Mä-del hübsch und fein

und das Saufduett Pedrillos und Osmins an Bacchus, den Gott des Weines:

Vi - vat Bac-chus, Bac-chus le - be, Bac-chus war ein bra-ver Mann

Die Hauptfigur des Bassa Selim ist eine Sprechrolle wie im Schauspiel, hat also keine einzige große Arie – und ist, obwohl ein Türke, kein Bösewicht. Der »Held« Belmonte dagegen benimmt sich gar nicht immer heldenhaft.

Und die Dienerin Blonde sagt sehr kecke Sätze, etwa wenn der türkische Diener Osmin ihr zu gehorchen befiehlt, weil »dich der Bassa mir zur Sklavin geschenkt hat«.

Darauf Blonde: »Bassa hin, Bassa her! Mädchen sind keine Ware zum Verschenken! Ich bin eine Engländerin, zur Freiheit geboren, und trotze jedem, der mich zu etwas zwingen will.« Sie dreht den Spieß um: Die Frauen hätten das Regiment über die Männer. »Ihr seid unsere Sklaven!« Das sollten auch die Türkinnen bald lernen.

Osmin: »Beim Allah, die wär' imstande, uns allen die Weiber rebellisch zu machen!«

Mit einem Lobgesang auf die Menschlichkeit des Bassa Selim schließt die Oper, wieder mit klingenden Tschinellen, großen Trommeln, Triangeln zum großen Orchester: »Der Schluß wird recht viel Lärmen machen, und das ist ja alles, was zu einem Schluß von einem Akt gehört: Je mehr Lärmen, je besser! Je kürzer, je besser – damit die Leute zum Klatschen nicht kalt werden.«

Doch dann hatte die Oper Erfolg. Denn so neu und ungewohnt sie auch war – sie war vor allem großes, packendes Theater – und dem konnten sich auch Mozarts Feinde – und die Gegner des deutschen Singspiels – nicht entziehen.

Der Kaiser dankte dem Komponisten mit dem eigenartigen Satz: »Zu schön für unsere Ohren und gewaltig viel Noten, lieber Mozart.« Darauf Mozart, im Vollgefühl seines Triumphes keck: »Gerade soviel Noten, Euer Majestät, als nötig sind.« Dem Kaiser gefielen solche Antworten, das wußte Mozart sehr wohl. Und er wußte auch, daß Joseph es nicht böse meinte: Die Überfülle der Motive und Melodien, die komplizierte Instrumentierung – all das war ungewohnt, vor allem für jemanden, der wie der Kaiser einen musikalisch eher altmodischen Geschmack hatte.

Der berühmte Christoph Willibald Gluck aber sprach dem um zweiundvierzig Jahre jüngeren Mozart seine Hochachtung aus und lud ihn zum Essen

Die Figuren der »Entführung aus dem Serail« in einer frühen Darstellung

ein. Eine freundschaftliche Geste, die Mozart freute – auch wenn er wußte, daß Gluck der große Förderer seines Rivalen Salieri war!

Auf eine Hofstelle wartete Mozart wieder vergeblich: »Die Herren Wiener, worunter aber hauptsächlich der Kaiser verstanden ist, sollen nur nicht glauben, daß ich wegen Wien allein auf der Welt sei. Keinem Monarchen in der Welt diene ich lieber als dem Kaiser, aber erbetteln will ich keinen Dienst.« Der Kaiser sei »ohnehin ein Knicker«. Selbstbewußt meinte Mozart, er mache »jedem Hofe Ehre«: »Will mich Deutschland, mein geliebtes Vaterland . . . nicht aufnehmen, so muß in Gottes Namen Frankreich oder England wieder um einen gescheiten deutschen Meister reicher werden – und das zur Schande der deutschen Nation.« Nächstes Jahr wolle er nach Paris gehen.

Der Grund für diese Bitterkeit waren Mozarts Gegner am Wiener Hof, die »Italiener«, allen voran Salieri, die mit aller Macht für die Wiedereinführung der italienischen Oper kämpften. Mozarts Hoffnungen, wenn schon nicht eine Anstellung, so doch wenigstens einen neuen Opernauftrag zu bekommen, erfüllten sich nicht.

Dabei hätte er nichts dagegen gehabt, auch eine italienische Oper zu schreiben, vor allem eine opera buffa. Er ließ sich auch einige »Bücheln« zur Auswahl kommen. Aber ein Auftrag blieb aus.

»Die Entführung aus dem Serail« wurde Mozarts erfolgreichste Oper. Sie mache so viel Lärm, schrieb Mozart dem Vater, »daß man gar nichts anderes hören will und das Theater allzeit von den Menschen wimmelt«. Im Jahr darauf wurde sie auch in Prag, Leipzig und Bonn gespielt, ein Jahr später auch in München, Mannheim, Frankfurt. Es war die erste Mozart-Oper, die sofort vom Publikum aufgenommen wurde. Auch viele Wanderbühnen, natürlich auch Schikaneders Truppe, studierten die »Entführung« ein.

Doch Mozart bekam von allen späteren Aufführungen kein Honorar. Alles war mit hundert Dukaten für die Komposition abgedeckt. Erst später gab es für Komponisten (und Maler und Schriftsteller) ein Urheberrecht, das ihnen Einkünfte aus ihren Werken sicherte. Wenn es das zu Mozarts Zeiten schon gegeben hätte, hätte er allein von der »Entführung« gut leben können.

Er empfand die schlechte Bezahlung der Komposition als großes Unrecht, erhielt doch ein Spitzensänger für eine einzige Aufführung schon das Zehn-

Ein fürstliches Blasorchester, für dessen Besetzung Mozart sehr viel Musik schrieb

fache seines ganzes Honorars, und suchte nach Auswegen: »Ich werde meine Opera auf meine Unkosten aufführen, in drei Vorstellungen wenigstens 1 200 Gulden machen . . . Man muß keinen schlechten Kerl machen – aber auch keinen dummen, der andern Leuten von seiner Arbeit, die ihm Studium und Mühe genug gekostet hat, den Nutzen ziehen läßt und allen ferneren Anspruch darauf aufgibt.« Aber ein solcher Plan war nicht durchzusetzen.

Um wenigstens ein kleines Extrageld zu erwirtschaften, bearbeitete er die Oper für Bläser und verkaufte das Manuskript – eine mühsame Arbeit, mit der er sich sehr beeilen mußte, denn er hatte viel Konkurrenz: Die Kopisten lebten davon, erfolgreiche Opern für kleine Besetzungen (auch für Klavier und die eine oder andere Begleitstimme) umzuschreiben und auf eigene Rechnung zu verkaufen – der Komponist erhielt davon nichts. (Aber die Oper wurde durch häufiges Musizieren auch in kleinem Kreis rasch bekannt.)

Die junge Ehe

Mit dem sehnlichst erwarteten Honorar bezog Mozart acht Tage nach der Premiere seine neue Wohnung im Haus »Zum roten Säbel«. Standhaft weigerte er sich, seinen Ehestand im Haus der Webers zu beginnen, wie es Konstanzes Mutter forderte. Jetzt hatte er zwar eine Wohnung, aber noch keine Ehefrau: Der Vater schickte die Einwilligung zur Hochzeit nicht, so sehr der Sohn auch drängte. »Liebster, bester Vater! Ich muß Sie bitten, um alles in der Welt bitten: Geben Sie mir Ihre Einwilligung, daß ich meine liebste Konstanze heiraten kann ... Ich sehe, daß es meiner Ehre, der Ehre meines Mädchens und meiner Gesundheit und Gemütszustand wegen unumgänglich notwendig ist. Mein Herz ist unruhig, mein Kopf verwirrt. Wie kann man da was Gescheites denken und arbeiten? ... Die meisten Leute glauben, wir sind schon verheiratet. Die Mutter wird darüber aufgebracht, und das arme Mädchen wird samt mir zu Tode gequält.« Er schickte dem Vater das Originalmanuskript seiner neuen Oper. Wie stolz würde der Vater sein! Er würde erkennen, daß die Oper eine große Liebeserklärung an Konstanze war, endlich verstehen, wie ernst es war.

Aber nein: Der Vater antwortete gleichgültig und kalt, erklärte, er habe wenig Zeit. Von einer Heiratserlaubnis keine Rede, kein Wort über die neue Oper, dafür neue Vorwürfe: Der Sohn habe durch sein »Großsprechen, Kritisieren die Professoren der Musik und auch andere Leute zu Feinden«. Wieder ein Salzburger Tratsch!

Mozart war tief verletzt, wartete nun nicht länger und heiratete – ohne Erlaubnis des Vaters – am

Der Stephansdom in Wien. Hier wurde das junge Paar getraut, Kinder getauft – und Mozarts Leichnam eingesegnet.

4. August 1782 im Stephansdom seine geliebte Konstanze. Nur die Familie Weber und zwei Trauzeugen waren dabei. Mozart an den Vater: »Als wir zusammen verbunden wurden, fing sowohl meine Frau als ich an zu weinen; – davon wurden alle, sogar der Priester gerührt. – Und alle weinten, da sie Zeuge unserer gerührten Herzen waren.« Baronin Waldstätten lud die Hochzeitsgäste am Abend zu einem prächtigen Souper, »welches in der Tat mehr fürstlich als baronisch war«. Mozarts Hochzeitsgeschenk an seine Frau war eine der vielen Uhren, die er als Wunderkind in Paris bekom-

Das unfertige, aber wohl berühmteste und ähnlichste Mozart-Porträt, gemalt von seinem Schwager Lange in der Zeit der Heirat

men hatte (Konstanze trug sie bis an ihr Lebensende und war sehr stolz, daß sie so gut ging).

Nach der Hochzeit erst schickte der Vater seine Erlaubnis – als ohnehin nichts mehr zu ändern war. Er dankte der Baronin Waldstätten für ihre Hilfe und schrieb sich seine Enttäuschung über den Sohn von der Seele: Wolfgang sei so stolz, so ungeduldig, so hitzig, »zuviel oder zuwenig und keine Mittelstraße«. – »Gnädige Frau! Sprechen Sie ihm Geduld ein!« Er, der Vater, sei durch Wolfgangs »Betragen aufgeopfert«.

Die Baronin erwies sich als gute Freundin des jungen Paares, beruhigte den Vater, versicherte ihm, daß Konstanze »eine gute Person« sei, half in allen Lebenslagen – vor allem in häufiger Geldnot –, erhielt dafür Kompositionen und übermütige Dankbriefe: »Allerliebste, Allerbeste, Allerschönste, Vergoldete, Versilberte und Verzuckerte, Werteste und Schätzbarste Gnädige Frau Baronin.«

Der glückliche Ehemann aber versuchte, den Vater zu versöhnen, und versicherte, daß er kein liederliches Leben führe: Er habe »niemalen so kräftig gebetet, so andächtig gebeichtet und kommuniziert . . . als an ihrer Seite. Und so ging es ihr auch. Mit einem Worte, wir sind füreinander geschaffen, und Gott, der alles anordnet und folglich dieses auch also gefügt hat, wird uns nicht verlassen.« Er versprach, seine Frau so bald wie möglich dem Vater und der Schwester in Salzburg vorzustellen.

Mozart arbeitete in Konstanzes Gegenwart beschwingt wie lange nicht. Später erzählte sie: »Wenn irgendeine große Konzeption in seinem Geiste entstand, war er völlig wie abwesend, ging in der Wohnung auf und nieder und wußte nicht, was um ihn herum vorging. Sobald aber in seinem Kopfe alles fertig war, brauchte er kein Pianoforte, sondern nahm Tinte und Papier und sagte, während er schrieb: ›Nun, liebes Weib, sei so gut und sage mir, wovon die Rede war.‹« Konstanze mußte ihm erzählen, Spaß machen – das alles störte ihn nicht, denn nun schrieb er nur noch auf, was in seinem Kopf längst fertig komponiert war.

Man sieht es den Manuskripten an: Da gibt es kaum Verbesserungen, kaum Streichungen, alles ist rein und klar geschrieben. Allerdings: Tintenkleckse machte Mozart immer noch, denn immer noch hatte er es oft zu eilig. Aber immerhin entschuldigte er sich nun manchmal für diese Unart und beschimpfte sich selbst in vier Sprachen (deutsch, italienisch, französisch und lateinisch) als »Sau«, sogar schriftlich wie hier:

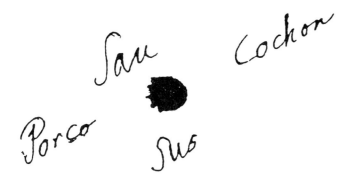

Konstanze ging auch mit ins Theater, zu den Orchesterproben, in die Kirche, zum Tanzen. Und wenn er keinen anderen Partner fand, spielte sie mit ihm Billard. Überall, wo Mozart war, war auch seine Konstanze. Mozarts Freunde waren sich einig: Sein Hausstand war ein fröhlicher, glücklicher, dem nur eines fehlte – Geld. Denn sparsam waren sie nicht.

Eines Tages gingen sie im Augarten spazieren, jenem kaiserlichen Park, den Joseph II. für die Öffentlichkeit geöffnet hatte – und wo er sich gerne unters Volk mischte und plauderte. Die Mozarts hatten Konstanzes Hund bei sich und tollten mit ihm im Park herum. Der Hund war sehr eifersüchtig, und um ihn zu necken, tat Mozart so, als wolle er seine Konstanze schlagen. Der Hund fuhr natürlich wütend auf ihn los. Es war ein großes Gebell und Toben – ausgerechnet in jenem Moment, als der Kaiser vorüberging. »Ei, ei, erst drei Wochen verheiratet und schon Schläge!« spottete Joseph freundlich, und Mozart erklärte lachend die Situation. Der Kaiser mochte Mozart gern.

Einen Einblick in das junge Eheleben gibt uns das »Bandl-Terzett« von 1783: Ein dringend nötiges »Bandl« (für Konstanzes Kleid, Hut oder Frisur) war nicht zu finden. Konstanze suchte, dann suchte auch Wolfgang, denn sie wollten ausgehen. Schließlich griff auch noch der gerade anwesende Klavierschüler ein – und fand das Bandl. Statt es aber Konstanze zu geben, hielt er es voll Übermut in die Höhe: Er war viel größer als die beiden kleingewachsenen Mozarts. Sie mußten ihn nun bitten und anflehen, das Bandl herauszugeben. Er weigerte sich lachend. Schließlich sprangen sie an ihm hoch und versuchten, das Band einfach wegzureißen. Das laute Hüpfen, Springen und Schreien wieder regte den Hund Gauckerl auf. Er bellte laut, so lang, bis der Schüler nachgab und das Bandl herausgab.

Das »Bandl-Terzett« für Sopran (Konstanze), Tenor (Mozart) und Baß (Schüler) stellt diese Szene musikalisch dar, beginnend mit der Frage: »Liebes Mandl, wo ist's Bandl?« Nach vielem Durcheinander endet es mit den Worten: »Und das schöne Bandl hamer a. Ja wir haben's. Ja.«

Bei den Mozarts ging es recht laut zu: Schüler übten Klavier, Gäste kamen zum Quartettspielen – oder zum Tanzen und Billard, zwei Hunde tobten dazwischen herum, die Magd Lori führte das Regiment in der Küche. Wie in Salzburg hielt sich Mozart auch hier Singvögel. Sein Liebling war ein kleiner Star, den er für vierunddreißig Kreuzer (also einen halben Gulden) gekauft hatte und nun im Singen unterrichtete. Der Star war wirklich musikalisch, lernte er doch diese Melodie aus einem Mozartschen Klavierkonzert pfeifen:

Ein reicher Verehrer vermittelte dem jungen Paar im Winter eine neue, größere Wohnung. Zur Einweihung wurde zum Maskenball geladen. Baronin Waldstätten kam, der Hausherr, dann der Dichter der »Entführung« mit seiner Frau, Aloysia mit ihrem Mann und viele andere Sänger und Schauspieler. (Der Vater wurde schriftlich wegen der Unkosten beruhigt: Jeder männliche Gast habe zwei Gulden bezahlt!) »Wir haben abends um sechs Uhr angefangen und um sieben Uhr aufgehört. – Was, nur eine Stunde? – Nein, nein – Morgens um sieben Uhr.«

Mozart war ein leidenschaftlicher und sehr guter Tänzer. Sein Lieblingstanz war das Menuett. Natürlich schrieb er sich »seine« Menuette selbst – zierliche, sehr höfische Musik, die man nur in großer Kleidung – Reifrock, weißgepuderte Perücken, die Herren in gesticktem Seidengewand – tanzte, mit vielen höflichen Verbeugungen von einer Dame zur anderen wechselnd. Er habe es im Tanzen weiter gebracht als in der Musik, scherzte Mozart, wenn man seine Tanzkünste lobte.

In diesem Fasching, als Höhepunkt eines großen Maskenballes, führte Mozart mit seinen Freunden (er selbst als Harlekin, Aloysia Lange als Colombine, Schwager Lange als Pierrot und zwei anderen) eine Pantomime mit Musik auf: »Der Tanzmeister hatte die Güte, uns abzurichten, und ich sag es Ihnen: Wir spielten recht artig.« (Leider ist die Musik dazu nicht überliefert.)

Die Mozarts waren glücklich – und erwarteten ihr erstes Kind. Der Vater solle doch bitte Pate werden, ob Bub oder Mädchen: »Es heißt halt Leopold oder Leopoldine.« Mozart war ein sehr besorgter und liebevoller Ehemann, führte sein »liebes Weibl« spazieren, »Bewegung ist ihr gesund«, und sorgte für gute Laune.

Wenn Mozart morgens sehr früh ausritt (jawohl, er hatte inzwischen ein eigenes Pferd) und Konstanze noch schlief, schrieb er ihr häufig ein Zettelchen und legte es ihr aufs Bett. »Guten Morgen, liebes Weibchen, ich wünsche, daß Du gut geschlafen habest, daß Dich nichts gestört habe, daß Du nicht zu jäh aufstehest, daß Du Dich nicht erkältest, nicht bückst, nicht streckst, Dich mit Deinen Dienstboten nicht zürnst, im nächsten Zimmer nicht über die

Menuett-Tänzer im 18. Jahrhundert

Schwelle fällst. Spar häuslichen Verdruß, bis ich zurückkomme. Daß nur Dir nichts geschieht!«

Mozart hatte reiche Gönner, die seine Musik liebten, und gab viele Konzerte in großen Adelshäusern, »allzeit mit der Equipage abgeholt und nach Hause geführt und dort auf die nobelste Art von der Welt traktiert«.

Der Erfolg ermutigte ihn, auch Konzerte auf eigene Rechnung zu organisieren, wie es einst der Vater in Wunderkinderzeiten gemacht hatte. Bei einem solchen Konzert, wo ausschließlich Mozart-Werke ge-

151

spielt wurden, nahm er 1 600 Gulden ein – an einem Abend fünfmal so viel, wie der Vater im ganzen Jahr verdiente! »Das Theater hätte unmöglich voller sein können . . . Das Liebste aber war mir, daß seine Majestät der Kaiser auch zugegen war, und wie vergnügt er war und was für lauten Beifall er mir gegeben . . . Seine Zufriedenheit war ohne Grenzen«, vor allem, da Mozart eigens für den Kaiser eine Fuge auf dem Klavier improvisierte.

Mozart war erfolgreich und glücklich – und komponierte in dieser Zeit sehr viel: Sinfonien, Sonaten, große Klavierkonzerte, Arien, Quintette, Quartette, Trios für alle möglichen Instrumente. Einige Kompositionen sind mit bestimmten Namen verbunden, so die Hornkonzerte mit Ignaz Leitgeb:

Leitgeb war ein alter Salzburger Bekannter, der nun in Wien lebte. Mozart mochte ihn gern, weil er ein guter Hornist war und sich tapfer durch sein armseliges Leben schlug: Er betrieb einen Käsehandel in einem winzigkleinen Haus, dem »Schneckenhäusl«, weil er von der Musik allein nicht leben konnte. Leitgeb liebte Mozarts Musik und bettelte ständig

Billardspieler im 18. Jahrhundert, gezeichnet von Daniel Chodowiecki

um ein Hornkonzert. Mozart war überaus beschäftigt – und ließ den armen Leitgeb warten. Der Hornist aber drängte: Er werde alles, wirklich alles für ein Hornkonzert tun (außer Geld zu geben natürlich, denn das hatte er nicht).

Schließlich stellte Mozart aus Spaß Bedingungen: Wenn Leitgeb sich hinter den Ofen knien würde (kein Grund zur Besorgnis: es war Sommer und der Ofen nicht geheizt), ja, dann wolle er ihm das Konzert schreiben. Und Leitgeb kroch hinter den Ofen, harrte dort auf den Knien liegend geduldig aus, während Mozart schrieb. So kam der Hornist zu seinem Konzert.

Da dieses Spielchen beiden gut gefiel, wiederholten sie es, immer um einen anderen Preis: Einmal warf Mozart Orchesterstimmen im Zimmer durcheinander. Leitgeb solle alles wieder (auf den Knien rutschend) zusammensuchen und dann wieder ordnen – was eine wirklich mühselige Arbeit war bei den vielen Blättern. Leitgeb tat es: Er wollte unbedingt ein Konzert – und verdiente es sich redlich. Er wußte ja: Mozart war stets zu kindischen Späßen aufgelegt, denn die beflügelten ihn bei der Arbeit. Er, Ignaz Leitgeb, hätte sich noch viel mehr gefallen lassen für eine eigene Komposition, die er bei Konzerten stolz aufführte!

Auch auf manchen Manuskripten ist Mozarts Spott überliefert, etwa: »Wolfgang Amadé Mozart hat sich über Leutgeb, Esel, Ochs und Narr erbarmt zu Wien 27. März 1783.« Ein anderes Mal schrieb er in blauer, roter, grüner und schwarzer Tinte durcheinander, um Leitgeb zu verwirren, dann wieder bemerkte er zu der Stimme für das Horn: »Adagio – a lei Signor Asino« (langsam – für den Herrn Esel) und ähnliches. Jedenfalls hatten die beiden viel Spaß miteinander – und alle späteren Hornisten können Ignaz Leitgeb dankbar sein.

Ein anderer Mozart-Freund, der Tenor Johann Peierl, stand zu diesem ausgelassenen Kanon Pate:

O du e-sel-haf-ter Pei - erl! O du Peir-li-scher E - sel! du bist so faul als wie ein Gaul, der we-der Kopf noch Ha-xen hat. Mit dir ist gar nichts an-zu-fan-gen; ich seh dich noch am Gal-gen han-gen. Du dum-mer Gaul, du bist so faul, du dum-mer Pei-erl bist so faul als wie ein Gaul. O lie-ber Freund, ich bit-te dich, o leck mich doch ge-schwind im Arsch! O leck ____, o leck ____, o leck mich doch ge-schwind, ge-schwind im Arsch. Ach, lie-ber Freund, ver-zei-he mir, den Arsch, den Arsch pet-schier ich dir. Pei-erl! Ne-po-muk! Pei-erl! Ver-zei-he mir!

Ähnliches widerfuhr dem Mozart-Schüler Frey-
städtler in einem Kanon.
Der Klarinettist Anton Stadler war ein sehr über-

mütiger und lustiger Bursche, manche nannten ihn
leichtsinnig. Denn er hatte immer Schulden und lieh
sich Geld aus, das er nicht zurückzahlte – auch bei

Mozart. Aber er war ein wunderbarer Klarinettist in kaiserlichen Diensten. Mozart war so hingerissen von seinen Künsten, daß er ihm einige Kompositionen widmete (die Klarinette war ohnehin sein Lieblingsinstrument unter den Bläsern). Einer fertigen Sinfonie fügte er sogar nachträglich eine Klarinettenstimme hinzu, um seinem Freund Gelegenheit zu geben, seine Kunst zu zeigen. Umgekehrt bewunderte auch Stadler Mozarts Kunst sehr. Einmal fragte er ihn staunend, wie er es anstelle, daß alles, was er schrieb, so außerordentlich und vollkommen war. Darauf wußte Mozart keine andere Antwort als: »Ich kann nicht anders schreiben.«

Stadler machte freilich mit Mozart nicht nur Musik: Er spielte auch gerne mit ihm Billard und Kegeln. Daran erinnert das »Kegelstatt-Trio« von 1786, ursprünglich geschrieben für Stadler (Klarinette), Mozart (Viola) und eine von Mozarts Klavierschülerinnen.

Auch viele andere Bläser-Musiken aus dieser Zeit weisen auf fröhliche Freundesrunden hin. Die beiden Mozarts liebten es, Leute um sich zu haben, zu tanzen, zu musizieren, Spaß zu machen. Konstanze wußte: Das gab ihrem »Mannerl« gute Laune zum Komponieren. Und komponieren tat er immer, beim Billard wie beim Kegeln, beim Mittag- und beim Abendessen, beim Friseur und beim Schneider, beim Fiakerfahren und beim Spazierengehen.

Mozart war ein richtiger Zappelphilipp, wie seine Schwägerin Sophie berichtet: »Selbst wenn er sich die Hände wusch, ging er dabei im Zimmer auf und ab, blieb nie ruhig stehen, schlug dabei eine Ferse an die andere und war immer nachdenkend.« (Sie meinte damit, daß er immer und überall Musik im Kopf hatte und so sehr darauf konzentriert war, daß er auf Außenstehende manchmal wie ein Schlafwandler wirkte.) »Bei Tische nahm er oft eine Ecke seiner Serviette, drehte sie fest zusammen, fuhr sich damit unter der Nase herum und schien in

seinem Nachdenken nichts davon zu wissen, und öfters machte er dabei noch eine Grimasse mit dem Munde.«

Sophie: »Auch sonst war er immer in Bewegung mit Händen und Füßen, spielte immer mit etwas, zum Beispiel mit seinem Hut, Taschen, Uhrband, Tischen, Stühlen, gleichsam Klavier.« Je angestrengter sein Kopf an kunstvollen Kompositionen arbeitete, desto kindischer wurde sein Betragen, um so lockerer und alberner wurden seine Scherze.

Vor allem wechselten seine Stimmungen rasch. Eine Wiener Schriftstellerin erzählte, sie habe bei einer Hausmusik auf dem Klavier Mozart-Musik gespielt. Mozart habe zunächst mitgebrummt und den Takt auf ihre Schultern geschlagen: »Plötzlich aber rückte er sich einen Stuhl heran, setzte sich, hieß mich im Basse fortspielen und begann so wunderschön aus dem Stegreife zu variieren, daß alles mit angehaltenem Atem den Tönen des deutschen Orpheus lauschte. Auf einmal aber ward ihm das Ding zuwider, er fuhr auf und begann in einer närrischen Laune, wie er es öfters machte, über Tisch und Sessel zu springen, wie eine Katze zu miauen und wie ein ausgelassener Junge Purzelbäume zu schlagen« – zum Staunen der Anwesenden.

Zu diesem auffälligen Benehmen kam noch Mozarts ungewöhnliche Erscheinung: Er war kaum mehr als einen Meter fünfzig groß (weshalb er wohl auch oft mit einem Kind verglichen wurde), sein narbiges Gesicht mit der großen Nase wirkte alles andere als bedeutend. Dieser kleine Hanswurst wollte ein großer Künstler sein? sagten manche Leute kopfschüttelnd. Sie stellten sich unter einem Opernkomponisten etwas ganz anderes vor: einen ernsthaften Menschen, zu dem man bewundernd aufblickt. Wie elegant und vornehm doch der Hofkapellmeister Salieri auftrat!

Ein großer Meister jedoch nahm an Mozarts Eigenarten keinerlei Anstoß: Joseph Haydn. Haydn war für Mozart Lehrer und Vater zugleich. Er nannte den um vierundzwanzig Jahre Älteren liebevoll »Papa« und sagte zu ihm: »Dich nehme ich aus, aber alle anderen Kompositeurs sind wahre Esel!« Haydn wiederum rühmte Mozart als ein Talent, das nur alle hundert Jahre einmal vorkomme: »Er ist ein Gott in der Musik.«

Es war jedesmal ein großes Fest, wenn Haydn Mozart besuchte und sie gemeinsam musizierten, am liebsten Streichquartett. Haydn war ein guter Geiger, Mozart spielte die Viola, zwei weitere Freunde kamen dazu. Mozart bewunderte Haydns Streichquartette und plagte sich jahrelang in »mühevoller Arbeit« ab, sie zu studieren und die besondere Kunst zu lernen, die vier Instrumente gleichwertig miteinander umgehen zu lassen, ohne daß die erste Geige die anderen Stimmen beherrsche: »Ich habe von Haydn erst gelernt, wie man Quartette schreiben müsse.« Von »Papa Haydn« übernahm er auch die Neuerung, ein Menuett in seine Sinfonien aufzunehmen.

Mozart verteidigte Haydn wie dieser ihn. Als ein Musiker einmal Haydn scharf kritisierte und überheblich meinte: »Das hätte ich nicht getan«, warf Mozart wütend ein: »Ich auch nicht. Wissen Sie aber warum? Weil wir beide es nicht so getroffen hätten!«

Mozarts größter Wunsch war, wieder eine Oper zu schreiben. Diesmal mußte es eine italienische Oper sein, denn der Versuch, am kaiserlichen Burgtheater deutsche Singspiele aufzuführen, war nach großen Streitereien gescheitert. »Die Italiener« hatten wieder die Herrschaft übernommen, allen voran Antonio Salieri: Seine italienischen Opern wurden umjubelt, in Wien nicht anders als in Paris, London, Mailand und Neapel. Mozart wollte beweisen, daß er besser war als der berühmte Salieri.

Wenn er nur einen guten Textdichter hätte und einen schwungvollen Opernstoff! Monatelang las er »leicht hundert, ja, wohl mehr Bücheln«. Aber er fand keinen geeigneten Stoff, überlegte hin und her, sprach mit seinen Freunden. Einer von diesen Freunden, der reiche Baron Wetzlar, hatte eine Idee: Der venezianische Theaterdichter Lorenzo da Ponte war seit kurzem in Wien. Er wäre für eine so neuartige Oper, wie Mozart sie plante, der geeignete Dichter. Baron Wetzlar lud da Ponte und Mozart zu einem ersten Treffen in sein Haus – sofort waren Dichter wie Komponist Feuer und Flamme: Gemeinsam würden sie es schaffen, eine aufregende neue Oper zu schreiben!

Freilich, vorerst hatte der Dichter noch für Salieri zu tun. Mozart mußte warten. Immer wieder dieser Name! Salieri hier und Salieri dort! Ob da Ponte Wort hielt? Ob nicht Salieri ihn eifersüchtig für sich behielt? Viel Hoffnung hatte Mozart nicht. Für alle Fälle nahm er Kontakt mit Abbate Varesco, dem Dichter des »Idomeneo«, in Salzburg auf. Gute Erfahrungen hatte er nicht mit ihm. Er würde eben wieder ändern müssen und umschreiben.

Wiedersehen mit Salzburg

Im Juni 1783 kam das erste Mozart-Kind zur Welt. Vor der Geburt wachte der junge Vater ängstlich am Bett seiner Konstanze und – komponierte. Als die Schmerzen größer wurden und die Hebamme zu tun bekam, übersiedelte er, wie es üblich war, in ein Nebenzimmer – und komponierte. Er schrieb gerade am d-Moll-Streichquartett und war beim Menuett, als Konstanze die größten Schmerzen hatte und er sie stöhnen hörte. Was tat Mozart? Er komponierte. Noch als alte Dame sang Konstanze gerne die Stellen vor, die diese ihre Wehenschmerzen musikalisch darstellten.

Es wurde ein »großer, starker und kugelrunder Bub«. Sein Name war aber nicht, wie dem Großvater versprochen, Leopold, sondern Raimund Leopold. Sehr verlegen erklärte Mozart dem Vater, Baron Raimund Wetzlar habe sich als Pate angeboten. Habe er etwa ablehnen können? Immerhin bezahlte Wetzlar die Miete für die Mozarts und war auch bereit, die neue Oper zu finanzieren. Der Vater war wieder einmal gekränkt. Mutter Weber aber bewährte sich in diesen Tagen: Sie half der Tochter, wo immer sie konnte.

Mozart war überaus besorgt um Konstanzes Gesundheit und bestand darauf, eine Amme für das Kind zu nehmen. »Meine Frau sollte niemals ihr Kind stillen, das war mein fester Vorsatz!« schrieb er nach Salzburg und zeigte damit dem Vater, daß er inzwischen zu den wohlhabenden Leuten gehörte, die sich eine Amme leisten konnten – anders als Mutter Mozart damals in Salzburg.

Sobald Konstanze sich wieder wohl fühlte, machte sich das Ehepaar Ende Juli auf die lang versprochene Reise nach Salzburg. Den kleinen Raimundl ließen sie in der Obhut der Amme zurück.

Mozart hatte Angst vor der Reise nach Salzburg. Eigentlich war er ja aus Salzburger Diensten davongelaufen. Der Erzbischof hatte nie seiner Kündigung zugestimmt und als Landesherr nun das Recht, seinen unfolgsamen Musiker mit Gewalt in Salzburg festzuhalten. Er konnte ihn sogar in die berüchtigten Kasematten der Festung Hohensalzburg einsperren. Ängstlich schlug Mozart dem Vater vor, das Familientreffen doch lieber in München abzuhalten: Er fürchtete, daß der Erzbischof »afcu, dm fcu alfel lntemoohng nicht habe, mrrltfrln«* lasse. Doch der Vater beruhigte den aufgeregten Sohn: Er habe nichts zu befürchten.

Auch Konstanze fürchtete sich vor Salzburg, wußte sie doch, wie sehr Leopold Mozart gegen die Heirat gewesen war. Mozart an den Vater: »Meine Frau hat immer eine kleine Sorge, sie möchte Ihnen nicht gefallen, weil sie nicht hübsch ist.« Der Vater möge »nicht so viel auf äußerliche als innerliche Schönheit« sehen.

Grad zu Nannerls zweiunddreißigstem Geburtstag kam das junge Paar in Salzburg an. Vater und Schwester und die Magd Thresl empfingen sie freundlich. Gleich am ersten Sonntag trafen sie die alten Freunde beim Bölzlschießen, dann beim Kegeln (Mozart hatte dem Vater angekündigt, Konstanze sei »eine sehr große Liebhaberin davon«), beim Kartenspielen und natürlich beim Musizieren. Konstanze lernte den Hof- und Feldtrompeter Schachtner kennen, die Familie Hagenauer, die Barisanis und Gilowskys. Mozart zeigte ihr den Dom, wo er getauft worden war, die vielen Kirchen, wo er Musik gemacht hatte, die Biergärten und machte mit ihr Ausflüge in die Salzburger Umgebung, zur

---

* »mich, da ich meine Entlassung nicht habe, arrestieren.

Johann Michael Haydn, Mozarts Nachfolger als salzburgischer Hoforganist

Wallfahrtskirche Maria Plain (für deren Madonnenbild er seine »Krönungsmesse« geschrieben hatte), auf den Mönchsberg, den Kapuzinerberg.

Der Erzbischof war großmütig und lud sogar zu einem Konzert in sein Sommerschloß Mirabell ein. Die beiden Geschwister spielten mit der Salzburger Hofkapelle ein Mozart-Konzert für zwei Klaviere und dann vierhändig Klaviersonaten.

Schließlich vergnügten sie sich alle auf der Salzburger »Dult«, dem Jahrmarkt zu Ehren des Landespatrons, des hl. Rupert. Mozart durfte sich sogar beim erzbischöflichen Oberbereiter Pferde zum Ausreiten leihen.

Aber trotz all der Freundlichkeit kam die alte herzliche Stimmung nicht auf: Vater und Schwester waren nicht bereit, die schüchterne, ängstliche Konstanze voll in die Familie aufzunehmen. Als Wolf-

gang den Vater bat, seinem »lieben Weibl« doch eines der Andenken aus der Wunderkinderzeit zu schenken, lehnte Leopold Mozart schroff ab: Nein. Der Sohn habe genug bekommen. Im Gegenteil, da waren immer noch alte Schulden offen.

Auch die Arbeit mit dem Salzburger Textdichter Varesco war schwierig. Wieder einmal stritten sie, was das Wichtigere in einer Oper sei, der Text oder die Musik. Mozart blieb unbeugsam: »Die Musik ist die Hauptsache bei der Oper, und wenn es gefallen soll (und der Dichter folglich auf Belohnung hoffen will), so muß er mir Sachen verändern und umschmelzen, so viel und so oft ich will.« Varesco dürfe nicht seinem Kopf folgen, »der nicht die geringste Praxis und Theaterkenntnis hat«. Die ersten Arien der komischen Oper »Die Gans von Cairo« schrieb Mozart in Salzburg, der Dichter sollte dann die neuen Texte nach Wien schicken. Wenn das nur gutging!

Sehr freundschaftlich begegnete Mozart seinem Nachfolger als salzburgischer Hoforganist: Michael Haydn, dem Bruder des großen Joseph Haydn. Oh, wie auch Haydn auf den Erzbischof schimpfte! Laut Befehl mußte Haydn gerade sechs Duette für Violine und Viola schreiben, war aber krank und schaffte die letzten beiden Duette einfach nicht. Er konnte nicht! Es fiel ihm nichts ein! Der Erzbischof drohte, Haydns Gehalt zurückzubehalten, wenn er nicht pünktlich lieferte.

Sapperlot! schimpfte Mozart. Natürlich werde er helfen! Noch am selben Abend schrieb er die beiden Duette und brachte sie dem Kranken am nächsten Tag. Auf dem Titelblatt stand nur der Name Michael Haydn. Nun also konnte der Erzbischof nach den Noten Mozarts aufgeigen – eine Genugtuung fürwahr. (Später freilich ließ sich Mozart die kleinen Arbeiten zurücksenden und nahm sie in die Liste seiner Werke auf.)

Höhepunkt des Salzburger Aufenthaltes war die

Aufführung der neuen c-Moll-Messe im Stift St. Peter. Mozart erfüllte damit ein Gelübde – als Dank, daß er seine Konstanze bekommen hatte. Die »große« Messe in c-Moll ist ein schwieriges Werk mit einem achtstimmigen Doppelchor und großen Fugen, beeinflußt von der alten Musik Bachs und Händels, aber auch mit fast neapolitanischen Koloraturen.

Konstanze sang die Sopranpartie, die Salzburger Freunde musizierten. Leopold Mozart fühlte sich – wehmütig und stolz – wie in alten Zeiten, wenn er sich auch wunderte: Wie sehr hatte sich Wolfgangs Stil in Wien geändert, wie kunstvoll und streng er nun komponierte – und alles andere als »gefällig« und »volkstümlich«. Der Sohn hatte sich von den väterlichen Lehren und der Salzburger Tradition unerreichbar weit entfernt.

Voller neuer Eindrücke verließen sie nach drei Monaten Salzburg – für Mozart war es ein Abschied für immer. Auf der Rückreise machten sie noch Station bei Freunden in Linz, wo Mozart ein Konzert gab. »Weil ich keine einzige Sinfonie bei mir habe, so schreibe ich über Hals und Kopf an einer neuen, welche bis dahin fertig werden muß.« Es wurde die »Linzer Sinfonie«.

Dann aber hatten sie Sehnsucht nach Hause: Wie es wohl dem kleinen Raimundl ging? Ob er immer noch so dick war und gesund? Sie hatten gar keine Nachricht.

Anfang Dezember erst trafen sie in Wien ein. Ihr Kind sahen sie jedoch nicht mehr: Es war schon im August gestorben.

In dieser traurigen Zeit war Mozart mit seiner Oper beschäftigt und stritt weiterhin mit dem Textdichter. Varesco verstand einfach nicht, was er meinte! Er reihte eine Arie an die andere! Mozart wütend: »Das kann unmöglich sein ... Sie lösen einander

Die Orgel der Erzabtei St. Peter in Salzburg, an der Mozart häufig spielte. Hier wurde auch zum erstenmal die c-Moll-Messe aufgeführt.

ab, wie die Soldaten auf der Wacht.« Mehr Dramatik! Kürzer! Spannender!

Einmal tauschte der Dichter einfach die Arien zweier Sängerinnen aus. Das mache doch keinen Unterschied, meinte er. Beide waren Soprane! Mozart schimpfte, die eine Arie sei »sehr trost- und hoffnungslos«, die andere dagegen »sehr trostreich und hoffnungsvoll«. Musik und Text müßten doch zusammenpassen! Es sei »eine sehr ausgepeitschte und immer gewöhnliche Mode, daß einer dem andern sein Liedchen nachlallt«. Sapperlot! Aus der Oper würde nichts werden! Nach einem halben Jahr gab er diesen Opernplan auf: »Meine gemachte Musik liegt und schläft gut.«

Keine Nachricht von da Ponte! Er war weiter vollauf für Salieri beschäftigt!

Erfolgreicher Pianist

Die Einnahmen waren durch die Salzburger Reise arg zusammengeschrumpft, eine Anstellung bei Hof ebensowenig in Sicht wie ein Opernauftrag. Mozart gab wieder Unterricht und Konzerte – in sechs Wochen allein zweiundzwanzig Abende, davon allein neun beim Fürsten Esterházy. Wenn Freunde bei einem Konzert mitwirkten, schrieb er für sie und ihr Instrument neue Musik, und für sich komponierte er in dieser Zeit sechs Klavierkonzerte. So konnte er den Zuhörern stets Neues bieten.

Dabei schrieb er meistens seine eigene Klavierstimme nicht auf (er hatte sie ja im Kopf). Auf diese Weise wollte er verhindern, daß die Kopisten seine neuen Werke auf ihre Rechnung verkauften – ohne Klavierstimme ging das nicht. Manchmal freilich war es auch reine Zeitnot: Er schrieb die Noten für die anderen Instrumente, zu seinen eigenen kam er nicht. Oft hatte er bloß einen kleinen Zettel dabei, um sein Gedächtnis zu stützen.

Und noch einen anderen Grund gab es für ihn, ohne Noten beim Konzert zu erscheinen: Er war stark kurzsichtig, und es war sehr mühsam für ihn, aus flüchtig mit der Hand geschriebenen Noten zu spielen. Da ging es auswendig und frei phantasierend viel besser!

Auf das Publikum machte er damit einen großen Eindruck, auch auf Kaiser Joseph: Der beobachtete bci cincm solchen Konzert aus der kaiserlichen Loge heraus den Pianisten mit dem Lorgnon sehr genau: Konnte er wirklich ganz ohne Noten das neue Konzert spielen? Das sollte einmal jemand dem Mozart nachmachen!

Aber eine Anstellung bei Hof gab der Kaiser »seinem« Mozart trotzdem nicht – und auch keinen Opernauftrag.

Zweifellos: Mozart war in diesen ersten Wiener Jahren ein gefeierter Pianist und umschwärmter Lehrer. Aber er hatte kaum Zeit zum Komponieren: »Der ganze Vormittag geht mit Lektionen herum, folglich bleibt mir nichts als der Abend zu meiner lieben Arbeit, zur Komposition!«

Die ständige Überanstrengung machte ihn krank.

Mozarts Konzertflügel, gebaut von Anton Walter in Wien

Konstanze, die ihr zweites Kind erwartete, fürchtete viele Wochen lang um sein Leben: Er litt unter Krämpfen, Erbrechen und Schwächeanfällen. (Es war wohl eine schwere Nierenerkrankung.)

Bei der Taufe des kleinen Carl Thomas im September 1784 war der glückliche Vater wieder gesund. Pate war diesmal der Freund und Geldgeber Baron Trattner, der Gatte von Mozarts schöner Lieblingsschülerin Therese.

Mozart konnte sich auf seine reichen Verehrer verlassen. Sie wußten seine Kunst zu schätzen und halfen, wo sie konnten: verschafften billige Wohnungen, übernahmen bei Konzerten die hohen Kosten für Brennholz und Kerzen. Von Baronin Waldstätten bekam Mozart regelmäßig sein Lieblingsbier ins Haus geschickt. Von ihr wünschte er sich auch rundheraus einen »schönen roten Frack, welcher mich ganz grausam im Herzen kitzelt«, wobei ihm Knöpfe »aus Perlmutter, auf der Seite etwelche weiße Sterne herum und in der Mitte ein schöner gelber Stern« vorschwebten. »Ich möchte alles haben, was gut, echt und schön ist!« Der Wunsch wurde sofort erfüllt. Zum Dank beschenkte Mozart die Freunde artig mit Kompositionen.

Mit dem kleinen Kind übersiedelten die Mozarts nun in die prächtigste Wohnung, die sie jemals hatten: das heutige »Figaro-Haus« hinter dem Stephansdom. Die Wohnung lag im ersten Stock, hatte im Arbeitszimmer eine herrliche Stuckdecke wie in einem Schloß, drei andere große Zimmer (darunter ein Billardzimmer), zwei kleine Zimmer und viele Nebenräume. Jedermann konnte sehen: Mozart hatte es zu Wohlstand gebracht.

Einer der ersten Besucher in der neuen Wohnung war Emanuel Schikaneder, der mit seiner Theatertruppe nach Wien berufen war. Wie freuten sich die beiden Freunde über dieses Wiedersehen nach vier Jahren!

Der große, stattliche und selbstbewußte Schikaneder blickte ein wenig besorgt auf den kleinen, nach der Krankheit besonders blassen Mozart: Ob es ihm wirklich gut gehe? Wie es denn mit einer neuen Oper stehe? Ja, er würde schon wollen, beteuerte Mozart, aber er habe keinen Auftrag. Vielleicht wisse Schikaneder einen guten Opernstoff? Der Freund versprach, bei der Suche zu helfen.

Vorerst brachte Schikaneder als Eröffnungsstück Mozarts »Entführung aus dem Serail« heraus. Der erfahrene Theatermann wußte genau: Mit keinem anderen Singspiel würde seine Truppe einen solchen Erfolg haben. Am Hoftheater war die »Entführung« ja schon lange abgesetzt. Denn dort wurden nur noch italienische Opern gegeben – die meisten von Salieri. Wer Mozart hören wollte, mußte in Schika-

Nachricht.

Donnerstag den 10ten März 1785. wird Hr. Kapellmeister Mozart die Ehre haben in dem

k. k. National-Hof-Theater

eine

große musikalische Akademie

zu seinem Vortheile

zu geben, woben er nicht nur ein neues erst verfertigtes Forte piano-Konzert spielen, sondern auch ein besonders großes Forte piano Pedal beym Phantasieren gebrauchen wird. Die übrigen Stücke wird der große Anschlagzettel am Tage selbst zeigen.

Der Graben in Wien, Treffpunkt der vornehmen Leute. Im Haus vorne rechts, dem Trattnerhof, wohnte Mozart eine Zeitlang.

neders Vorstadttheater gehen. Und es kamen Scharen von Wienern. Sogar der Kaiser tauchte hier manchmal überraschend auf.

Die Musiker des Vorstadttheaters waren freilich nicht so gut wie die der kaiserlichen Hofoper. Konstanze erzählte später: Sie seien in der »Entführung« gewesen, »als das Orchester das Tempo eines Stückes zu schnell nahm; da wurde er (Mozart) sehr ungeduldig und schrie das Orchester an, ohne

die Zuhörer zu fürchten oder sich ihrer Anwesenheit innezuwerden«. Konstanze weiter: »Sein gewöhnlicher Ausruf war ›Sapperlot!‹, und gelegentlich konnte er mit dem Fuß stampfen, wenn er ungeduldig oder im Orchester nicht alles richtig war.«

Es dauerte nicht lange – und Schikaneder erzählte begeistert von einem neuen Stück, der Sensation aus Paris: »Figaros Hochzeit oder Der tolle Tag« von Beaumarchais. Das Stück kritisierte scharf den französischen Adel und die politischen Zustände in Frankreich. (Manche Leute meinten später sogar, mit diesem Stück habe die Französische Revolution eigentlich begonnen.)

Aber Schikaneder wollte keine politische Revolution. Er brauchte eine zugkräftige Komödie für sein Theater! Er übersetzte das Stück ins Deutsche und strich dabei politisch gefährliche Stellen einfach weg.

In dieser abgemilderten Form wurde Schikaneders »Figaro« von der Zensur genehmigt und in aller Eile einstudiert – daß ja nicht eine andere Bühne zuvorkam! Das Textbuch wurde gedruckt – auch Mozart besaß eines. Alle warteten gespannt auf die Aufführung. Dann passierte es: Drei Tage vor der Premiere verbot der Kaiser die Aufführung. Das war für die Schauspieltruppe eine Katastrophe, denn sie hatten ja alles fertig einstudiert, die Kulissen gemalt, die Kostüme geschneidert, sich auf den sicheren Erfolg und die guten Einnahmen gefreut.

Mozart erlebte all diese Aufregungen mit – und beschäftigte sich immer mehr mit dem »Figaro«. Wäre das nicht ein guter Stoff für eine Oper? Aber mit Schikaneders Übersetzung war nach dem Verbot nichts mehr anzufangen. Wenn nur ein guter italienischer Textdichter da wäre, der aus dem komischen Stück eine opera buffa machen könnte! Da Ponte ließ nichts von sich hören. Er hatte immer noch für Salieri zu tun.

161

In dieser Zeit kam Leopold Mozart zu Besuch nach Wien. Um ihn war es in Salzburg einsam geworden. Denn Nannerl, die mit dreiunddreißig Jahren schon ein »altes Mädchen« war, hatte doch noch geheiratet: Der achtundvierzigjährige Freiherr von Berchtold war zweifacher Witwer mit fünf Kindern, ein angesehener Beamter in St. Gilgen am Wolfgangsee – aber keineswegs Nannerls große Liebe. Immerhin war sie nun »Freifrau« und lebte im selben schönen Haus, wo einst Mutter Mozart geboren und aufgewachsen war.

Der vierundsechzigjährige Leopold verlebte hier in Wien zehn anstrengende Wochen, über die er seiner Tochter sehr genau berichtete. Aus diesen Briefen wissen wir zum Beispiel, daß Wolfgangs neue Wohnung 460 Gulden Jahresmiete kostete – also mehr, als Leopold im ganzen Jahr verdiente. Die Wiener Sitten erschienen ihm aber reichlich locker: Mitten in der Fastenzeit reichten seine Gastgeber (Mozarts reiche Freunde) »nichts als Fleischspeisen«, Austern, »herrlichstes Konfekt« und sogar

Mozarts »Verzeichniß aller meiner Werke vom Monath Februar 1784 bis Monath 1.« 58 Seiten dieses Heftes sind voll beschrieben, 29 leer geblieben.

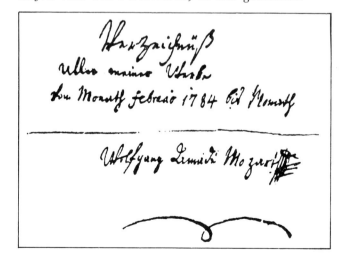

Champagner. Wolfgang strengte sich sehr an, dem Vater das Wiener Leben im glanzvollsten Licht zu zeigen – und Leopold Mozart war beeindruckt.
Vater Mozart lernte Baronin Waldstätten kennen und auch seine große Feindin, Mutter Weber, die ihn mit ihren Kochkünsten angenehm überraschte: Das Essen – ein schöner großer Fasan – sei »unvergleichlich gekocht« und »vortrefflich zugerichtet« gewesen. Ebenfalls »vortrefflich« fand er Aloysias Gesang, obwohl ihm ihre Stimme anfangs zu laut vorkam und er kritisierte, daß »im Zimmer die starken Töne die Ohren beleidigen«.
Seinen fünf Monate alten Enkel Carl fand er dem Vater »ganz ähnlich«. Er sei »recht gesund« – abgesehen vom Zahnen. »Das Kind ist übrigens sehr angenehm, denn es ist ungemein freundlich und lacht, so man's anredet.«
Das Wichtigste aber war die Musik. Leopold Mozart kam gerade zu einem großen Konzert zurecht und erlebte den Triumph des Sohnes sehr, sehr stolz mit: »Das Konzert war unvergleichlich.« Allerdings sah er mit großer Sorge, wie der Sohn sich trotz schwacher Gesundheit abhetzte. Auch diesmal hatte er »ein neues, vortreffliches Klavierkonzert« komponiert. Er war aber so spät fertig geworden, daß der Kopist noch die einzelnen Stimmen für die Instrumente abschrieb, als schon die ersten Zuhörer eintrafen (wie viele Noten werden bei dieser Eile unter den Tisch gefallen sein!). Es blieb keine Zeit, das schwierige Stück vor der Aufführung einmal durchzuspielen. Zum Glück saß der Komponist selbst am Klavier, und über seinem wunderschönen Spiel mußten die Zuhörer vergessen, daß es mit den anderen Instrumenten nicht zum besten stand.
Bei einem weiteren »herrlichen« Konzert hatte Leopold Mozart »das Vergnügen, alle Abwechslung der Instrumente so vortrefflich zu hören, daß mir vor Vergnügen die Tränen in den Augen standen. Als Dein Bruder wegging, machte ihm der Kaiser mit

So stellte sich ein späterer Zeichner das Musizieren der beiden großen Komponisten Haydn (Violine) und Mozart (am Klavier) vor. Konstanze hört zu.

dem Hut in der Hand ein Kompliment hinab und schrie: ›Bravo, Mozart!‹ Als er herauskam zum Spielen, wurde ihm ohnehin zugeklatscht.«

So ging es Abend für Abend. »Wir kommen vor ein Uhr in der Nacht niemals schlafen … tägliche Akademic (Konzert), immer Lernen, Musik, Schreiben etc … es ist unmöglich, die Schererei und Unruhe, alles zu beschreiben.« Und: »Deines Bruders Fortepiano Flügel ist wenigstens zwölfmal, seitdem ich hier bin, aus dem Haus ins Theater oder in ein anderes Haus getragen worden« – also ein Stockwerk

hinunter über enge, verwinkelte Stiegen, dann in einen Pferdewagen gehoben und durch die Stadt bis zum Konzertsaal gefahren, dort mühsam abgeladen und wieder meist einige Stiegen hinauf. Nach dem Konzert denselben Weg zurück. Fremde Klaviere mochte Mozart nicht, denn er fürchtete unreine Töne. Außerdem hatte er sich bei seinem Flügel ein verstärktes Pedal einbauen lassen und war sehr stolz auf den starken Ton seines Instrumentes.

Mozart wollte dem mißtrauischen Vater beweisen, wie erfolgreich er war, und gab deshalb in diesen

Joseph Haydn, Mozarts Vorbild und Freund

Wochen besonders viele Konzerte. Der Vater war jedenfalls zufrieden und rechnete wieder: »Ich glaube, daß mein Sohn, wenn er keine Schulden zu bezahlen hat, jetzt zweitausend Gulden in die Bank legen kann; das Geld ist sicher da, und die Hauswirtschaft ist, was Essen und Trinken betrifft, im höchsten Grad ökonomisch.« Das war ein Kompliment für die Schwiegertochter Konstanze. Hatte Leopold Mozart ihr nicht doch vielleicht unrecht getan?

Höhepunkt des Wiener Aufenthaltes war eine ganz besondere Hausmusik: Joseph Haydn kam zu Besuch, um Mozarts neue Streichquartette zu hören, die er dem geliebten Lehrer und Freund »Papa Haydn« widmen wollte. Vater Mozart spielte die erste Geige, sein Sohn Bratsche und zwei Freunde die anderen beiden Streichinstrumente. Erinnerte sich der Vater in diesen Stunden nicht an jenes Streichertrio in der Salzburger Getreidegasse, wo das »Wunder Mozart« bei dem Vierjährigen offen-

bar wurde und ihn, den Vater, zu Tränen gerührt hatte?

Beim Abschied sagte der berühmte Haydn zu Vater Mozart: »Ich sage Ihnen vor Gott, als ein ehrlicher Mann, Ihr Sohn ist der größte Komponist, den ich von Person und dem Namen nach kenne. Er hat Geschmack und überdies die größte Kompositionswissenschaft.« Mit »Geschmack« meinte Haydn die Schönheit der Melodien, die Mozart mit einer überaus großen Kunst der Komposition verband. Wieviel hatte Vater Mozart zu dieser Kunst beigetragen! Wie stolz konnte er nun auf den Sohn sein!

Um dem Vater zu zeigen, in welch vornehmer und geistvoller Gesellschaft er sich in Wien bewegte, welche Freunde er hatte, führte ihn Mozart einige Male in die Freimaurerloge »Zur Wohltätigkeit«. Denn seit kurzem war er deren stolzes Mitglied – als gleichberechtigter »Bruder« eines regierenden Fürsten, von siebenunddreißig Grafen, vierzehn Freiherrn, hohen Offizieren, Diplomaten, Kammer- und Domherren, reichen Geschäftsleuten und berühmten Künstlern. Auch der Textdichter da Ponte, Emanuel Schikaneder, der Klarinettist Stadler, Mozarts reiche Gönner Baron Wetzlar, Baron van Swieten und Puchberg waren Logenbrüder.

Die Unterschriften von Leopold und Wolfgang Mozart als »Besuchende Brüder« in der Loge von der Wohltätigkeit in Wien

Die Freimaurer machten viel Politik – freiheitliche und auch ziemlich revolutionäre Politik, ganz ähnlich wie in Beaumarchais' Theaterstück »Figaros

Feierliche Aufnahme eines neuen Mitglieds in eine Freimaurerloge: Der »Lehrling« (links) wird mit verbundenen Augen vor die Brüder und den »Meister vom Stuhl« (rechts sitzend) geführt.

Hochzeit«. Aber sie musizierten auch viel und wußten Mozart als Komponisten sehr zu schätzen. Die festliche Uraufführung einer Freimaurer-Kantate für Männerchor erlebte auch Vater Mozart voll Stolz mit.

Schließlich wurde Leopold Mozart, der bescheidene salzburgische Vizekapellmeister, ehrenvoll als Logenmitglied aufgenommen. (Auch Joseph Haydn wurde in diesen Wochen Freimaurer, schreckte sich aber bei den düsteren Aufnahmezeremonien so, daß er nie wieder den Boden einer Loge betrat. Es gibt keine einzige Freimaurermusik von Haydn.)

Sehr erschöpft, aber zufrieden mit Wolfgangs Erfolgen verließ Leopold Mozart Ende April Wien. Das junge Ehepaar begleitete ihn bis nach Purkersdorf, wo sie gemeinsam zu Mittag aßen. Dann winkten sie einander das letzte Mal zu: Mozart sah seinen Vater nie wieder.

Figaro

Nach der Abreise des Vaters konzentrierte sich Mozart wieder ganz auf seine neue Oper. Endlich ging es damit voran: da Ponte erinnerte sich an sein Versprechen, für Mozart ein Textbuch zu schreiben. Er hatte sich mit Salieri zerstritten, weil ihre gemeinsame Oper ein Mißerfolg geworden war. Salieri arbeitete nun ausgerechnet mit da Pontes größtem Feind an einer Oper über ein Lustspiel von Beaumarchais. Sie würden auch ein Lustspiel von Beaumarchais als Grundlage für die neue Oper nehmen, beschlossen Mozart und da Ponte, aber das berühmteste überhaupt: »Figaros Hochzeit« – eine Kampfansage!

Die Arbeit am Figaro war schwierig. Denn Mozart wollte ja nicht nur einfach die französische Komödie in eine italienische »opera buffa« umkomponieren. Er wollte ein selbständiges, spannendes, lustiges Musikdrama. Aber keine Politik! Nur kein Revolutionsstück! Denn die Oper durfte nicht verboten werden wie Schikaneders Schauspiel! Leopold Mozart war besorgt, ob der Sohn alle diese Probleme meistern könne: »Das wird ihn vieles Laufen und Disputieren kosten, bis er das Buch so eingerichtet bekommt, wie er es zu seiner Absicht zu haben wünscht.«

Aber da Ponte war ebenso begeistert wie Mozart. Er kürzte das Theaterstück auf die Hälfte und strich fünf von sechzehn Rollen. Dafür kamen vierzehn Arientexte dazu, ein Sextett, zwei Terzette, sechs Duette und zwei Chöre. »Den Ekel und die Einförmigkeit der langen Rezitative« vermied er und tat alles, »um verschiedene Leidenschaften mit verschiedenen Farben auszudrücken«. Endlich hatte Mozart einen Operndichter gefunden, der verstand, was er meinte. Da Ponte später: »Wir arbeiteten Hand in Hand. Sowie ich etwas vom Text geschrieben hatte, setzte Mozart es in Musik.«

Den Inhalt dieser Oper zu erzählen fällt freilich schwer: Allzu viel passiert an diesem »tollen Tag« von »Figaros Hochzeit«. Im Mittelpunkt steht Figaro, der Kammerdiener des Grafen Almaviva. Listig und intelligent wehrt er sich dagegen, daß ihm der Graf seine Braut Susanna ausspannt. Die betrogene Gräfin leidet in wehmütigen, schönen Arien:

Graf Almaviva   Gräfin.   Cherubim.   Susanne.   Figaro.   Basilio.

Por - gia mor qual - che ri - sto - ro
Trö - ste du, o rei - ne Lie - be

Do - ve so - no i bei mo - men - ti
Wo - hin sind die Won - ne - stun - den

Der Page Cherubino verliebt sich in jede Frau, die ihm begegnet, bringt alles durcheinander:

Non sò più co - sa son, co - sa fac - cio
Ich weiß nicht, wo ich bin, was ich tu - e

und schwärmt:

Voi che sa - pe - te che co - sa è a - mor
Sagt, hol - de Frau - en, die ihr sie kennt!

Nach vielen Verwechslungen, Verkleidungen, Versteckspielen im nächtlichen Garten, Eifersuchts- und Liebesszenen findet dann doch die Hochzeit des Figaro statt, und der Graf bittet seine Gräfin um Verzeihung:

Bartolo. Marzelline. Antonio. Bärbchen. Don Gusman.

Con - tes - sa per - do - no! per - do - no, per - do - no!
O En - gel, ver - zeih mir! O En - gel, ver - zeih mir!

Zum Schluß singen alle gemeinsam:

»Diesen Tag der Leiden,
der Verrücktheiten und Tollheiten
zufrieden und voll Freude abschließen,
kann nur die Liebe.«

Wieder war die Arbeit mit großer Hetzerei verbunden. Mozart mußte neben dem Komponieren auch Geld verdienen, Stunden geben, Konzerte dirigieren. Der Vater beschwerte sich über ausbleibende Post, und der Sohn »bittet um Verzeihung, weil er Hals über Kopf die Oper ›Le nozze di Figaro‹ fertig

Mozarts Textdichter Lorenzo da Ponte

machen muß«. Und es gab Geldsorgen: Im November 1785 bat Mozart einen Freund dringend: »Ich nehme meine Zuflucht zu Ihnen und bitte Sie, mir unterdessen nur mit etwas Gelde beizustehen, da ich es in diesem Augenblicke sehr notwendig brauche.« Das Schlimmste war die Sorge um den Figaro. Würde der Kaiser wirklich ausgerechnet jenes Stück als Oper annehmen, das er als Theaterstück verboten hatte? Außerdem: Bisher war keine einzige italienische Oper Mozarts in Wien aufgeführt worden. Er galt als Komponist des deutschen Singspiels »Entführung aus dem Serail« und als Feind der »Italiener«, besonders Salieris. Ausgerechnet er wollte nun eine italienische Oper schreiben, und ausgerechnet für die kaiserliche Hofoper, deren oberster Herr Salieri hieß! Das mußte ja Schwierigkeiten geben!

Da Ponte beruhigte ihn: Er werde das schon mit dem Kaiser besprechen. Mozart solle erst einmal die Oper fertig machen! Auch Baron Wetzlar stand Mozart helfend beiseite: Wenn es keine kaiserliche Genehmigung für die Oper gebe, dann würde eben er, Wetzlar, dem Dichter und dem Komponisten das Honorar zahlen, und man würde den »Figaro« in Paris und London herausbringen.

Da Ponte hielt Wort. (Hatte nicht Mozart stets über »die Welschen«, die »Italiener« geschimpft, die alles versprechen und nichts halten? Na, das stimmte wohl nicht!) Da Ponte schilderte dem Kaiser bei einer Audienz die ganze Angelegenheit, schwärmte von der wunderbaren, einmaligen Oper (und betonte, alle Politik sei herausgestrichen). Der Kaiser wurde neugierig und befahl Mozart zu sich: Er solle ihm aus der Oper vorspielen!

168

Eine berühmte Szene aus dem Figaro: Graf Alma-viva entdeckt den Pagen Cherubino, der sich bei der Gräfin versteckt hatte.

dichter. Im Frühjahr 1786 sollte die Premiere stattfinden.

Wieso erlaubte Kaiser Joseph II. eigentlich die Aufführung dieser Oper, wo er doch dasselbe Stück als Schauspiel verboten hatte? Hatte er etwa seine Meinung geändert? Diese Frage wurde immer wieder gestellt. Dabei ist die Antwort gar nicht so schwer. Denn es kam auf das Publikum des »Figaro« an. Bei Schikaneder wären es die üblichen Besucher des Vorstadttheaters gewesen, die Bürger und einfachen Leute. Sie hätten den »Figaro« als deutsches Stück vorgesetzt bekommen und alles verstanden: Wie gewissenlos und egoistisch Graf Almaviva handelt und wie sich der Diener am Ende als der viel Gescheitere erweist und über den Grafen triumphiert. Das hätte auch in Wien Unruhen auslösen können – nicht nur gegen den Adel, sondern vielleicht auch gegen den Kaiser selbst. Wer konnte das schon so genau wissen?

Mit der Oper war es etwas anderes: Sie wurde im kaiserlichen Hofburgtheater aufgeführt, vor der Hofgesellschaft und nicht vor armen Leuten (sie hätten ja noch nicht einmal die eleganten Kleider und die Perücken gehabt, die dort vorgeschrieben waren). Außerdem war der »Figaro« als italienische Oper nur für die wenigen bestimmt, die Italienisch verstanden. (Italienisch war damals die Umgangssprache am Wiener Hof.)

Kurz, mit der Aufführung des »Figaro« am Hoftheater leistete sich Joseph II. einen Spaß mit dem Adel, den er nicht leiden konnte. Er setzte den Prinzen und Grafen in »ihrem« Theater eine Oper vor, die ihnen Angst vor ihren gescheiten Dienern einjagen sollte, sang doch Figaro sehr selbstbewußt:

Diese Probe war erfolgreich: Joseph II. gab die Genehmigung zur Aufführung von »Le nozze di Figaro« im kaiserlichen Theater. Damit übernahm der Hof auch das Honorar für Komponist und Text-

Se vuol bal - la - re, si - gnor con - ti - no
Will der Herr Graf ein Tänzchen nun wa - gen

Das war dem Kaiser nur recht. (Ihn selber durfte freilich niemand kritisieren.) Außerdem hatte er es gerne, wenn ihn die Gebildeten lobten. War er nicht großzügig, daß er den »Figaro« aufführen ließ?

Kaiser Joseph liebte boshafte Scherze. Gerade jetzt, als in Wien viel von einem Streit zwischen Salieri einerseits und da Ponte und Mozart andererseits getratscht wurde, lud der Kaiser die beiden Feinde zu einem Opernwettstreit ein. Das würde einen Spaß geben: Nacheinander, am selben Abend, sollten Mozart und Salieri einaktige Opern aufführen: Mozart das deutsche Singspiel »Der Schauspieldirektor« und Salieri eine italienische komische Oper. Die Textbücher wurden geliefert und konnten nicht geändert werden. Beide handelten von Opernintrigen: ein weiterer Scherz.

Ablehnen durfte Mozart den ehrenvollen Auftrag nicht, und auch das Honorar brauchte er dringend. Aber er beeilte sich mit der Arbeit und strengte sich nicht allzusehr an, denn natürlich war der »Figaro«

viel, viel wichtiger. In zwei Wochen war das kleine Singspiel fertig, mit Ouvertüre, je einer Arie für die beiden streitenden Sängerinnen, einem Terzett und einem vierstimmigen Schlußgesang.

Der Opernwettstreit in der Orangerie des Schlosses Schönbrunn war Höhepunkt eines »Frühlingsfestes an einem Wintertag« und Josephs Geschenk für seine Schwester, Erzherzogin Marie Christine, die mit ihrem Gatten aus den Niederlanden zu Besuch war. Während Schönbrunn als Sommerschloß im Winter unbewohnt und unbeheizt war, blieb die Orangerie das ganze Jahr über gleichmäßig warm. Denn sonst hätten die Orangenbäume und die prächtigen exotischen Pflanzen, darunter auch weltberühmte Orchideen, dort nicht gedeihen können. In dieser üppig grünen und angenehm warmen Orangerie ließ der Kaiser für das Fest zwei Bühnen aufbauen, an jedem Ende der großen Orangerie eine.

Dieses Fest war selbst für die verwöhnten Wiener

»Frühlingsfest an einem Wintertage« in der Orangerie: An den äußeren Enden sind die beiden Bühnen

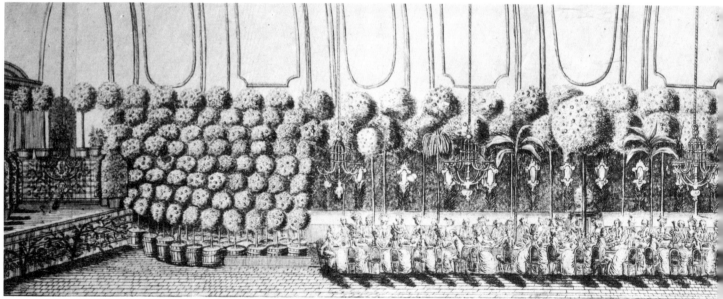

Zuschauer etwas ganz Besonderes: Einundvierzig adelige Paare, an der Spitze der Kaiser und seine Schwester, zogen nachmittags in der Hofburg Lose, die darüber entschieden, welcher Herr mit welcher Dame in welchem Wagen fahren sollte – und mit wieviel Pferden: zwei-, vier- oder gar sechsspännig. Um halb vier bestiegen die Paare im Burghof einundvierzig Kutschen.

Der prächtige Wagenzug mit geschmückten Pferden, jede Kutsche angeführt von zwei Reitknechten in bunten Uniformen, zog an Tausenden Wienern vorbei, die am Straßenrand standen. Es ging vom Winterschloß der Kaiserfamilie, der Hofburg, zum Sommerschloß Schönbrunn, dann durch tief verschneite Parkalleen zur festlich beleuchteten Orangerie. Viele Wachslichter strahlten von Palmen und Orangenbäumen herunter.

Draußen war es jetzt schon ganz finster und kalt, und drinnen war es warm und feucht wie an einem Frühlingstag nach einem starken Regen. Die Herr-

schaften zogen ihre warmen Pelze aus – und setzten sich in Frühlingskleidern an den festlichen langen Tisch mit zweiundachtzig Gedecken. Etwa dreihundert goldbetreßte Lakaien servierten die Speisen. Die kaiserlich-königliche Kammermusikkapelle spielte dazu Blasmusik (komponiert von Salieri).

Was die beiden Komponisten und die Sänger in dieser Zeit taten? Ob sie auch von den herrlichen Speisen kosten durften? Ob es für sie eine eigene Tafel gab, und wenn ja, wo? Das hat niemand aufgeschrieben. Sprachen die beiden Konkurrenten miteinander? Gab es vielleicht im Tropenklima der Orangerie Streit? Wir wissen es nicht. Was aber Mozart tat, können wir unschwer erraten: Er komponierte am Figaro. Immer, wenn er aufgeregt war, komponierte er. (Wenn er nicht aufgeregt war, aber auch.)

Nach dem Essen machten die Gäste einen Spaziergang unter Palmen, bewunderten die Orchideenblüten und die Zierfische in den großen Aquarien und wandelten plaudernd an das eine Ende der Orangerie. Die Diener trugen inzwischen die Tische hinaus und stellten die Sessel vor die Bühne. Die Paare nahmen vor der Bühne Platz, das Orchester schlug die Noten auf (handgeschrieben und beim Kerzenlicht nicht immer gut zu lesen). Das Singspiel »Der Schauspieldirektor« von Wolfgang Amadé Mozart ging in Szene:

Der Direktor einer Wanderbühne (gespielt vom Textdichter Stephanie, der ja auch das Textbuch der »Entführung« geschrieben hatte) hat Schwierigkeiten, eine Oper herauszubringen. Die Sängerinnen streiten: Madame Herz mit einer gefühlvollen Arie (gesungen von Aloysia Lange, Mozarts Schwägerin) und Madame Silberklang mit vielen italienischen Trillern (gesungen von Catarina Cavalieri, einer Schülerin Salieris). Dann gibt es noch den »Buff« (gespielt von Aloysias Gatten), dessen Komik darin besteht, daß er gar nicht singen kann. Ein anspruchsloses kleines Lustspiel mit Musik.

Nach dem Applaus standen die zweiundachtzig Gäste auf. Die Diener trugen rasch alle Sessel an das andere Ende der Orangerie vor die zweite Bühne (die Orangerie war fast zweihundert Meter, also etwa so lang wie zwei Fußballfelder). Die kaiserlichen Gäste spazierten wieder durch den üppigen, duftenden Tropengarten und freuten sich auf den Höhepunkt des Abends: Salieris Oper.

Auch hier ging es um Oper in der Oper, diesmal auf italienisch: Komponist und Dichter streiten, wer der Wichtigere sei. Der besondere Witz: Jedermann erkannte in der Rolle des verhöhnten Theaterdichters Salieris Feind da Ponte. Die allerhöchste, kaiserliche Gesellschaft lachte schallend über Mozarts besten Freund und Poeten des »Figaro« – welche Beleidigung!

Natürlich streiten auch zwei Sängerinnen miteinander, die ernste der opera seria und die komische der opera buffa. Die Primadonna Nancy Storace imitierte einen berühmten, allbekannten Kastraten so komisch, daß die Zuhörer sich den Bauch vor Lachen hielten. Kurzum: Salieris Oper war ein riesiger Erfolg, über den alle den »Schauspieldirektor« vergaßen.

Mozart und da Ponte ärgerten sich bis aufs Blut und haßten Salieri mehr denn je. Der Kaiser aber, der diesen Abend so ungeheuer raffiniert in Szene gesetzt hatte, amüsierte sich und freute sich über die gute Stimmung.

Um neun Uhr abends brachten die Lakaien die warmen Pelze, damit sich die hohen Gäste nach diesem warmen Frühlingstag nicht in der eiskalten Februarnacht verkühlten, und dann bestiegen die einundvierzig Paare wieder ihre einundvierzig Wagen. Wieder ritten vor jedem Wagen zwei Reitknechte, diesmal trugen sie aber Windlichter in der Hand. Und wieder standen Tausende von Neugierigen an

der Straße, die das Sommerschloß mit dem Winterschloß verband.

Mozart erhielt für sein Singspiel ein Honorar von fünfzig Dukaten, Salieri hundert Dukaten. Das war gerecht, hatte doch Salieri mindestens die doppelte Arbeit mit seiner Oper. Es zeigte aber auch den Rangunterschied: Der freie Künstler und Außenseiter Mozart aus Salzburg hatte praktisch nicht mehr als das Vorspiel zur Oper des kaiserlichen Hofkapellmeisters Antonio Salieri schreiben dürfen. Sie waren eben nicht gleichberechtigt – und das ärgerte Mozart.

Salieri hatte die Stellung, die Mozart gerne gehabt hätte. Sollte er diesem eingebildeten, kindischen Mozart zuliebe etwa zurücktreten? Mozart aber sagte in Wien frei heraus (und sofort wurde es weitergetratscht), daß Salieri ihm als Komponist nicht das Wasser reichen könne.

Das war die Vorgeschichte zur Aufführung des »Figaro« auf dem feindlichen Boden der kaiserlichen Hofoper, wo Salieri als Hofkapellmeister unumschränkt über Sängerinnen, Musiker und Beamte herrschte. »Salieri mit seinem ganzen Anhang wird wieder Himmel und Hölle in Bewegung bringen«, schrieb sogar Vater Mozart in Salzburg besorgt. Der Sohn habe »so viele Kabalen wider sich, weil er wegen seines besonderen Talents und Geschicklichkeit in so großem Ansehen stehe«.

Zu allem Unglück fiel Aloysia Weber für die Rolle der Gräfin aus: Sie erwartete ihr fünftes Kind, war schwer krank und melancholisch – und außerdem eifersüchtig auf Nancy Storace. Die einundzwanzigjährige Nancy war nicht nur als Primadonna erfolgreicher als Aloysia, sondern hatte auch das Herz des Schwagers gewonnen: Mozart zeigte seine Verehrung für Nancy ganz offen und schrieb ihr, seiner ersten Susanna, zusätzlich die wunderbar schwärmerische Arie, die wahrscheinlich zunächst der Gräfin (also Aloysia) zugedacht war.

Deh vie - mi, non tar - dar, o gio - ja bel - la
O säu - me län - ger nicht, ge - lieb - te See - le

Genau besehen und gehört, ist Susanna, Figaros Braut und eine einfache Kammerzofe, die wahre Hauptperson der Oper – dank Mozarts Verehrung für Nancy Storace. Aloysia hatte wahrlich Grund zu Eifersucht.

Trotz fieberhafter Arbeit dachte Mozart aber auch an ein elfjähriges Mädchen, seine Gesangschülerin Anna Gottlieb: Er schrieb für sie die kleine Rolle der Gärtnerstochter Barbarina, die am Ende den gräflichen Pagen Cherubino bekommt – und eine Arie über eine verlorene Nadel zu singen hat. Annerl war glücklich und schwärmte mehr denn je für ihren Lehrer. Sie wollte ihm Ehre machen und immer für ihn da sein! (Und dieses Versprechen hielt sie.)

Bei einer der letzten Proben kam es zum offenen Krach, wie da Ponte überlieferte. Der Theaterintendant ließ da Ponte zu sich rufen.

»Der Herr Poet hat also einen Tanz für den ›Figaro‹ vorgesehen?«
»Jawohl, Exzellenz.«
»Weiß Er nicht, daß der Kaiser in seinem Theater kein Ballett will?«
»Nein, Exzellenz.«
»Und ich sage Ihm weiter, daß Er es herausnehmen muß! Hat Er das Libretto bei sich?«
»Ja, Exzellenz.«
»Wo ist die Szene mit dem Tanz?«
»Hier, Exzellenz.«
»Seh Er her, wie man das macht . . .« Er riß zwei Blätter aus dem Manuskript und warf sie ins Feuer: »Seh Er, Herr Poet, wie weit meine Macht reicht.« Sapperlot! schimpfte Mozart, als er das erfuhr. Sie wollten seinen Figaro ruinieren! »Auffahrend wie Schießpulver« sei Mozart gewesen, (erzählte da Ponte), wollte gleich losrennen, die Feinde ver-

Die von Mozart verehrte Primadonna Nancy Storace, Tochter eines Italieners und einer Engländerin, die erste Susanna im Figaro

Dieser Schattenriß Mozarts erschien 1785 in einem Wiener Kalender – ein Zeichen dafür, wie berühmt er zu dieser Zeit in Wien war

prügeln, die Oper zurückziehen, beim Kaiser Schutz suchen. Da Ponte: »Ich hatte große Mühe, ihn zu beruhigen.«

Schließlich verließ sich Mozart auf den ruhigeren Freund: Da Ponte war ein listiger Mann, der sehr gut wußte, wie der Kaiser zu behandeln war.

Die Hauptprobe in Gegenwart des Kaisers verlief zunächst gut, bis gegen Ende die Stelle mit dem Ballett kam. Das Ballett war verboten, nun gut: die Musik blieb still. Es passierte nichts auf der Bühne, außer einer peinlichen Pause.

»Was bedeutet das?« fragte der Kaiser und ließ da Ponte zu sich rufen. Dieser reichte ihm wortlos das Manuskript mit der wieder eingefügten Ballettszene.

»Warum wird denn nicht getanzt?« Da Ponte schwieg.

Der Intendant mußte Auskunft geben: »Es fehlen die Tänze, weil das Theater Eurer Majestät kein Ballett besitzt.«

Joseph: »Aber in den anderen Wiener Theatern gibt es doch Tänzer!« Man solle sie holen.

Eine halbe Stunde später waren vierundzwanzig Tänzer und Statisten da. Das Ballett wurde aufgeführt, und der Kaiser lobte: »Ausgezeichnet, so ist es schön!« Da Ponte hatte gesiegt.

Wie aber reagierten die kaiserlichen Musiker und Sänger auf die schwierige, sehr neuartige Mozart-Oper? War der Komponist wirklich nur von Feinden umgeben? Die Berichte darüber widersprechen einander:

Der junge Sänger O'Kelly schwärmte: »Nie werde ich sein kleines, lebhaftes Gesicht vergessen, wie es leuchtete, glühend vom Feuer des Genius. Es ist nicht möglich, das zu beschreiben, so wenig wie man Sonnenstrahlen malen kann. So erinnere ich mich, wie Mozart im roten Pelz und mit Tressenhut bei der ersten Hauptprobe auf der Bühne stand und die Tempi angab.« Sänger wie Musiker hätten »Bravo, maestro! Viva! Viva il grande Mozart!« gerufen. »Im Orchester wollte das Klatschen kein Ende nehmen, und die Geiger schlugen mit ihren Bögen auf die Pulte. Der kleine Mann drückte in wiederholten Verbeugungen seinen Dank für den begeisterten Beifall aus.«

Konstanzes zweiter Ehemann Nissen jedoch schrieb in seiner Mozart-Biographie, »daß die Sänger aus Haß, Neid und niedriger Kabale durch vorsätzliche Fehler sich alle Mühe gaben, die Oper zu stürzen... Dieser feige Bund verdienstloser Menschen« habe bis zu Mozarts Tod nicht aufgehört, »ihn zu hassen, zu verleumden und seine Kunst herabzusetzen«. Mozart sei während der ersten Aufführung des Figaro bestürzt in die kaiserliche Loge um Hilfe gelaufen, und erst »eine ernste Mahnung« des Kaisers habe die Sänger wieder zur Pflicht – und zum richtigen Singen gerufen.

Sicher ist, daß die erste Aufführung von »Le Nozze di Figaro« am 1. Mai 1786 nicht gut verlief. Das ist leicht zu erklären: Das Orchester hatte nicht genug Zeit zum Probieren und kam mit der neuartigen, sehr schwierigen Musik nicht zurecht. Mozart beendete die Ouvertüre erst zwei Tage vor der Premiere!

Wie lang müssen heute die Musiker üben, bis sie die Musik des Figaro wirklich beherrschen! Damals aber spielten sie aus schlecht und eilig mit Tinte geschriebenen Noten »prima vista«, also auf den ersten Blick, ohne das Stück jemals vorher gehört zu

haben, ohne auf schwierige Stellen vorbereitet zu sein. Natürlich machten sie dabei sehr viele Fehler und gerieten oft aus dem Takt. Es ist auch unwahrscheinlich, daß die Sänger absichtlich falsch sangen. Denn welcher Sänger läßt sich schon freiwillig auspfeifen? Die Musik war ihnen einfach noch zu schwer und die Nervosität überaus groß.

Die Zeitungen berichteten von Störversuchen: »Ungestüme Bengel im obersten Stockwerk strengten ihre gedungenen Lungen nach Kräften an, um mit ihren St! und Pst! Sänger und Zuhörer zu betäuben.« (»Gedungene Lungen« – das bezog sich offensichtlich auf Salieri-Anhänger, die diese Proteste bezahlten.) Daneben aber war »manches Bravo« von Musikkennern zu hören. Das alles vergrößerte die Nervosität. »Das Publikum wußte am ersten Abend nicht eigentlich, wie es dran war«, schrieb

eine Zeitung, zu Ende des Stücks waren »die Meinungen geteilt«.

Der Figaro wurde neunmal aufgeführt – und immer besser gespielt, weil die Musiker sich eingewöhnten. Arien, Duette und Terzette mußten auf Wunsch des Publikums wiederholt werden, so daß die Oper fast sechs Stunden dauerte. Aber der ganz große Erfolg blieb in Wien aus.

Bald wurde eine andere Oper gespielt, ein gefälliges, heiteres Stück eines heute unbekannten Komponisten mit einer Sensation: einem schwungvollen Tanz im Dreivierteltakt (später »Walzer« genannt). Die Wiener stürmten die Oper, um diese Sensation mitzuerleben. Der »Figaro« aber wurde vom Spielplan abgesetzt und vorerst fast vergessen. Mozart bekam auch keinen neuen Opernauftrag. (Aber Salieri hatte daran keine Schuld, denn er war für drei Jahre nach Paris beurlaubt und feierte dort Triumphe.)

Das musikalische Wien wandte sich allmählich von seinem einstigen Liebling Mozart ab. Seine neuen Notenausgaben (sogar die kunstvollen Streichquartette, die er Haydn gewidmet hatte) fanden immer weniger Käufer – das war ja viel zu schwer zu spielen! Seine Konzerte waren immer weniger gut besucht – es gab jüngere und feschere Pianisten, die gefälligere und weniger anstrengende Musik machten!

Prag

Schon wenige Wochen nach seinem Opernhonorar hatte Mozart wieder Geldsorgen. Der Grund dafür liegt im dunkeln. Zählt man alle seine Einkünfte (Lektionen, Konzerte, Kompositionen, Verkauf von Noten) zusammen, so kommt man auf dreitausend Gulden jährlich, eine sehr hohe Summe. (Zum Vergleich: Ein Lehrer verdiente zweiundzwanzig Gulden jährlich, ein Universitätsprofessor dreihundert Gulden. Für einen Gulden bekam man mehr als zwei Kilo Butter oder fünfzehn Liter Bier oder sechzig Eier oder fünf Kilo Rindfleisch. Ein einfacher Reisewagen kostete sechzig Gulden und ein Pferd ab zehn Gulden.)

Außerdem halfen reiche Verehrer (Baron Wetzlar, Baronin Waldstätten, Baron Trattner, Graf Thun) immer wieder mit Geld aus. Wieso also hatte Mozart plötzlich Schulden? Wofür brauchte er soviel Geld? Spielte er vielleicht Billard oder Karten gegen hohe Einsätze und verlor? Dieses Rätsel bleibt ungelöst. In Wien waren jedenfalls Glücksspiele aller Art sehr beliebt, und sogar die sonst so sparsame Kaiserin Maria Theresia verlor als junge Frau ein Vermögen beim Kartenspiel. Es war auch üblich, sich vor und nach einem Konzert (manchmal auch zwischendurch) an Spieltischen in den Nebenräu-

men zu vergnügen und dabei Punsch zu trinken. Sicher ist nur eins: Mozarts Einnahmen hätten ihm ohne diese rätselhaften Ausgaben ein bequemes Leben in Wohlstand ermöglicht.

Energischer denn je kämpfte der nun Dreißigjährige um eine feste Anstellung. Wenn schon nicht in Wien, dann vielleicht woanders? Im Sommer 1786 schrieb er zwei lange Briefe nach Donaueschingen, an Sebastian Winter, den früheren Diener der Familie Mozart und jetzigen Kammerdiener des Fürsten Fürstenberg. Der hochmusikalische Sebastian hatte seine Herrschaften für Mozarts Musik begeistert. In der fürstlichen »Kammer« wurde Mozarts Kammermusik gespielt, im fürstlichen Privattheater »Die Entführung« und »Figaros Hochzeit« – mit der Fürstin höchstpersönlich als Konstanze und Susanne. Als eine Fürstenberg-Tochter nach Prag heiratete, nahm sie Mozarts Musik mit in ihre neue Heimat. Ihr Kammerdiener, Sebastians bester Freund und genauso musikbegeistert wie er, machte in Prag eifrig für Mozart Reklame. (In vielen adeligen Häusern waren die Kammerdiener gleichzeitig hervorragende Musiker.)

Mozart nannte Sebastian in seinem Brief: »Liebster Freund! Gesellschafter meiner Jugend!«, erinnerte ihn an das kindliche Postkutschenspiel vom Phantasieland »Rücken«, sandte ihm – gegen Rechnung – neue Kompositionen und bat ihn um eine Einladung nach Donaueschingen. Ob er nicht für einen festen Jahresbetrag Kompositionen liefern dürfe? Die verlangten hundert Gulden für die Kompositio-

Diesen englischen Satz schrieb Mozart in das Stammbuch eines Freundes: »Patience and tranquillity of mind contribute more to cure our distempers as the whole art of medicine.« (Geduld und ein ruhiges Gemüt tragen mehr zur Gesundung unserer Unpäßlichkeiten bei als die ganze Kunst der Medizin)

Der reiche Baron Johann Thomas Trattner

nen wurden sofort geschickt, aber keine Einladung. Vielleicht später!

Mozart sah in Wien keine Zukunft mehr. Einem Freund, der nach Italien aufbrach, sagte er traurig: »Sie glücklicher Mann! Ach, könnte ich mit Ihnen reisen, wie froh wäre ich! Sehen Sie, da muß ich jetzt noch eine Stunde geben, damit ich mir etwas verdiene.«

Aber vielleicht England? Die glühend verehrte Sängerin Nancy Storace bereitete gerade eine Übersiedlung nach London vor – gemeinsam mit ihrem Bruder Stephen, dem Sänger Michael O'Kelly und Mozarts Kompositionsschüler Thomas Attwood. Wollte Mozart nicht mitgehen und sein Glück dort versuchen, wo einst Händel Triumphe gefeiert hatte? War es ihm als Wunderkind in London nicht gut gegangen?

Opernaufträge für London – das wäre die Lösung! Die beiden Mozarts nahmen Englischunterricht, übten auch Französisch (denn die Reise sollte natürlich über Paris gehen) und machten große Pläne. Vorerst mußten sie aber die Geburt ihres dritten Kindes abwarten.

Im Oktober 1786 wurde der kleine Johann Thomas Leopold geboren. Paten waren wieder Baron Trattner und Großvater Leopold, der damit günstig gestimmt werden sollte. Denn das junge Ehepaar bat ihn, während der England-Reise die beiden Kleinkinder bei sich in Salzburg aufzunehmen – mit Amme und Kinderfrau selbstverständlich. Es war unmöglich, sie auf die lange Reise mitzunehmen. Vater Leopold hatte auch Nannerls erstes Kind, den kleinen Leopold, bei sich im Tanzmeisterhaus aufgenommen und gab sich viel Mühe mit der Erziehung.

Die Antwort aus Salzburg kam rasch und sehr, sehr schroff: Leopold Mozart lehnte es rundweg ab, die Kleinkinder aufzunehmen. Wütend schrieb er an Nannerl: »Das wäre freilich nicht übel. Sie könnten ruhig reisen, könnten sterben, könnten in England bleiben – da könnte ich ihnen mit den Kindern nachlaufen oder der Bezahlung, die er mir für Menscher (Dienstmädchen) und Kinder anträgt. Basta!« Als die Absage eintraf, war freilich der Säugling schon tot: Er war kaum vier Wochen alt geworden.

Mit den englischen Plänen ging es gar nicht weiter. Wovon sollten sie die teure Reise bezahlen, wovon in England leben? Wo konnten sie den dreijährigen Carl unterbringen? Wie sollte es nur weitergehen? Für alle Fälle verbreiteten Mozarts Freunde eifrig das Gerücht in Wien, der Meister wolle Wien verlassen. Fand sich denn niemand, der Mozart in

Das Prager Palais des Grafen Thun

Wien eine feste Anstellung gab? Aber weder der Kaiser noch sonst ein reicher Musikliebhaber versuchte, Mozart für Wien zu erhalten.

Aus dieser verzweifelten Lage wurde Mozart erlöst durch eine Einladung nach Prag, der Hauptstadt Böhmens. Dort war die »Entführung« mit riesigem Erfolg gespielt worden, und nun auch der »Figaro«. Ob der Komponist nicht seine Oper in Prag selbst dirigieren wolle?

Mozart war noch nie in Prag gewesen, hatte aber viele Freunde dort: Verwandte des Fürsten Fürstenberg, Freimaurerbrüder, die Sängerin Josepha Duschek, vor allem Graf Thun, der ihn seit Jahren unterstützte und wohl auch für die Einladung gesorgt hatte. Im prachtvollen Prager Palais Thun konnten die Mozarts wohnen (mit einem vorzüglichen Klavier im Zimmer) und sich verwöhnen lassen. Sie waren in einem höchst musikalischen Haus: Alle Kammerdiener und Lakaien des Grafen waren gute Geiger oder Bläser, die Thunsche Musikkapelle berühmt.

Die dreitägige Reise im Januar 1787 war trotz der Kälte sehr lustig. Mozart nahm Konstanze und einige Freunde mit, so daß sie zwei Kutschen brauchten. (Wer bezahlte das nur alles? Die Freunde jedenfalls waren arme Leute.) Während der langen Fahrt unterhielten sie sich damit, daß sie einander Spitznamen gaben, immer ausgefallenere. Schließlich hieß Mozart Punkitititi, Konstanze Schabla-Pumfa, der Geiger Hofer Rozka-Pumpa, der Klarinettist Stadler Natschibinitschibi, der Diener Joseph Sagadarata, der Hund Gauckerl Schamanuzky, zwei mitreisende Damen Runzifunzi und Schurimuri. Und weil ihnen dieser Schabernack so gut gefiel, benannten sie auch gleich die zu Hause gebliebenen Freunde um, wobei ein Botaniker den Namen Blatteririzi bekam. Endlich einmal fort aus Wien!

Niemals in seinem ganzen Leben wurde Mozart so gefeiert wie in diesen drei Wochen in Prag. Einladung folgte auf Einladung, und überall wurden Melodien aus dem Figaro gespielt. Mozart berichtete sehr, sehr stolz über einen Ball in Prag: »Ich sah mit ganzem Vergnügen zu, wie alle diese Leute auf die Musik meines ›Figaro‹, in lauter Kontratänze und deutsche Tänze verwandelt, so innig vergnügt herumsprangen. Denn hier wird von nichts gesprochen als – Figaro, nichts gespielt, geblasen, gesungen und gepfiffen als – Figaro, keine Oper besucht als – Figaro. Und ewig Figaro! Gewiß große Ehre für mich!«

Die Menschen drängten sich zum ersten großen Konzert des Meisters in Prag. (Wie wenige waren es dagegen in der letzten Zeit in Wien gewesen!) Mit großem Orchester führte Mozart zum erstenmal seine neue Sinfonie (die »Prager«) auf. Als Zugabe phantasierte er frei auf dem Klavier, schließlich auch über Themen aus dem »Figaro«: Ein Zuruf aus dem Parterre wollte – wieder einmal – Figaros Arie »Non più andrai«:

Non più an - drai, far - fal - lo - ne a mo - ro - so
Nun ver - giß, lei - ses Flehn sü - ßes Ko - sen

»In der Tat übertraf diese Phantasie alles, was man sich vom Klavierspiele vorstellen konnte«, schwärmte ein Zuhörer.

Höhepunkt des Aufenthaltes war eine Aufführung des Figaro im böhmischen Nationaltheater unter der Leitung des stürmisch gefeierten Komponisten. Die Prager Freunde sorgten mit Konzerteinladungen für gute Einnahmen: Etwa tausend Gulden soll diese vierwöchige Prag-Reise eingebracht haben. (Das war ein Betrag, womit eine große Familie ein Jahr lang sehr großzügig leben konnte. Nur eben die Familie Mozart nicht!)

Um Mozarts Prager Besuch ranken sich viele Legenden. So wollte ein feiner Kavalier unbedingt Tänze aus Mozarts Feder haben. Dieser war aber allzu beschäftigt – oder hatte keine Lust auf Tänze. So griff der Prager zu einer List: Er lud den Meister zum festlichen Essen ein – allerdings eine halbe Stunde zu früh – und ließ ihm als Vorspeise Papier und Tinte servieren, mit der freundlichen Bitte: Ob er nicht doch ... diese Tänze ... und es wäre so wunderbar. Mozart soll die Tänze wirklich in dieser halben Stunde komponiert haben.

Eine andere Prager Geschichte: In einem Gasthof hörte Mozart einen Wandermusikanten auf der Harfe Melodien aus dem Figaro spielen. Da ihm der arme Musiker gefiel (denn jeder gute Musiker war sein Freund), setzte sich Mozart zu ihm und schrieb ihm ein hübsches Thema auf: Ob der Harfenist darüber nicht Variationen spielen wolle? Er wollte und spielte gut und war sein Leben lang stolz, dem großen Mozart begegnet zu sein. Hier in Prag war Mozart eine Berühmtheit, umschwärmt und verehrt – all das, was er in Wien so gar nicht war.

Das schönste Geschenk in Prag aber war der so lang ersehnte neue Opernauftrag. Für das »Büchel«, also die Textvorlage, hatte der Komponist volle Freiheit. Einen Dichter brauchte er diesmal nicht lange zu suchen: Nur da Ponte kam dafür in Frage – und er hatte auch eine Idee: »Don Giovanni«.

Die Prager Erlebnisse gaben Mozart wieder Hoffnung. Nun hatte er es nicht mehr so eilig mit der Englandreise. In einem gemeinsamen Konzert nahm er Abschied von Nancy Storace und den anderen englischen Freunden. Sie mögen sich bitte für ihn einsetzen – die nächste Oper könne er ja dann für London komponieren. Selbstverständlich lerne er weiter Englisch. Auf baldiges Wiedersehen in England! Nur jetzt habe er keine Zeit. Denn das Wichtigste sei jetzt der »Don Giovanni«.

Und dann kamen wieder die Sorgen: Die tausend Gulden aus Prag waren ausgegeben (wofür nur?) und keine neuen Einkünfte in Sicht. Aus Salzburg kamen schlechte Nachrichten: Der Vater kränkelte. Eine Reise nach Salzburg war unmöglich.

Mozart arbeitete bis zur Erschöpfung – beim Essen, beim Kegeln, beim Billardspielen, beim Ausreiten, wenn er mit dem kleinen Carl herumtobte oder mit seinem »Herzensweibchen« im Prater spazierenging. Konstanze: »Er konnte sich nie ganz von seinen musikalischen Gedanken losreißen. Er spielte sehr gern Billard, aber er komponierte während des Spiels, und wenn er sich mit seinen Freunden unterhielt, arbeitete doch sein Geist fort.« Er komponierte für alle möglichen Gelegenheiten, was eben gerade gebraucht und bezahlt wurde. Vieles verschenkte er auch an Freunde, so auch viele Lieder. Sein bekanntestes Lied ist gleichzeitig das einzige, das ein Goethe-Gedicht als Vorlage hat:

Ein Veil-chen auf der Wie - se stand ge-bückt in sich und un - be-kannt

Komponieren war sein Leben. Wenn er nur nicht ständig hätte Stunden geben müssen, um Geld zu verdienen! Verzweifelt beklagte er sich darüber. Er mußte sich doch ganz auf den Don Giovanni konzentrieren! Er durfte nicht zu müde werden, zu kraftlos!

In dieser sehr schwierigen Zeit kam ein sechzehnjähriger Musiker aus Bonn nach Wien, um hier zu lernen – und vielleicht bei Mozart oder Haydn Unterricht zu nehmen. Der große Mozart als Lehrer des großen Beethoven: das wäre eine Geschichte! Aber Beethoven war nur vierzehn Tage in Wien und mußte dann nach Bonn zurück, weil seine Mutter plötzlich krank wurde. Ausgerechnet in diesen Tagen war Mozart durch Geldsorgen, Vorarbeiten für den Don Giovanni, Stundengeben, Sorgen um den kranken Vater und große körperliche Schwäche stark belastet und hatte keine Zeit, einen schüchternen Sechzehnjährigen zu empfangen und auch ihm noch Stunden zu geben! Mozart und Beethoven trafen einander wahrscheinlich nie: Als Beethoven das nächste Mal nach Wien kam, war Mozart tot.

Alle rührseligen Geschichten rund um eine Begegnung der beiden großen Komponisten sind leider nicht wahr. Mozart sprach auch nicht jenen prophetischen Satz über Beethoven aus, den man ihm später andichtete: »Der wird einmal in der Welt von sich reden machen.« Denn er kannte Beethoven ja nicht. Natürlich sind auch hübsche Bilder wie dieses (Mozart bittet eine vornehme Gesellschaft, still zu sein und dem Klavierspiel des jungen Genies aus Bonn zu lauschen) nichts als Phantasie:

Die Mozarts waren auch wieder bei einer Übersiedlung, diesmal der traurigsten in ihrem Leben. Denn sie mußten aus Geldmangel die teure große Wohnung am Stephansdom aufgeben und in eine billige in der Vorstadt ziehen – mit dem dreijährigen Carl, dem großen Flügel, dem noch größeren Billardtisch, den vielen Möbeln, Instrumenten, Büchern und Noten, dem Pferd, dem Hund Gauckerl, dem Vogelkäfig mit dem kleinen Star. Sie waren sehr traurig, als sie diese geliebten schönen Räume verließen, wo der Figaro entstanden war, wo sich die Musikfreunde an lustigen Abenden getroffen hatten.

Über all diesen Belastungen wurde Mozart schwer krank. Wieder bestand Lebensgefahr. Der Einunddreißigjährige dachte oft an den Tod. Dem kranken Vater schrieb er zum Trost (war es nicht ein Trost für ihn selbst?), der Tod sei »der wahre Endzweck unseres Lebens«, der »wahre, beste Freund des

Menschen«. Er habe »nichts Schreckendes mehr für mich, sondern recht viel Beruhigendes und Tröstendes«. – »Ich lege mich nie zu Bette, ohne zu bedenken, daß ich vielleicht, so jung ich bin, den andern Tag nicht mehr sein werde.« Dieser Gedanke mache ihn nicht »mürrisch oder traurig«, sondern ruhig.

Das waren die Lehren der Freimaurerei, an die der Sohn den Vater nun erinnerte: der Tod als Vollender und Tröster. So oft hatte der Vater sich über den Sohn gekränkt, so bitter war er geworden – und nun reichte ihm der Sohn die Hand vor dem Sterben.

Der achtundsechzigjährige Leopold Mozart starb Ende Mai 1787 in Salzburg. Der Sohn erfuhr die Nachricht zu spät, um zum Begräbnis zu fahren. Auch um die Auflösung des Haushaltes konnte er sich nicht kümmern. Nannerl machte diese traurige Arbeit allein: Sie räumte die große Salzburger

Schattenriß des jungen Beethoven

Wohnung im Tanzmeisterhaus aus, nahm Briefe und Schriften an sich.

Viele Manuskripte von Wolfgangs früheren Kompositionen, die der Vater sorgsam aufbewahrt hatte, schickte Nannerl nun dem Bruder nach Wien. Die wertvollen Noten – von denen es ja bisher keinerlei Drucke gab – schichtete Mozart achtlos unter seinem Klavier auf. Jeder Kopist konnte davon nehmen, was er wollte. Mozart war längst über diese seine Jugendarbeiten hinausgewachsen und hatte keine Zeit, das längst Vergessene zu sichten und zu ordnen. Es interessierte ihn nicht mehr. Allzu vieles ging in diesen Jahren zum Kummer der Nachwelt verloren. (Nannerl ärgerte sich später, nicht einige Manuskripte in Salzburg zurückbehalten zu haben: »Bei uns wären sie doch gut aufgehoben worden« – womit sie vollauf recht hatte.)

Die Möbel, auch Leopolds geliebtes Klavier, wurden in einer öffentlichen Versteigerung in Salzburg verkauft – außerdem Kleider, Wäsche, Porzellan, Silber, technische Geräte wie feine englische Mikroskope. Gegen die Zahlung von eintausend Gulden verzichtete Mozart auf die Erbschaft. Wie dringend er dieses Geld brauchte! Und wie schnell es ausgegeben war! (Dachte Mozart wohl jemals daran, daß sein Vater einst die Familie mit zwanzig Gulden pro Monat durchgebracht und außerdem noch gespart hatte?)

Ausgerechnet in dieser traurigen Zeit komponierte Mozart den »Musikalischen Spaß«, eine derbe Verhöhnung schlechter Komponisten, und die »Kleine Nachtmusik«, ganz im Stil der Salzburger Serenaden, leicht und heiter und die wohl populärste Mozart Musik überhaupt. Wer diese Musik in Auftrag gab und wann und wo sie zum erstenmal gespielt wurde, wissen wir nicht. Auch einige ausgelassene Kanons stammen aus dieser Zeit: »Bona nox! bist a rechta Ox«, und »Gehn wir im Prater, gehn wir in d'Hetz«. (Noten auf S. 228)

Straßenszene einer Wiener Vorstadt: Oben links wird eine Ochsenherde zum Markt getrieben.

Paßten diese heiteren Kompositionen eigentlich zu seiner Trauer, fragten strenge Leute später. Sie meinten, Mozart hätte nun nur traurige, herzerschütternde Musik schreiben müssen. War er etwa gefühllos? Die Kritiker vergaßen etwas: Mozart konnte sich in dieser Zeit, von Geldsorgen gepeinigt, gar keine Trauermusik leisten. Denn die hatte niemand bestellt, und niemand würde die Komposition bezahlen. Vielleicht flüchtete er aus seiner Trauer in die heitere, leichte Musik. Auch hier bleibt ein Geheimnis, das wir nicht lüften können. Anfang Juni starb Mozarts kleiner Freund, der ihn mit seinem Pfeifen und Zwitschern so sehr erheitert hatte: der Vogel Star. Er war drei Jahre alt gewor-

Titelblatt vom »Musikalischen Spaß«

den. Mozart begrub ihn im Garten des Vorstadthauses und stellte ein kleines Denkmal auf mit folgender Inschrift:

182

»Hier ruht ein lieber Narr,
ein Vogel Star.
Noch in den besten Jahren
mußt er erfahren
des Todes bittern Schmerz.
Mir blut' das Herz,
wenn ich daran gedenke.
O Leser! schenke
auch du ein Tränchen ihm.
Er war nicht schlimm;
nur war er etwas munter,
doch auch mitunter
ein lieber loser Schalk,
und drum kein Dalk.
Ich wett, er ist schon oben,
um mich zu loben

für diesen Freundschaftsdienst
ohne Gewinst.
Denn wie er unvermutet
sich hat verblutet,
dacht er nicht an den Mann,
der so schön reimen kann.
Den 4ten Juni 1787. Mozart«

Wieder ereiferten sich manche Leute: Über den Tod des Vaters gibt es kein Gedicht, aber über den Tod des Vogels Star. Sie machen sich ihr Urteil zu leicht. Kennen sie nicht die düstere Musik des Don Giovanni aus dieser selben Zeit? Konstanze meinte, »daß es in der Geistermusik des Don Giovanni Stellen gäbe, die einem die Haar zu Berge stehen lassen«.

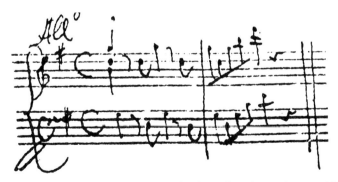

Notiz im Werkverzeichnis: »Eine kleine Nachtmusik, bestehend in einem Allegro, Menuett und Trio« – Mozarts wohl bekannteste Komposition.

Don Giovanni

Die Geschichte des Frauenverführers »Don Giovanni« (spanisch: Don Juan), der als Strafe in die Hölle kommt, spielt in Spanien und wurde von vielen Dichtern und Komponisten bearbeitet (auch von Gluck in einer Ballettmusik, die Mozart sicher kannte).

Wir wissen nicht, wer zuerst auf die Idee kam, diesen Stoff für die neue Oper zu wählen, da Ponte oder Mozart. Im Herbst 1787 jedenfalls war die Arbeit so weit gediehen, daß sich Komponist und Textdichter auf die Reise nach Prag machten, um dort das neue Stück einzustudieren.*

Wolfgang und Konstanze Mozart wohnten in der dunklen Prager Altstadt im Haus »Zu den drei Löwen«, da Ponte gegenüber im Haus »Zum Platteis«. Die Gasse dazwischen war so eng, daß sich die beiden bequem aus dem Fenster unterhalten konnten: Da war noch ein Text zu lang, dort noch rasch eine Arie einzuschieben.

Zum besonderen Spaß für die Prager fügte Mozart das dort so beliebte »Non più andrai« aus dem Figaro als Zitat bei Don Giovannis großem Fest ein – und ein Menuett, wohl Mozarts berühmtestes:

---

* Über diese Reise hat Eduard Mörike seine schöne Novelle »Mozart auf der Reise nach Prag« geschrieben.

Einer der Höhepunkte der Oper war die »Registerarie« des Dieners Leporello, worin er genau aufzählt, wie viele Frauen Don Giovanni bisher schon verführte:

»In Italien sechshundert und vierzig,
hier in Deutschland zweihundert und dreißig,
hundert in Frankreich und neunzig in Persien –
aber in Spanien schon tausend und drei!
Mädchen sind's von jedem Stande,
hier aus Städten, dort vom Lande,
Bauernmädchen, Baronessen,
Kammerzofen und Prinzessen,
jeder Gattung und Gestalt,
schön und häßlich, jung und alt.«

Der Diener Leporello liest Donna Elvira Don Giovannis Sündenregister vor.

Diese Erfolge liegen freilich in der Vergangenheit. Nun tut sich Don Giovanni mit dem Verführen schon sehr schwer: Weder Donna Elvira noch Donna Anna lassen sich in der Oper von ihm einfangen. Sogar die Bäuerin Zerlina widersteht ihm. Don Giovanni ist am Ende angelangt – und wird schließlich, bei düsterer, wilder Musik, während des prächtigen Festes vom »Steinernen Gast« in die Hölle gezogen. Donna Anna und Donna Elvira, Don Ottavio, der Diener Leporello und das Bauernpaar Zerlina und Masetto singen gemeinsam:

»Also stirbt, wer Böses tat:
Jedem Sünder wird Vergeltung,
wenn die letzte Stunde naht!«

Don Giovannis Höllenfahrt – das dramatische Ende der Oper in einer alten Darstellung

Nach wie vor arbeiteten Mozart und da Ponte sehr gut miteinander. Wenn nur nicht wieder Salieri dazwischengefunkt hätte! Er war inzwischen nach seinen Pariser Triumphen nach Wien zurückgekehrt, hatte sich mit da Ponte versöhnt und ihm einen Textauftrag gegeben – gleichzeitig mit dem »Don Giovanni«. Nun rief er seinen Textdichter zur Aufführung nach Wien. (Das war sein gutes Recht!) Da Ponte mußte also mitten in der Arbeit am »Don Giovanni« Prag verlassen! Sapperlot! Mozart steigerte sich immer mehr in seinen Haß gegen Salieri hinein.

In der engen Prager Innenstadt war es Mozart auf die Dauer zu dunkel – und zu einsam. Er brauchte Menschen um sich, vor allem Freunde, die ihn aufmunterten. So ging er häufig hinaus über die alte Karlsbrücke in den Prager Vorort Smichow, wo die Sängerin Josepha Duschek in den Weinbergen ein Landhaus besaß, die *»Villa Bertramka«*.

Die Duschek war noch eine Freundin aus Salzburger Tagen, inzwischen als Koloratursängerin (»böhmische Nachtigall«) reich und berühmt geworden. Sie war eine glühende Verehrerin Mozarts, hatte sich für die »Entführung« und den »Figaro« in Prag eingesetzt und für die Aufführung von Mozart-Messen in der schönen Prager Niklaskirche. Nun förderte sie den »Don Giovanni« und gab dem Komponisten, was er zur Arbeit brauchte: gutes Essen, lustige Gesellschaft beim Kegelschieben und bei abendlichen Tänzchen, ein Pferd für den morgendlichen Ausritt, Hunde, Vögel, Blumen im wunderschönen Park der »Bertramka«. Mozart schrieb gerne an dem Steintisch im Garten (der noch heute zu besichtigen ist), »ohne durch Sprechen und Lachen derer, die ihn umgaben, gestört zu werden«. Er komponierte auch beim Kegelschieben, unterbrach sein Schreiben, wenn die Reihe zum Werfen an ihn kam, und schrieb dann weiter.

Oft kam Mozart erst spät in der Nacht über die Karlsbrücke zurück in die Stadt und weckte noch den Kaffeesieder aus dem Schlaf: Er brauchte dringend einen starken Kaffee! Er wollte noch in der Nacht arbeiten! Manchmal ließ er sich auch im Weinkeller des Tempelgäßchens aufhalten.

Zum Schlafen blieb wenig Zeit. Denn am nächsten Morgen ging er früh ins Theater zur Probe und mußte sich dabei sehr plagen. Das Prager Orchester war »nicht so geschickt wie das zu Wien«. Mozart übte unerbittlich mit ihnen. Die Sänger sollten nicht nur ihre Arien schön singen, sondern sich in die Opernfiguren hineindenken, sie wirklich darstellen und dabei »natürlich« bleiben. Das war für Opernsänger damals etwas Neues und sehr Schwieriges: Sie waren ja nur gewöhnt, eine schöne Arie nach der anderen zu singen. Nun mußten sie schauspielern, Gefühle zeigen, auf andere Personen der Oper

Die alte Karlsbrücke über der Moldau verbindet die beiden Stadtteile Prags, rechts die Niklaskirche.

reagieren, im Duett, im Terzett, Quartett, Quintett, Sextett singen, sich auch gelegentlich zurückhalten – und trotzdem die schwierige Musik richtig wiedergeben. Sie traten in einem großem Musikdrama auf, das nicht nur die Ohren der Zuhörer erfreuen, sondern auch ihr Gefühl ergreifen sollte. Liebe, Zorn, Haß, Lüge, Eifersucht: alles mußte ausgedrückt werden, wie es der Komponist wollte.

Die Sängerin der Zerline schaffte trotz aller Proben

den vorgeschriebenen Angstschrei im ersten Akt nicht. Sie konnte singen, aber doch nicht schreien! Da schlich der Komponist heimlich in die Kulissen, packte die junge Sängerin im entscheidenden Moment so heftig von hinten, daß sie vor Schreck aufschrie. Mozart nickte zufrieden: »So ist's recht. So mußt du schreien!«

Die Erstaufführung mußte wegen der langen Proben verschoben werden. Als Festoper für eine durchreisende Erzherzogin wurde statt des »Don Giovanni« der »Figaro« aufgeführt, mit Festbeleuchtung: Das bedeutete eine Unmenge von Kerzen, die das Theater sich sonst nicht leistete. Der reiche böhmische Adel erschien in Galagewändern. Die Brillanten blitzten nicht nur an den Kleidern der Damen, sondern auch denen der Herren. Mozart, in seinem schönen roten Frack mit Perlmuttknöpfen und einer weißgepuderten Perücke, saß am Cembalo, dirigierte von dort aus seine Erfolgsoper und freute sich über die Begeisterung.

Die Prager kannten den Figaro jetzt schon sehr gut, es war keine fremde Musik mehr für sie. Je besser sie aber die Musik kannten, desto mehr bewunderten sie Mozarts Kunst, desto mehr Entdeckungen machten sie in diesem Stück. Hatte man nicht schon Dutzende Opern gehört zum Zeitvertreib und rasch wieder vergessen? Hatte man nicht schon große Erfolge erlebt, die Melodien nachgesungen – und dann bald etwas Besseres gefunden? Mit dem »Figaro« war es ganz anders: immer neu, immer spannend und um so spannender, je besser man ihn kannte.

Und weiter ging die Arbeit am »Don Giovanni«, mühevoll und anstrengend und gar nicht so, wie manche Leute sich Mozarts Komponieren vorstellen. Zum Beispiel schrieb er Don Giovannis berühmte Verführungsarie fünfmal, bis der ehrgeizige Sänger (und der Komponist) wirklich zufrieden waren:

Là   ci da -rem la   mano,
Reich mir die Hand, mein Leben!

là   mi di - rai di   si
Komm in mein Schloß mit   mir

Ob die Prager diese schwere Oper auch verstehen würden, sie sei doch »so ganz und gar verschieden« vom Figaro? fragte Mozart beim Spaziergang etwas ängstlich einen böhmischen Kapellmeister. Dieser beruhigte ihn, »daß alles, was von Mozart käme, vom Prager Publikum mit Begeisterung aufgenommen würde«. Er habe »sich aber auch Mühe und Arbeit nicht verdrießen lassen, um für Prag etwas Vorzügliches zu leisten«, sagte Mozart und: »Überhaupt irrt man, wenn man denkt, daß mir meine Kunst so leicht geworden ist. Ich versichere Sie, lieber Freund, niemand hat so viel Mühe auf das Studium der Komposition verwendet wie ich. Es gibt nicht leicht einen berühmten Meister der Musik, den ich nicht fleißig, oft mehrmals durchstudieret habe.«

Die Premiere des »Don Giovanni« sollte am 29. Oktober 1787 stattfinden. Sänger und Musiker waren einstudiert. Aber zwei Tage vor der Premiere fehlte noch etwas Wichtiges: die Ouvertüre. Die Musiker waren voll Angst. Mozart solle sich endlich hinsetzen und komponieren. Es würde ein fürchterlicher Mißerfolg werden ohne Ouvertüre!

Er jedoch machte keine Anstalten dazu, scherzte, verbrachte seine Zeit mit Unfug und Neckereien und freute sich an der Verzweiflung seiner Freunde. Er hatte seine Ouvertüre ja längst komponiert, das heißt, fertig in seinem Kopf. Bloß aufgeschrieben hatte er sie noch nicht. Die Hauptarbeit für ihn war also getan, er war beruhigt und ließ seine Freunde zappeln.

In der Nacht vor der Premiere erst schrieb er die herrliche Don-Giovanni-Ouvertüre auf. Um diese Nacht ranken sich viele Legenden, und es ist nicht mehr möglich herauszufinden, wie es wirklich war. Zur Auswahl nun hier zwei Versionen:

Konstanze erzählte: Am Abend vor der Premiere bat er sie gegen Mitternacht um einen starken Punsch. Dann schrieb er rasch und ohne jede Korrektur auf, was in seinem Kopf bereits fertig war. Konstanze hielt ihn mit lustigen Geschichten wach. Er hörte beim Schreiben gut zu und lachte, wenn ihm etwas besonders gefiel. Der Punsch aber machte ihn so schläfrig, daß er einnickte, wenn sie pausierte, und nur arbeitete, wenn sie erzählte. Da schlug sie ihm vor, eine Stunde auf dem Sofa zu schlafen. Er schlief aber so tief, daß sie ihn erst um fünf Uhr früh weckte. Zwei Stunden später, als der Kopist kam, war die Overtüre fertig.

Eine andere Version: Mozart zechte am Abend vor der Premiere mit seinen Freunden im Gasthaus und war sehr ausgelassen. Dann erinnerte ihn jemand an die Ouvertüre. »Mozart stellte sich, als würde er ein wenig verlegen, ging in ein Nebenzimmer, wohin man ihm Notenpapier, Feder und Tinte geschafft hatte, fing um Mitternacht an zu schreiben und vollendete bis zum frühen Morgen in wenigen Stunden eine der vortrefflichsten aller seiner und aller anderen Ouvertüren« – während die Freunde nebenan laut zechten.

Jedenfalls: Die Kopisten hatten den ganzen Tag zu tun, um die Orchesterstimmen aus der Partitur abzuschreiben, waren aber zu Beginn der Oper um sieben Uhr abends noch nicht fertig. Musiker, Sänger, Zuhörer und Komponist mußten eine Viertelstunde warten, bis die Notenblätter – noch voll Streusand zum Trocknen der Tinte – endlich auf den Pulten lagen und die Oper beginnen konnte. Die Musiker hatten also keine Gelegenheit, vor der

Die Villa Bertramka in den Prager Weingärten

Premiere zu üben. Ob das gutging? sorgte sich selbst Mozart, der wieder dirigierte. Als die Ouvertüre mit Jubel belohnt wurde und sich der Vorhang zum ersten Akt hob, lobte er sehr erleichtert das Orchester: »Es sind zwar viele Noten unter die Pulte gefallen, aber im ganzen ist die Ouvertüre doch recht gut vonstatten gegangen.«

Der Prager »Don Giovanni« war ein einzigartiger Triumph für Mozart. »Kenner und Tonkünstler sagen, daß zu Prag ihresgleichen noch nicht aufgeführt worden«, schwärmte die Prager Zeitung über die neue Oper. Die folgenden Aufführungen wurden noch besser und noch erfolgreicher.

Die Prager versuchten, den verehrten Meister für weitere Opern in ihrer Stadt zu halten. Aber Mozart wollte zurück nach Wien. Konstanze erwartete die Geburt ihres vierten Kindes, und sie mußten auch (wieder einmal!) übersiedeln. Außerdem war in Wien Christoph Willibald Gluck schwer erkrankt und würde bald sterben. Ob Mozart nicht jetzt endlich eine gute Stelle bei Hof bekommen würde, als Nachfolger des großen Gluck? Sie mußten nach Wien zurück!

Zum Abschied versprach Mozart seiner Freundin und Gastgeberin Josepha Duschek eine italienische Konzertarie, fand aber dann – wieder einmal – keine Zeit zum Aufschreiben. Da sperrte sie ihn einfach – mit Notenpapier, Feder und Tinte – in das Gartenhäuschen der Bertramka ein: Er komme nicht eher heraus, bis er die Arie fertig habe! Er dagegen drohte ihr lachend: Er werde die Arie vernichten, falls sie sie nicht vom Blatt – und zwar fehlerlos – singen könne. Dann machte er die Arie sehr, sehr schwer und gab noch einen kleinen Spott dazu. Denn der Text war an einer Stelle doppeldeutig und kann übersetzt werden: »Welche Atemnot, welche schreckliche Stelle für mich!«

Die »böhmische Nachtigall« bestand die Prüfung – und die Arie »Bella mia fiamma« blieb für die Nachwelt erhalten.

Josepha Duschek mit »ihrer« Arie

189

Die jahrelangen Hoffnungen auf eine kaiserliche Stelle erfüllten sich am 7. Dezember 1787: Mozart wurde »k. k. Hofkompositeur« mit einem Gehalt von achthundert Gulden jährlich. Glücklich war er darüber aber nicht und klagte, das sei »zuviel für das, was ich leiste, und zuwenig für das, was ich leisten könnte«. Denn die neue Stelle war nicht mit einer wichtigen Aufgabe verbunden (außer der kleinen Pflicht, im Fasching Tänze für die kaiserlichen Maskenbälle zu schreiben), andererseits aber war die Summe recht hoch und soviel, wie Salieri als Direktor der kaiserlichen Oper verdiente.

Aber auch Salieri wurde befördert und zum Hofkapellmeister mit einem (zusätzlichen) Gehalt von 1 200 Gulden und damit auch zum Leiter der kaiserlichen Kammermusik und der Hofkapelle ernannt. Wirklich: Gegen diesen Salieri hatte Mozart keine Chance, jetzt erst recht nicht!

Das neue Gehalt erlöste ihn auch nicht von den Geldsorgen, die nach der Geburt (und dem baldigen Tod) der kleinen Theresia drückender denn je waren. Denn Konstanze, durch vier Schwangerschaften in vier Jahren sehr geschwächt, wurde schwer krank. Mutter Weber und Konstanzes jüngste Schwester Sophie übernahmen die Pflege – acht Monate lang.

Viele Tage und Nächte wachte auch Mozart an Konstanzes Bett – immer komponierend und schreibend. Er war ein sehr zärtlicher und besorgter Ehemann und bemühte sich nach Kräften, in dem unruhigen Haushalt Stille einziehen zu lassen. Schwägerin Sophie berichtete: »Ich saß an ihrem Bette, Mozart auch. Er komponierte an ihrer Seite, ich beobachtete ihren nach so langer Zeit eingetretenen Schlummer; stille hielten wir wie in einem Grabe, um sie nicht zu stören. Plötzlich trat ein roher Dienstbote ein. Mozart erschrak aus Furcht, seine Frau möchte gestört werden, wollte winken, still zu sein, und rückte den Sessel rückwärts hinter

sich weg, indem er gerade das Federmesser offen in der Hand hielt. Dieses spießte sich zwischen den Sessel und seinen Schenkel, so daß es ihm bis an das Heft in das dicke Fleisch ging. Er, der sonst wehleidig war, machte keine Bewegung und verbiß seinen Schmerz. Im Nebenzimmer verband ihn die Mutter. Obgleich er vor Schmerz krumm ging, machte er es doch so, daß seine Frau nichts erfuhr.«

Um Konstanzes Nerven zu schonen, spielte Mozart nicht mehr Klavier. Besucher und Schüler empfing er nicht wie sonst laut scherzend, sondern schweigend, mit dem Finger auf den Lippen und dem geflüsterten französischen »chut!«. (»Still! Pst!« Als es Konstanze besser ging, behielt er diesen Brauch aus Spaß bei und begrüßte seine Freunde mit dem geflüsterten »chut!« und dem Finger auf dem Mund.)

Ein halbes Jahr dauerte es, bis »Don Giovanni« endlich auch in Wien aufgeführt wurde. – Der Komponist erhielt dafür immerhin ein Extrahonorar von 225 Gulden. Zwei bewährte Mozart-Sängerinnen standen auf der Bühne: Schwägerin Aloysia Lange sang die Donna Anna, Catarina Cavalieri die

Diese Klaviersonate schenkte Mozart seiner Schülerin Therese Trattner als Dank für ihre Patenschaft an Tochter Therese

Festliche Hofmusik am Wiener Kaiserhof, gemalt von Maria Theresias Hofmaler Martin von Meytens

Donna Elvira. Für einige Sänger schrieb Mozart neue Arien, und eigens für die Wiener kam auch noch ein derb-komisches Duett des Dienerpaares Zerline und Leporello dazu. Mozart dirigierte wieder selbst. Es mußte ein Erfolg werden!

Aber die Wiener liebten den Don Giovanni nicht. Niemand kannte sich aus: War das wirklich eine opera buffa? Sicherlich gibt es Prügeleien, Verklei-

dungen, komische Szenen, ein hübsches Menuett, einen Maskenball, Bauernchöre, aber gleichzeitig so viel Düsterkeit, Strafe und Tod! Wer sollte sich bei der so kontrastreichen, so schwierigen Musik auskennen? Nein, die Wiener zogen die gewohnte »richtige« italienische Oper vor.

Wenn wenigstens der Kaiser bei der Premiere die Kritiker durch seinen Beifall zum Schweigen gebracht hätte! Joseph aber befand sich bei seiner Armee in einem neuen Türkenkrieg, kehrte erst im Dezember 1788 krank nach Wien zurück und erlebte dort gerade noch die letzte Vorstellung des Don Giovanni. Auch er hielt die Musik für »allzu schwer für die Sänger«, aber rühmte: »Dieses Werk ist himmlisch. Es ist noch schöner als die Hochzeit des Figaro. Aber es ist kein Bissen für meine Wiener.«

Mozarts selbstbewußter Kommentar: »Laßt ihnen nur Zeit zu kauen!«

Er nahm die Wiener Kritiker nicht ernst, denn der wichtigste aller lebenden Komponisten, »Papa Haydn«, lobte den Don Giovanni. Haydn: »Für die Wiener ist die Oper nicht. Für die Prager eher, aber am meisten für mich und meine Freunde geschrieben.« Das hieß, daß es eine Oper für die wirklich Musikverständigen war, nicht für die Leute »mit langen Ohren« (die allerdings in der Mehrzahl waren). Und als wieder einmal über den Don Giovanni gestritten wurde, beendete der große Haydn den Disput mit dem Satz: »Ich kann den Streit nicht ausmachen, aber das weiß ich, daß Mozart der größte Komponist ist, den die Welt jetzt hat.«

Haydn wußte auch von Mozarts Geldsorgen und versuchte zu helfen. Einmal lehnte er sogar einen Opernauftrag ab mit der Begründung, daß »der große Mozart schwerlich jemanden andern zur Seite haben kann«. Aber trotzdem bekam Mozart den Auftrag nicht. Haydn bat auch Prager Freunde, sie sollten »den teuren Mann festhalten, aber auch belohnen. Denn ohne dieses ist die Geschichte großer Genien traurig und gibt der Nachwelt wenig Aufmunterung zum fernern Bestreben.« Wenn die Menschen die Größe dieses Meisters verstehen würden, so Haydn, »so würden die Nationen wetteifern, ein solches Kleinod in ihren Ringmauern zu besitzen«.

Aber es wurde immer schlechter für Mozart. Der Türkenkrieg verschlang große Geldsummen – jedermann mußte sparen. Sein letztes eigenes Konzert hatte Mozart 1787 gegeben. Die weiteren mußten abgesagt werden, weil zuwenig Karten verkauft wurden. Dabei hatte er so wunderbare neue Kompositionen vorbereitet: die späten Klavierkonzerte, vor allem aber die letzten großen Sinfonien, darunter jene berühmte, die einundvierzigste, die später den Namen »Jupiter-Sinfonie« bekam. Diese Sinfonie wurden zu Mozarts Lebzeiten nicht aufgeführt. Er selbst hörte sie nie.

Auch die gedruckten Noten waren schwer zu verkaufen, und der Verleger mahnte den Komponisten: »Schreib populärer, sonst kann ich nichts mehr von Dir drucken und bezahlen.«

Was war geschehen? Hatte nicht Mozarts Erzfeind Graf Arco damals mit seiner Mahnung Recht gehabt: »Hier dauert der Ruhm eines Menschen zu kurz . . . Nach etwelchen Monaten wollen die Wiener wieder etwas Neues.« Und neue Komponisten und Pianisten, neue Moden gab es in Wien Jahr für Jahr.

In Wien war die Musik vor allem eine Sache der Geselligkeit. Sie untermalte festliche Abendessen, verschönerte Kirchenfeiern und Maskenbälle und Sommerfeste. Dazu wurden leicht verständliche, heitere Kompositionen gebraucht, die auch den Solisten Gelegenheit gaben zu glänzen. Wer hier Erfolg haben wollte, mußte »volkstümliche« Musik komponieren, die auch »langen Ohren« gefiel, so hatte Leopold Mozart es seinem Sohn stets eingeschärft. Schon der junge Mozart hatte sich dagegen gewehrt: Er machte Musik als Kunst, nicht als Handwerk wie sein Vater! Und unmusikalische Leute mit »langen Ohren« wollte er als Zuhörer ohnehin nicht! Wie hatte er sich schon als Kind aufgeregt, wenn die feinen Damen sich bei seiner Musik nicht konzentrierten und irgend etwas anderes taten als zuhören. Wie hatte er wütend den Klavierdeckel zugeschlagen und war weggegangen!

Geschäft eines Notenhändlers zur Mozartzeit

und Quartetten und Serenaden wurden von Musikkennern eifrig abgeschrieben und aufgeführt.
Mozart wurde ein Geheimtip für Musikkenner in
aller Welt – aber da es so wenige gedruckte Noten
gab, breitete sich sein Ruhm nur langsam aus.
(Wirklich berühmt wurde er erst, als er bereits tot
war.)
Schon kamen Musikliebhaber aus dem Ausland
nach Wien, um Mozart kennenzulernen. Ein junger
Däne schilderte zum Beispiel in einer Kopenhage-
ner Zeitung den Alltag im Hause Mozart: »Dort
verlebte ich die glücklichste Stunde Musik, die mir
je beschieden war. Dieser kleine Mann und große
Meister phantasierte zweimal auf einem Pedal-Flü-
gel, so wundervoll! so wundervoll!, daß ich nicht

Die Musik war für ihn eine heilige Sache. Die Zuhörer aber verglichen seine schwierige, anspruchs-
volle Kunst mit all der »volkstümlichen« Musik, die
sie gewohnt waren und die ihnen so leicht ins Ohr
ging – und lehnten Mozart ab. Zum Beispiel die
»Jupiter-Sinfonie«: Als Tafelmusik oder Unterhaltungsmusik ist sie unbrauchbar. Der Zuhörer muß
sich voll konzentrieren, um die Kunst und die Tiefe
dieser Musik auch nur annähernd zu begreifen. Die
Mehrheit der damaligen Konzertbesucher war damit überfordert – und mied Mozart.
Im Ausland dagegen verbreitete sich allmählich
Mozarts Ruhm. Die Wanderbühnen brachten »Die
Entführung«, »Figaros Hochzeit« und »Don Giovanni« in Übersetzungen in die europäischen Städte.
Mozart-Schüler machten in Konzerten für den
Lehrer Reklame. Die beiden internationalen Sängerinnen Josepha Duschek und Nancy Storace sangen
bei jedem ihrer Konzerte Mozart-Arien, andere taten es ihnen nach. Die Noten von Sinfonien, Kla-
vier- und Violinkonzerten, von Messen und Opern

> **Musikalische Nachricht.**
> Da die Anzahl der Herren Subscribenten
> noch sehr geringe ist, so sehe ich mich gezwun-
> gen, die Herausgabe meiner 3 Quintetten
> bis auf den 1. Jänner 1789 zu verschieben.
> Die Subscriptionsbillets sind noch immer
> gegen Bezahlung 4 Dukaten, oder 18 fl.
> Wien. Korrent bey Hrn. Puchberg in der Sa-
> lietzischen Niederlagshandlung am hohen Markt
> zu haben. Wien den 23. Juni 1788.
> Kapellmeister Mozart,
> In wirkl. Diensten Sr. Majestät.

*Mozart mußte 1788 folgende Anzeige in die Zei-
tung geben: »Musikalische Nachricht. Da die An-
zahl der Herren Subscribenten noch sehr geringe ist,
so sehe ich mich gezwungen, die Herausgabe meiner
3 Quintetten bis auf den 1. Jänner 1789 zu ver-
schieben. Die Subscriptionsbillets sind noch immer
gegen Bezahlung 4 Dukaten, oder 18 fl. Wien. Kor-
rent bey Hrn. Puchberg in der Salietzischen Nieder-
lagshandlung am hohen Markt zu haben. Wien, den
23. Juni 1788. Kapellmeister Mozart. In wirkl.
Diensten Sr. Majestät.«*

193

wußte, wo ich war.« Frau Mozart habe derweil »Kielfedern für den Notenschreiber« geschnitten, »ein Schüler komponierte, ein kleiner Knabe von vier Jahren ging im Garten herum und sang Rezitative, kurz: alles um den herrlichen Mann war musikalisch!«

Die Mozart-Musik brauchte einige Jahre, um ihren Weg zum Erfolg zu machen. Aber diese Jahre hatte der Komponist nicht mehr. Jetzt und sofort brauchte er Hilfe: Er hatte Schulden und Geldsorgen und Mißerfolge, fühlte sich oft krank und melancholisch und verlor dadurch die Ruhe für seine Arbeit.

Viel Zeit brauchte er nun für das Schreiben von Bettelbriefen an reiche Gönner, so an den Freimaurer-Bruder Michael Puchberg. Es ging um erhebliche Geldsummen: ein- bis zweitausend Gulden brauche er jährlich (zusätzlich), »um in Ordnung zu kommen« und unbeschwert arbeiten zu können. Puchberg schickte zweihundert, hundert, zwanzig Gulden, immer wieder mit Mozarts Not konfrontiert, in Bittbriefen wie diesem:

» – Meine Lage ist so, daß ich unumgänglich benöthigt bin, Geld aufzunehmen. – aber Gott, wem soll ich mich vertrauen? – niemanden als ihnen, mein Bester! – Wenn Sie mir nur wenigstens die Freundschaft thun wollen, mir durch einen andern Weg Geld zu verschaffen! – ... Wenn Sie, liebster Bruder mir in dieser meiner Lage nicht helfen, so verliere ich meine Ehre und Credit, welches das einzige ist, was ich zu erhalten wünsche; – ich baue aber ganz auf ihre echte Freundschaft und Bruderliebe, und erwarte zuversichtlich, daß sie mir mit Rath und That an die Hand gehen werden; – wenn mein Wunsch in Erfüllung geht, so kann ich frey Odem schöpfen ...«

Dresden, Leipzig und Berlin

Im April endlich eine Hoffnung: Mozarts Musikschüler und Logenbruder Fürst Karl Lichnowsky mußte nach Berlin reisen und lud ihn ein, mitzufahren. In Berlin regierte der »dicke Wilhelm«, König Friedrich Wilhelm II., ein begeisterter Musikfreund, der recht gut Cello spielte. Vielleicht würde er Mozart am Berliner Hof eine gute Stelle geben oder wenigstens einen Auftrag? Mozart wollte es versuchen und komponierte als Probe vier Streichquartette mit besonders schönen Cello-Partien.

Zum erstenmal reiste Mozart ohne seine Konstanze – und das fiel beiden sehr, sehr schwer. Um sie aufzumuntern, schrieb er ihr zum Abschied ein Quartett, das uns, ganz ähnlich wie das Bandl-Terzett, einen kurzen Blick in den liebevoll-übermütigen Ton im Hause Mozart erlaubt. Konstanze verabschiedet ihren Mann mit: »Caro mio Druck und Schluck, ti lascio, o Dio! kugelrund, che affano! a Loth ist ka Pfund.« Mozarts Antwort: »Cara mia bagatellerl, io parto, tu resti, Spitzignas, che pena! che tormento! wenn's regnet, ist's naß.«*

Außerdem dichtete Mozart seiner »Spitzignas«, seinem »Bagatellerl« noch die Verse:

»Wenn ich werde nach Berlin ver reisen,
hoff ich mir fürwahr viel Ehr' und Ruhm.
Doch acht ich geringe alles – Preisen,
bist du, Weib, bei meinem Lobe – stumm;

wenn wir uns dann wieder sehen, küssen,
drücken, o der wonnevollen – Lust!
Aber Tränen – Trauertränen fließen
Noch ehvor – und spalten Herz und Brust.«

Schon bei der ersten Poststation schrieb Mozart einen sehnsüchtigen Brief nach Hause: »Alle Augenblicke betrachte ich Dein Porträt und weine, halb aus Freude, halb aus Leide! Erhalt mir Deine mir so werte Gesundheit und lebe wohl, Liebe! Habe keine Sorgen meinetwegen, denn auf dieser Reise weiß ich nichts von Ungemach, von Verdrießlichkeit. Nichts außer Deiner Abwesenheit . . .«

Sie fuhren über Prag – eine kurze Hoffnung auf einen Opernauftrag, die bald entschwand. Dann

Markt in Dresden, im Hintergrund der Turm der Hofkirche (Gemälde von Canaletto)

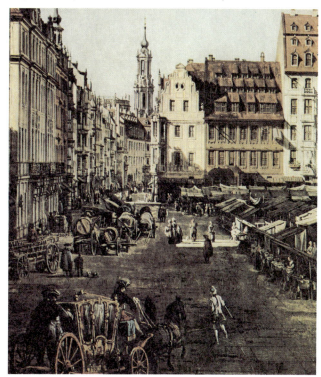

---

* Konstanze: »Mein lieber Schluck und Druck, ich lasse dich, o Gott! kugelrund, wie sorgenvoll . . .« Mozart: »Meine liebe Bagatellerl, ich gehe fort, du bleibst hier, Spitzignas, welche Strafe, welche Qual! . . .«

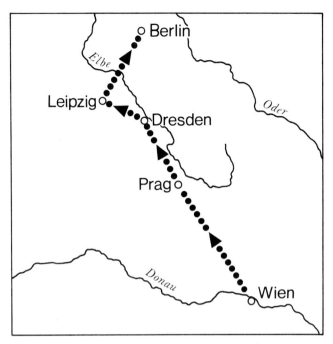

1 095 060 437 082mal (hier kannst Du Dich im Aussprechen üben) und bin ewig Dein getreuester Gatte und Freund W. A. Mozart.«

Bei jeder Station suchte er – ganz wie in alten Wunderkindzeiten – ein Klavier oder eine Orgel und vergaß über der Musik die Umwelt, so auch im Haus eines Verehrers in Dresden. Vergeblich riefen ihn die Gastgeber zum Essen. Mozart spielte weiter die Musik, die ihm gerade durch den Kopf ging (und die nie aufgeschrieben wurde). Wieder und wieder wurde er gerufen. Die Suppe wurde aufgetischt und gegessen, dann das Fleisch und das Gemüse. Die Damen versuchten nacheinander, den Meister an den Tisch zu holen. Vergeblich, er sagte stets nur kurz: »Küß die Hand, Gnädige, werde gleich kommen!« und spielte weiter.

»So hatten wir bei unserem Essen die ausgesuchteste Tafelmusik und fanden ihn nach Tisch noch am Instrument sitzen«, erzählte die Malerin Dora Stock, die ihn porträtierte. Wie leidend und krank Mozart auf diesem Bild aussieht!

Drei Tage blieben Mozart und Lichnowsky in Leipzig, der Stadt des großen Johann Sebastian Bach. Mozart besuchte die Thomasschule, wo Bach gewirkt hatte, und hörte dort zum erstenmal eine Bach-Motette (»Singet dem Herrn ein neues Lied«), gesungen vom Thomanerchor. »Das ist doch einmal etwas, woraus sich was lernen läßt«, rief er aus und bat um die Partitur, um die Musik zu studieren.

Die Bach-Motetten waren damals noch nicht gedruckt. Auch von den handgeschriebenen Noten gab es keine Partitur, nur die einzelnen Stimmen für die Chorsänger. Mit diesen vielen Notenpapieren setzte er sich – »alles andere vergessend«, »die Stimmen um sich herum, in beide Hände, auf die Knie, auf die nächsten Stühle verteilt«, wie ein Augenzeuge erzählte – und fügte aus den vielen Stimmen im Kopf die Partitur zusammen. Er lernte und lernte.

nach Dresden. Mozart spielte dem Kurfürsten von Sachsen sein »Krönungskonzert« vor und erhielt zum Dank »eine recht schöne Dose« mit hundert Dukaten – über vierhundert Gulden. In der Dresdner Hofkirche wurde er zu einem Wettspiel auf der Orgel eingeladen. Er triumphierte über seinen Rivalen und schimpfte, dieser sei »nicht imstande, eine Fuge ordentlich auszuführen«, und habe »kein solides Spiel«. Als Sieger verließ Mozart Dresden, aber ohne Kompositionsauftrag.

Mozart war selig über jeden Brief von zu Hause: »Ich ging gleich im Triumphe in mein Zimmer, küßte den Brief unzählige Male, ehe ich ihn erbrach, dann verschlang ich ihn mehr, als ich ihn las.« Und: »Wenn ich Dir alles erzählen wollte, was ich mit Deinem Porträt anfange, würdest Du wohl oft lachen. Zum Beispiel, wenn ich es aus seinem Arrest herausnehme, so sage ich: ›Grüß Dich Gott, Stanzerl! Grüß Dich Gott, Spitzbub, Knallerballer, Spitzignas, Bagatellerl, schluck und druck!‹« Und: »O stru! stri! Ich küsse und drücke Dich

Die Dresdner Malerin Dora Stock zeichnete mit dem Silberstift dieses letzte Mozart-Porträt.

Dann bat er, für ihn eine Kopie der Bach-Motette anzufertigen, und hielt diese zeitlebens in hohen Ehren.

Höhepunkt des Leipziger Aufenthaltes war ein einstündiges Spiel auf der Orgel der Thomaskirche, an Bachs Instrument. Mozart phantasierte, unter anderem über den Bach-Choral »Jesu meine Zuversicht«, ganz versunken in seine musikalische Zwiesprache mit dem bewunderten »alten« Bach, der seit neun-

unddreißig Jahren tot und bei Mozarts Zeitgenossen so gut wie vergessen war.

Dann ging es an die Vorbereitung für ein Mozart-Konzert im Leipziger »Gewandhaus«. Bei der Orchesterprobe feuerte der Komponist die Musiker derartig an, »stampfte einmal den Takt so gewaltig, daß ihm eine prächtig gearbeitete stählerne Schuhschnalle in Stücke zersprang«. Er ließ so oft und energisch wiederholen, daß die Musiker böse wurden und schließlich verbittert auf den wütenden Dirigenten eingingen. Mozarts Kommentar nachher: Er habe die ziemlich betagten Musiker so streng behandeln müssen, denn: »Es wäre des Schleppens kein Ende geworden, wenn ich sie nicht erst ins Feuer getrieben und böse gemacht hätte. Vor lauter Ärger taten sie nun ihr Möglichstes.«

Augenzeugen schilderten Mozart als »kleines, totenblasses Männchen« mit erheblichem Temperament beim Musizieren. Er spielte ausschließlich eigene Kompositionen, die alle nicht im Druck vorlagen und also in Leipzig unbekannt waren. Aus Angst, einer der fremden Musiker könne seine Noten kopieren (und dann auf eigene Kosten verkaufen), gab er auch hier nur die einzelnen Orchesterstimmen heraus, spielte aber den Klavierpart aus dem Gedächtnis.

Das Konzert war »von seiten des Beifalls und der Ehre glänzend genug, desto magerer aber die Einnahmen betreffend«. Der in Wien übliche Eintrittspreis von einem Gulden war für die Leipziger zu hoch. Dieser Mißerfolg war um so schlimmer, als Lichnowsky nach Wien zurückfuhr und Mozart von nun an seine Reisekosten selber zahlen mußte. Mozart an Konstanze: »Mein liebstes Weibchen, Du mußt Dich bei meiner Rückkunft schon mehr auf mich freuen als auf das Geld.«

Der Leipziger Thomaskantor und sein Sohn wünschten sich zum Abschied von Mozart eine kleine Komposition – und bekamen sie: Mozart beschrieb eilig zwei Zettel, gab einen dem Vater und einen dem Sohn. Auf beiden Blättern stand je ein neuer dreistimmiger Kanon, der eine wehmütig und mit langen Noten (»Lebet wohl, wir sehn uns wieder!«), der andere heiter in lauter Achteln (»Heult noch gar wie alte Weiber«). Erst als Mozart abgereist war, erkannten sie, daß beide Kanons als ein sechsstimmiger Kanon zusammengehörten – ein kompliziertes kleines Werk, in kaum fünf Minuten geschrieben. Unfaßbar! (Leider kennen wir diese Musik nicht, denn sie ist verlorengegangen. Vielleicht taucht sie irgendwann unter einem alten Papierstoß wieder auf!)

Allein fuhr Mozart nach Berlin, wo er zur Aufführung seiner »Entführung« eingeladen war. Hier wieder eine Anekdote:

Mozart eilte gleich nach seiner Ankunft, noch in Reisekleidern, ins Nationaltheater, um zunächst einmal unerkannt der »Entführung« zu lauschen. »Aber bald freut er sich zu sehr über den Vortrag einzelner Stellen, bald wird er unzufrieden mit den Tempos, bald machen ihm die Sänger und Sängerinnen zu viel Schnörkeleien, wie er's nannte: kurz, sein Interesse wird immer lebhafter erregt, und er drängt sich bewußtlos immer näher und näher dem Orchester zu, indem er bald dies, bald jenes, bald leiser, bald lauter brummt und murrt und dadurch den Umstehenden, die auf das kleine, unscheinbare Männchen im schlechten Oberrocke herabsehen, Stoff genug zum Lachen gibt.«

Da spielte das Orchester in einer Pedrillo-Arie einen falschen Ton: »Hier konnte Mozart sich nicht länger halten, er rief fast ganz laut in seiner freilich nicht verzierten Sprache: ›Verflucht! wollt ihr D greifen!‹ Alles sah sich um, auch mehrere aus dem Orchester. Einige von den Musikern erkannten ihn, und nun ging es wie Lauffeuer durch das Orchester und von diesem aufs Theater: ›Mozart ist da!‹«

Ende Mai spielte Mozart vor dem preußischen Hof und erhielt von König Friedrich Wilhelm II. einen gut bezahlten Auftrag für Streichquartette und leichte Klaviersonaten (die aber nie fertig wurden). Nach den schlechten Erfahrungen in Leipzig gab Mozart in Berlin kein Konzert. Er wollte nach Wien zurück, wo er am 4. Juni wohlbehalten ankam und seiner Konstanze um den Hals fiel.

Im Sommer 1789 brach in Frankreich die große Revolution aus. Mozart nahm sie kaum zur Kenntnis, denn er machte sich Sorgen um Konstanze: Sie er-

König Friedrich Wilhelm II. von Preußen

wartete ihr fünftes Kind, war wieder krank und brauchte dringend eine Kur in Baden bei Wien. Baden war eine kleine, noch ganz mittelalterliche Stadt dreißig Kilometer südlich von Wien, die von warmen Heilquellen lebte: Jedes bessere Haus in Baden vermietete Zimmer an Kurgäste.

Eine wochenlange Bäderkur war freilich teuer. Wieder schrieb Mozart Bettelbriefe an den Freund Puchberg: »Mein Schicksal ist leider, aber nur in Wien, mir so widrig, daß ich nichts verdienen kann, wenn ich auch will.« Er habe ein Konzert geben wollen, auf der Liste der Interessenten habe sich aber nur ein einziger Name gefunden: der des Freundes Gottfried van Swieten. Mozart beschwor Puchberg: »Bedenken Sie, daß ohne Ihre Unterstützung die Ehre, die Ruhe und vielleicht das Leben Ihres Freundes und Bruders zugrunde geht.«

Sooft es ging, besuchte er seine Frau in Baden und versuchte alles, um sie und sich selbst aufzuheitern. Ein invalider Offizier, der im selben Haus wie Konstanze wohnte, erzählte: Eines Abends schlich sich »ein kleiner Mann« an das Haus heran, sah sich nach allen Seiten um und versuchte dann, in das ebenerdig gelegene Fenster der »schwarzlockigen Dame« (gemeint war Konstanze) einzusteigen. Der mißtrauische Offizier humpelte auf seinem kranken Bein zum Schutz der Dame herbei, faßte den Fremden an der Schulter: »Was will der Herr da? Das ist nicht die Tür!« und bekam fröhlich zur Antwort: »Nun, ich werde doch zu meiner Frau einsteigen dürfen!« Es war Mozart, der seine Frau überraschen wollte.

In Baden besuchten die Mozarts auch die »Entführung«, aufgeführt von einer Wanderbühne. Die Bühnen waren nicht verpflichtet, die Stücke so zu spielen, wie es der Komponist aufgeschrieben hatte. Es wurde daran geändert, vereinfacht, lustige Einlagen dazugegeben, Texte umgestellt – ganz nach Belieben.

Wieder mischte sich Mozart unerkannt unter die Zuhörer – und wieder hatte er Grund zum Ärger. Die Truppe hatte kein gutes Orchester. Der Bratschist zum Beispiel war ein Schauspieler, der das Instrument nie richtig spielen gelernt hatte. Bei der Ouvertüre setzte sich plötzlich »ein kleiner Mann« aus dem Publikum zu dem Bratschisten, nahm ihm

Die Pfarrkirche von Baden, für die Mozart das »Ave verum« zum Fronleichnamsfest schrieb

das Instrument fort und spielte statt ihm weiter, und zwar fehlerlos. Am Schluß der Ouvertüre warf er die Bratsche zornig hin, rief dem verdutzten Musiker zu: »Der Herr ist ein wahrer Krautesel«, und rannte fort.

Nach der Vorstellung lud der Direktor zu Ehren des Komponisten zu einem Festessen ein. Wie erschrak der Bratschist, als er sah, wer der »kleine Mann« war! Mozart aber entschuldigte sich: »Ich war wohl ein wenig unhöflich, aber ich habe Sie nicht gekannt, und der Teufel hätte auch das falsche Kratzen aushalten können!«

Innenansicht des Schikanederschen Freihaus-Theaters, wo die Zauberflöte uraufgeführt wurde

In dieser Zeit kehrte der alte Freund Emanuel Schikaneder nach längerer Wanderschaft wieder nach Wien zurück, und zwar als Direktor des Freihaus-Theaters auf der Wieden. Über Mozarts Aussehen war er tief erschrocken, fand er ihn doch kränklich, von Schulden belastet und weit entfernt vom großen Erfolg – außerdem einsam, weil sein »liebes Weibl« wieder in Baden war. Sofort nahm sich Schikaneder des Freundes an.

Rund um Schikaneder ging es wie immer wild und lustig zu. Er liebte nach wie vor schöne Frauen und den Wein und scharte gerne »seine Kinder« um sich, wie er seine Schauspieler und Sänger nannte. Es ging ihm so gut wie nie zuvor.

Das Freihaus-Theater war ein riesiges Vorstadttheater mit eintausend Plätzen. Es stand inmitten eines großen Baukomplexes, bestehend aus vielen Häusern, sechs großen Höfen, zweiunddreißig Stiegen und 225 Wohnungen. Dazu gehörten eine eigene Kirche, Apotheke, Mühle, Werkstätten aller Art. In der Mitte der Anlage war ein Hof mit einem Ziergarten, einem schönen Brunnen, Bänken und Tischen vor dem Gasthaus, wo sich die Theaterleute trafen.

Mozart freundete sich mit ihnen an und empfahl Schikaneder Sänger und Musiker, so seinen kleinen Schützling, die inzwischen fünfzehnjährige Anna Gottlieb. Sie bekam die Hauptrolle in einer Märchenoper, hatte riesigen Erfolg und wurde »als erste dramatische Sängerin« in Schikaneders Truppe aufgenommen. Auch Mozarts Schwägerin Josepha Hofer, eine gute Koloratursängerin, gehörte bald (für eine Wochengage von sechzehn Gulden) zu Schikaneders Truppe – mit ihrem Mann, einem Orchestergeiger, gefolgt von einem weiteren Schwager, dem Tenor Joseph Haibel (Mann von Konstanzes jüngster Schwester Sophie).

Dies war Mozarts Freundeskreis in seinen letzten Jahren: eine lustige, nicht sehr vornehme, aber

Die erste Königin der Nacht: Konstanzes ältere Schwester Josepha, verheiratet mit Mozarts Freund, dem Geiger Hofer

Die erste, noch sehr junge Pamina: Anna Gottlieb, schon als Kind von Mozart gefördert – und ihm in schwärmerischer Liebe ergeben

grundmusikalische Gesellschaft, eine Großfamilie, in der er viel menschliche Wärme fand, freilich auch lockere Späße und einen unbürgerlichen Ton. Hier konnte er für kurze Zeit seine Sorgen vergessen. (Manche Leute in Wien freilich rümpften die Nase und erzählten, Mozart führe ein lockeres Leben in schlechter Gesellschaft. Den kaiserlich-königlichen Hofkapellmeister Salieri konnte man sich in diesem Kreis kaum vorstellen.)
Schikaneder hatte gerade seine größten Erfolge als

»dummer Anton«, einer Art Kasperl, in der komischen Oper »Der dumme Gärtner aus dem Gebirge«, komponiert vom Tenoristen Schack und vom Bassisten Gerl. Das Stück war in Wien so beliebt, daß es sechs Fortsetzungen erhielt. Auch Mozart lachte über die Späße des »dummen Anton«. Die Freunde baten ihn, auch eine so lustige Volksoper zu schreiben, mit Schikaneder als Kasperl. Bald fiel auch ein passender Name: Papageno und dazu eine Papagena.

Così fan tutte

Inzwischen nahm die kaiserliche Oper den »Figaro« wieder auf. Das brachte dem Komponisten zwar kein Geld, aber doch Erfolg und – endlich, endlich – einen kaiserlichen Opernauftrag: die opera buffa »Così fan tutte«, wieder nach einem Libretto von da Ponte.

Und wieder einmal machte sich der Kaiser einen Scherz – wie damals beim »Figaro« und beim »Schauspieldirektor«. Denn die fast unglaubliche Handlung der Oper soll sich in dieser Zeit tatsächlich in Wien abgespielt haben: Zwei junge Männer der Gesellschaft verabschiedeten sich tränenreich von ihren Verlobten, um in den Türkenkrieg zu ziehen. In Wirklichkeit aber blieben sie in Wien und besuchten – verkleidet und maskiert – einen großen Maskenball, wahrscheinlich in den Redoutensälen der Hofburg (dort, wo alljährlich die neuen Faschingstänze des k. k. Hofkompositeurs Mozart erklangen). Derart unkenntlich gemacht, stellten sie die Treue ihrer Verlobten auf die Probe und versuchten, jeweils die Verlobte des anderen zu verführen – was ihnen fast gelang.

Die Oper »Così fan tutte« (auf deutsch: »So machen's alle« – nämlich die Frauen) ist also eigentlich eine recht böse Darstellung der Wiener Gesellschaft und ihrer lockeren Sitten. Das ist sehr wohl zu erkennen, auch wenn die Opernhandlung nach Neapel verlegt ist.

Vor allem aber handelt sie von den Qualen der Eifersucht – Gefühle, unter denen Mozart (und seine Konstanze) gerade in dieser Zeit sehr zu leiden hatten: »Ach, du bestrafst dies Herz mit Leiden, o Gott der Liebe!« Die Liebe, die in den meisten Opern als unüberwindliche und starke Macht geschildert wird, ist hier verführbar und brüchig. Treueschwüre werden nicht gehalten. Wahrlich ein ungewöhnliches Thema für eine Oper.

Mozart machte sich mit großem Eifer und Konzentration an die Arbeit. Er hatte dadurch weniger Zeit für seine Schüler und andere Aufträge – und wieder kein Geld. Konstanze kränkelte weiterhin und brauchte viel Geld für Ärzte und Apotheker. Im

Der Wiener Redoutensaal, Ort der großen Maskenbälle im Fasching. Für diese Bälle komponierte Mozart viele Tänze.

Co - sì fan tut - te

202

November 1789 kam eine kleine Tochter zur Welt, starb aber schon nach einer Stunde. Von den fünf bisher geborenen Kindern lebte nur der inzwischen fünfjährige Carl, ein gesundes, munteres Kind, das im Vater seinen liebsten Spielgefährten sah.

Leider wissen wir gar nichts über die Entstehungsgeschichte von »Così fan tutte«. Wieder muß es zu Streitereien mit Salieri gekommen sein. Ja, Konstanze erzählte später, Salieris Feindschaft habe mit »Così fan tutte« begonnen: Er habe die Oper selbst komponieren wollen, dann aber aufgegeben, da er das Thema »für unwürdig hielt, in Musik gesetzt zu werden«. Um so mehr ärgerte er sich über Mozart, der seine moralischen Bedenken nicht teilte – ja, dem das Thema offensichtlich Spaß machte. Streitereien gab es aber wahrscheinlich auch wegen der er-

sten Sängerin: Sie war sowohl in einer Salieri-Oper als auch in »Così« eingesetzt, und zwar in der sehr anstrengenden Koloratur-Rolle der Fiordiligi. Einzelheiten wissen wir aber nicht.

Am Silvesterabend 1789 lud Mozart Joseph Haydn und den Geldgeber Michael Puchberg zu einer ersten »kleinen Opern-Probe« in seine Wohnung ein. Die beiden waren auch am 20. Januar 1790 bei der ersten Orchesterprobe im Burgtheater dabei. Am 26. Januar 1790 wurde »Così fan tutte« zum erstenmal aufgeführt.

Für die Wiener hatte der Komponist einen Extraspaß in dieser Oper versteckt: Die Zofe Despina, als Doktor verkleidet, erweckt mit einem Riesenmagneten die angeblich vergifteten Liebhaber wieder zum Leben – ein Hinweis auf den alten Mozart-

Auf dem Weg in die Kapuzinergruft: prunkvolles Leichenbegängnis für Kaiser Joseph II. 1790

Freund Dr. Mesmer. Er war inzwischen in ganz Europa durch sein neues Heilmittel, den Magnetismus, berühmt geworden:

»Durch Magnetismus tu ich Wunder,
Herr Doktor Mesmerus hat ihn erfunden,
und viele Tausende damit kuriert.«

Aber auch dieser Spaß machte die Oper zu keinem großen Erfolg, zumal bei der Premiere wieder die Hauptperson unter den Zuhörern, Kaiser Joseph II., fehlte: Er lag todkrank und verbittert in der Hofburg und starb vier Wochen später, achtundvierzig Jahre alt, von seinem Hofkomponisten tief betrauert: Mozart hatte seinen mächtigsten Gönner verloren.

Neuer Kaiser wurde Josephs jüngerer Bruder Leopold, bisher Herrscher in der Toskana. Mozart kannte ihn noch aus Florenz – und hoffte auf seine Huld: »Nun stehe ich vor der Pforte meines Glückes.« Sofort bat er bei Hof in einem demütigen Brief um die zweite Kapellmeisterstelle (hinter Salieri) – und außerdem »um die Gnade«, »mir die königliche Familie zum musikalischen Unterricht allergnädigst anzuvertrauen«. Immerhin hatte der neue Kaiser sechzehn Kinder. Es kam keine Antwort.

Ankündigung der Uraufführung von »Così fan tutte« im Wiener Burgtheater

Leopold II. trat ein schweres Erbe an: Im Osten des Reiches herrschte immer noch der Türkenkrieg, der das Land arm machte. Im Westen drohte die Französische Revolution auf die österreichischen Provinzen überzugreifen. Königin Marie Antoinette von Frankreich, Leopolds Schwester, war mit ihrer Familie in Gefangenschaft. Eine andere Schwester, Erzherzogin Marie Christine (für die einst der »Schauspieldirektor« komponiert wurde), mußte als Regentin der österreichischen Niederlande aus Brüssel fliehen: Das Land war in offenem Aufruhr gegen Wien, ebenso wie Ungarn.

Der neue Kaiser hatte alle Hände voll zu tun. Er war eine lange Zeit nicht in Wien gewesen, mußte sich nun in aller Eile einarbeiten, sehr viel umherreisen und so schnell wie möglich Ordnung machen, um den Zerfall des großen Reiches zu verhindern. Es gab wirklich dringendere Probleme als die Hofmusik.

Die beiden kaiserlichen Brüder hatten einander nicht geliebt. Leopold entließ nun viele Anhänger Josephs II. Mozart behielt sein Hofamt – aber es war ja ohnehin keine wichtige Stelle. Befördert wurde er jedenfalls nicht – und fühlte sich ungerecht behandelt.

Die enttäuschten Hoffnungen griffen Mozarts Gesundheit an: Er litt unter Schlaflosigkeit, Kopfschmerzen und rheumatischen Anfällen, vor allem an einer großen Mutlosigkeit.

Als letzte Möglichkeit, Geld zu verdienen, blieb das Stundengeben, eben das, was er aus tiefster Seele haßte. Puchberg solle ihm helfen, Schüler zu finden, er »möchte es gerne auf acht Scholaren bringen«, hatte aber nur zwei. Mozart, der beste Pianist Wiens, früher von reichen Schülern umworben, suchte Schüler!

Vielleicht hatte er bisher allzu deutlich seine Abneigung gegen »Lektionen« gezeigt und war auch kein guter Lehrer. Er hatte keine Geduld, wenn ein

Der neue Kaiser Leopold II.

Schüler nicht gleich so spielen konnte, wie er es meinte. Meistens setzte er sich selbst ans Klavier: »Sie werden mehr Nutzen haben, wenn Sie mich hören, als wenn Sie selbst spielen.«

Er kam oft unpünktlich, ging zu früh wieder fort. Kompositionsschüler fertigte er manchmal während des Kegelns mit kurzen Aufgaben ab. Einen jungen Engländer forderte er zum Billardspielen statt zum Lernen auf. Und dabei war er einer der teuersten Musiklehrer Wiens: Immerhin verlangte er zehnmal soviel Honorar wie einst sein Vater in Salzburg. Ganz ohne Grund blieben seine vielen reichen Schüler nicht aus. (Salieri dagegen war ein guter Lehrer – das bezeugten später auch Franz Schubert und Ludwig van Beethoven.)

Mozarts Schulden wurden größer – beim Schneider, beim Schuster, beim Apotheker. Er mußte bei Wucherern Geld aufnehmen und klagte gegenüber Puchberg: »Wenn Sie wüßten, was mir das alles für Kummer und Sorgen macht – es hat mich die ganze Zeit her verhindert, meine Quartette zu endigen.« (Er meinte die Auftragsarbeit für den preußischen König.)

Zur Kaiserkrönung nach Frankfurt

Und immer wieder enttäuschte Hoffnungen: Im September 1790 fand in Wien eine prächtige Dreifachhochzeit von Kindern des neuen Kaisers statt. Salieri dirigierte bei den Festlichkeiten (das war schließlich seine Aufgabe als Hofkapellmeister). Mozart bekam keinen Auftrag.

Das prächtigste Fest war aber Leopolds Krönung zum deutschen Kaiser in Frankfurt. Für die Festmusik nahm der Kaiser den Hofkapellmeister Salieri

Der Frankfurter Römer nach einer Kaiserkrönung

und Orchestermusiker mit. An Mozart dachte niemand.

In seiner Not entschloß sich Mozart, auf eigene Kosten nach Frankfurt zu fahren. Alle deutschen Fürsten waren dort versammelt, und einer von ihnen mußte doch einen Mozart brauchen – und gut bezahlen können! Er versetzte sein Silber (die Schüsseln und Teller und Löffel und Zuckerdosen), um einen Wagen zu kaufen. Da Konstanze zu schwach für eine Reise war, fuhr Schwager Hofer, der Geiger, als Begleiter mit – und ein Diener, der gleichzeitig Kutscher war. Im Gepäck hatte Mozart auch zwei neue Klavierkonzerte, die er, dem neuen Kaiser und Frankfurt zu Ehren, »Krönungskonzerte« nannte.

Im September 1790 ging diese letzte Reise Mozarts in fünf Tagen über Eferding, Regensburg, Nürnberg, Würzburg, Aschaffenburg bis Frankfurt. Mozart schrieb an seine Konstanze tröstend: »Nun bin ich fest entschlossen, meine Sache ... so gut wie möglich zu machen, und freue mich dann herzlich wieder zu Dir. Welch herrliches Leben wollen wir führen. Ich will arbeiten, so arbeiten, damit ich durch unvermutete Zufälle nicht wieder in eine so fatale Lage komme.« (Was waren das für Zufälle? Wir wissen es nicht.)

In Frankfurt meldete er sich gleich bei einflußreichen Leuten, bat um Audienz bei Kaiser Leopold, bot seine Dienste an – vergeblich. Niemand hatte auf ihn gewartet. Es gab berühmtere Namen hier in Frankfurt.

Die Stadt wimmelte von Menschen: Die Festgäste hatten ihre Diener mitgebracht, ihre Friseure und Schneider und Kammerzofen und Beichtväter und Leibärzte und Musikanten. Große Feuerwerke wurden vorbereitet, die Köche bereiteten am Festtag Ochsen am Spieß für das Volk, dazu floß aus den Brunnen roter und weißer Wein. Auf den Marktplätzen waren Theaterbühnen aufgebaut – und viele

Ein spätes Mozart-Porträt im Holzrelief von Leonhard Posch, heute im Mozartmuseum in Salzburg

Huldigungsstücke für den neuen Kaiser wurden aufgeführt. »Meine ganze Unterhaltung ist das Theater, wo ich dann Bekannte genug antreffe, von Wien, München, Mannheim und sogar Salzburg.« Die Hofkapellmeister fast aller deutschen Staaten waren in Frankfurt, natürlich auch die besten Musiker. Wie hätte Mozart diesen Festtrubel in früheren Zeiten genossen! Nun aber blieb er unbeteiligt und spottete. »Tschiri tschitschi – das beste ist zu fliehen.«

Sehnsüchtig schrieb er an Konstanze: »Ich freue mich wie ein Kind zu Dir zurück. Wenn die Leute in mein Herz sehen könnten, so müßte ich mich schämen. Es ist alles kalt für mich, eiskalt. Ja wenn Du bei mir wärest, da würde ich vielleicht an dem artigen Betragen der Leute gegen mich mehr Vergnügen finden. So ist es aber leer.« – »Berühmt, bewundert und beliebt bin ich hier gewiß«, versicherte er seiner Frau, aber trotzdem gelang es nicht, Geld zu verdienen: »So war alle Tage meines Hierseins immer Verhinderung.«

Aber bemühte er sich wirklich? Er lebe ganz zurückgezogen, schrieb er, »gehe den Morgen nicht aus, sondern bleibe in seinem Loch von einer Stube und schreibe.« Komponierte er etwas für die Krönung? Nein: Niemand in Frankfurt hatte ihm einen Auftrag gegeben. Wie schlecht ging es ihm!

Ausgerechnet am Ziel dieser teuren und anstrengenden Reise, in der glänzenden Krönungsstadt Frankfurt, blieb er allen Festlichkeiten fern und arbeitete mit großem Widerwillen an einem alten Wiener Auftrag, um seinem »Weibchen etwelche Dukaten in die Hände zu spielen«. Es war ein Stück für Orgelwalze, also ein mechanisches Instrument, für ein Wiener Wachsfigurenkabinett. »Ich schreibe alle Tage daran«, berichtete er Konstanze, »muß aber immer aussetzen, weil es mich langweilt. Ja, wenn es eine große Uhr wäre und das Ding wie eine Orgel lautete, da würde es mich freuen; so aber besteht das Werk aus lauter kleinen Pfeifchen, welche hoch und mir zu kindisch lauten.«

Am Krönungstag dirigierte Salieri die Krönungsmesse im Dom und war der berühmteste Musiker hier in Frankfurt. Mozart bekam erst nach dreiwöchiger Wartezeit die Genehmigung, ein Konzert zu geben. Von den Proben haben wir wieder einen Augenzeugenbericht eines Orchestermusikers: Der »kleine, sehr lebendige und bewegliche« Dirigent sei öfters vom Klavier auf der Bühne über den Souffleurkasten hinweg in den Orchestergraben hinuntergesprungen, habe dort den Musikern Anweisungen gegeben und dann denselben Weg zurück genommen. Das war sicherlich keine gute Methode für einen Komponisten, sich Hochachtung zu verschaffen: Dieser Mozart war wirklich ein komischer Kauz!

Die Festgäste waren vom vielen Feiern schon sehr erschöpft, viele waren schon wieder abgefahren. Mozart spielte vor fast leerem Saal seine beiden »Krönungskonzerte« und mit dem Schwager Hofer ein Duo für Klavier und Violine. Die Reise nach Frankfurt brachte nichts ein – außer Schulden, denn sie kostete etwa fünfhundert Gulden.

Zu allem Übel quälte ihn Konstanze wieder mit ihrer Eifersucht (hatte er nicht wieder mit Sängerinnen gescherzt?). Er beschwor sie: »O Gott! Liebe mich nur halb so, wie ich Dich liebe, dann bin ich zufrieden«, und fügte dem Brief sehr traurig scherzend hinzu: »Als ich vorige Seite schrieb, fiel mir auch manche Träne aufs Papier. Nun aber lustig, fange auf, es fliegen erstaunlich viele Busserl herum... was Teufel!... Ich sehe auch eine Menge... Ha! Ha!... Ich habe drei erwischt – die sind kostbar!«

Auf der Rückreise gab er ein Konzert im Schloß von Mainz vor dem Kurfürsten und bekam dafür 165 Gulden. Dann fuhr er für eine (deutschsprachige) »Figaro«-Aufführung in sein geliebtes Mannheim – und blieb zunächst unerkannt. Ein Schauspieler berichtete von der Probe: »Ich sah ihn für einen kleinen Schneidergesellen an.« (Wieder war Mozart allzu elegant angezogen.) Der »Schneidergeselle« bat, zuhören zu dürfen, wurde abgewiesen. »Sie werden doch dem Kapellmeister Mozart erlauben zuzuhören?« Damit war er erkannt und wurde freudig, ja begeistert begrüßt. Auch in Mannheim fiel Mozarts blasse Gesichtsfarbe auf.

Kurz stieg er in Augsburg ab, der Stadt seiner Vorfahren. Das Bäsle besuchte er nicht. Sie war inzwischen die Geliebte eines Augsburger Domherrn geworden und hatte keinen Kontakt mehr mit ihren Verwandten.

In München durfte Mozart immerhin vor dem durchreisenden Königspaar von Neapel spielen – wurde aber von den Herrschaften längst nicht so ehrfurchtsvoll behandelt wie einst als Wunderkind. Salzburg aber, seine Heimatstadt, die von München aus so nah war, besuchte er nicht. Sollte er sich der Schwester und den alten Salzburger Freunden jetzt zeigen, so erfolglos, so müde, so krank?

Am 10. November 1790 traf er erschöpft in Wien ein und lernte die Wohnung kennen, in die seine Familie inzwischen umgezogen war (die zwölfte Übersiedlung in neun Wiener Jahren!): Sie lag im ersten Stock eines schönen Hauses in der Rauhensteingasse mitten in der Stadt, war sehr groß und mit einer Jahresmiete von 330 Gulden ziemlich teuer. Sie hatte ein eigenes Billardzimmer, und in einem Anbau im Hof war Mozarts Pferd untergebracht. Die Möbel (auch der Billardtisch und der Flügel) allerdings waren an einen Geldgeber verpfändet.

Bei seiner Ankunft fand Mozart einen Brief aus London vor: Der Direktor der Londoner Oper bot ihm darin »den Platz eines Komponisten in England« an. Er solle sich Ende Dezember in London einfinden, ein halbes Jahr bleiben und »in dieser Zeit mindestens zwei ernste oder komische Opern nach Wahl der Direktion« komponieren – für ein Honorar von 2400 Gulden. Außerdem könne er natürlich Konzerte geben und andere Auftragsarbeiten annehmen.

War das nicht die Erlösung aus allen Schwierigkeiten? Warum nahm Mozart dieses Angebot nicht an? Was hielt ihn in Wien zurück, wo er so gar keine Aussicht auf Erfolg mehr hatte? Wieder wissen wir nichts, können nur vermuten: Der Termin war für eine solch weite Reise wirklich sehr knapp – und Konstanze krank. Ohne sein »Weibl« aber wollte Mozart auf keinen Fall reisen.

Zur selben Zeit nahm ein anderer Komponist mutig ein englisches Angebot an: der achtundfünfzigjährige Joseph Haydn. Er brauchte keine Rücksicht auf seine Frau zu nehmen, denn er lebte in sehr schlechter Ehe. Der englische Konzertagent, der Haydns Reise organisierte, machte auch Mozart ein glänzendes Angebot, und zwar für das nächste Jahr: 1791 – Mozarts Sterbejahr!

Im Dezember 1790 verabschiedete sich »Papa Haydn« von Mozart. Ob er nicht Angst habe, mitten im Winter eine solch lange Reise zu machen, in seinem Alter, fragte Mozart besorgt.

Haydn antwortete fröhlich: »Ich bin aber noch gesund und bei guten Kräften.«

Darauf Mozart: »Papa! Sie sind nicht für die große Welt erzogen und reden zu wenig Sprachen!«

Haydn darauf knapp und selbstbewußt: »Aber meine Sprache versteht man in der ganzen Welt.« Allerdings, versicherte Haydn, wäre er nicht als Nachfolger Mozarts nach England gegangen, »denn nach Mozarts Werken hätte nichts getaugt«. Immer wieder betonte er, daß er Mozart für »das größte musikalische Genie« hielt.

Beim Abschied brach Mozart in Tränen aus und sagte: »Ich fürchte, wir werden uns das letzte Lebewohl sagen!« Papa Haydn aber trat hoffnungsvoll seine Reise an, die ihm zwei Jahre lang viel Ehre, 24 000 Gulden Einnahme und wichtige Kompositionen einbrachte. Mozart blieb in großer innerer Einsamkeit zurück.

»– und kämen mir nicht so oft so schwarze Gedanken (die ich mir mit Gewalt ausschlagen muß) würde es mir noch besser vonstatten gehen.«

Zauberflöte

Die Sorgen wurden immer größer, doch bemühten sich beide Mozarts nach Kräften, sie hin und wieder zu vergessen. Einmal traf ein Diener das Ehepaar eifrig tanzend an. Ob Mozart seiner Frau Tanzunterricht gebe? »Aber nein!« lachte Mozart, »uns friert nur, und wir haben kein Geld für Brennholz.« Eilig brachte der Mann etwas Holz, und Mozart versprach, ihm dafür später Geld zu geben.

Nach wie vor hatten die Mozarts eine offene Hand für Freunde. Sie liebten ein volles, lautes Haus und tischten großzügig auf. Konstanzes jüngste Schwester Sophie schimpfte vergeblich auf »falsche Freunde, Blutsauger, wertlose Menschen, die Mozart zu Tischnarren dienten und deren Umgang seinem Ruf schadete«.

Vor allem ärgerte sie sich über den Klarinettisten Anton Stadler: Er habe Mozarts Gutmütigkeit ausgenützt, ihm Geld herausgelockt, ja den Schuldschein für versetzte Silbersachen entwendet. Stadler schuldete Mozart schließlich fünfhundert Gulden, die er nie bezahlte – und konnte sich das alles erlauben, weil er wußte: Er war der beste aller Klarinettisten – und deshalb sah ihm Mozart alles nach. Mozart liebte Stadlers Spiel und komponierte für ihn (natürlich ohne Honorar) eines seiner letzten Konzerte, das berühmte Klarinettenkonzert KV 622.

Die treueste aller Freundinnen war Annerl Gottlieb, die längst zu einer reifen Sängerin herangewachsen war, ihrem geliebten Lehrer eng verbunden. Aus Frankfurt brachte er ihr ein kleines Geschenk mit, einen Fächer mit Bildern der deutschen Fürsten. Sie hütete es bis an ihr Lebensende wie ihren größten Schatz. Er versprach ihr, in der nächsten Oper eine große Rolle für sie zu schreiben.

Da gute Aufträge ausblieben, war Mozart gezwungen, wieder für das Wachsfigurenkabinett zu schreiben, diesmal ein »Orgelstück für eine Uhr«. Die kunstvolle Doppelfuge als Trauermarsch wurde einer großen Spieluhr eingegeben und bildete die musikalische Untermalung eines prächtig-schaurigen Wachsmodells: eines siegreichen Generals auf dem Parade-Totenbett. Wie tief war Mozarts Ansehen gesunken!

Weiterhin verschenkte er freigiebig Konzerte, so zwei Stück für Glasharmonika an eine durchreisende Musikerin. Vater und Sohn Mozart hatten ein solches sehr kompliziertes Instrument schon vor Jahren bei dem Freund Dr. Mesmer bewundert, und die Komposition war wohl auch ein Freundschaftsdienst für diesen Arzt, der gerade in großen Schwierigkeiten steckte: Seine »magnetischen« Heilmethoden waren verboten worden, und die gute Wiener Gesellschaft wollte von dem einst so umschwärmten Arzt nichts mehr wissen. Um so mehr zeigte Mozart dem Freund jetzt seine Anhänglichkeit.

Ausgerechnet jetzt, wo Mozart auf dem Höhepunkt seiner Kunst stand, hatte er nichts als Zufallsaufträge: Für einen Unbekannten schrieb er zwei Streichquintette. Dann brauchte ein Buchhändler und Logenbruder einige Kinderlieder für ein illustriertes Liederalbum – und Mozart, zärtlicher Vater des sechsjährigen Carl, schrieb die Lieder, die längst Volkslieder geworden sind: »Wir Kinder, wir schmecken der Freude recht viel« und vor allem:

Komm lie - ber Mai und ma - che die Bäu - me wie - der grün

Als Hofkompositeur komponierte er auch fleißig Tänze für die kaiserlich-königlichen Maskenbälle: Menuette, Deutsche Tänze und Ländler.

Ein Freund gab Mozart Gelegenheit, das letzte Klavierkonzert uraufzuführen. Das war am 4. März 1791, das letzte Mal, daß Mozart in einem Konzert auftrat.

Die Hoffnung auf einen kaiserlichen Opernauftrag erfüllte sich nicht. Aber es gab ja noch Freund Schikaneder mit seinem Vorstadttheater! Schikaneder wußte besser als jeder andere, was sein Publikum wollte: einen Hanswurst mit einem hübschen Mädchen in Vogelkleidern, Prinzen, Prinzessinnen, eine böse Königin, einen weisen Priester, einen häßlichen Mohren als Bösewicht, drei hübsche Knaben als Lebensretter, dazu prächtige Kulissen mit vielen Maschinen, Versenkungen, in denen die Bösewichter verschwinden, Gondeln, die mit den Sängern in der Luft dahinschweben, Donner und Blitz, Feuer- und Wasserzauber, tanzende wilde Tiere und so weiter und so weiter.

Immer noch waren Zauberstücke in Wien große Mode. Die Sensation war gerade das Stück »Kaspar der Fagottist oder die Zauberzither«, gespielt von Schikaneders Konkurrenz. Er, Emanuel Schikaneder, brauchte für sein Theater dringend auch ein solches Zauberstück! Aus der Zauberzither müsse man nur ein anderes Zauberinstrument machen: eine Zauberflöte, denn der als Held vorgesehene Tenor Schack war auch ein vorzüglicher Flötist.

Mozart zögerte: Er wollte so gern sein altes Salzburger Thamos-Thema wieder aufleben lassen, die Geschichte von dem edelmütigen ägyptischen König und seinen Priestern, »Isis und Osiris« geweiht, ein Stück, das die Idee der Freimaurerei pries. Auch Schikaneder war Freimaurer. Er verstand, was Mozart meinte, und nahm die Thamos-Geschichte mit in die »Zauberflöte« auf. Aus Thamos wurde Tamino, der mit Hilfe der Flöte alle Prüfungen besteht

Schikaneder als Papageno, der Vogelfänger

und von den »eingeweihten Priestern« aufgenommen wird – und auch seine Pamina bekommt. So war das Stück gleichzeitig Zauberoper, Hanswurst-Komödie, Maschinenstück, ein Loblied auf die Freimaurerei und noch einiges andere mehr.

Die Hauptrollen waren den Sängern der Erstaufführung auf den Leib geschrieben: Schikaneder bekam als Papageno wieder seine Paraderolle als komischer Baßbuffo und volkstümliche, lustige Lieder, die ihm sicheren Erfolg brachten:

Der Vo-gel-fän-ger bin ich ja, stets lu-stig hei-sa hop-sa-sa!

Ein Mädchen o-der Weib-chen wünscht Pa-pa-ge-no sich!

Papageno bringt die Zuschauer mit allerhand Schabernack zum Lachen, hat keinen Sinn für die hohen Lehren der Priester, dafür um so mehr für gutes Essen und Trinken. Er versucht, mit einem Vorhangschloß vor dem Mund zu singen:

Hm hm hm hm hm hm hm hm hm hm hm hm hm hm hm hm!

zaubert am Ende mit seinen Zauberglöckchen sein geliebtes Weibchen herbei:

Klin-get Glöck-chen, klin-get, schafft mein Mäd-chen her!

und feiert mit seiner Papagena eine lustige Verlobung: »Pa-pa-pa-pa«.
Der Tenor Benedikt Schack konnte als Tamino sein gutes Flötenspiel hören lassen und schwärmen:

Dies Bild-nis ist be-zau-bernd schön wie noch kein Au-ge hat ge-sehn

Das Wesen der siebzehnjährigen Anna Gottlieb ging in die Rolle der Pamina ein – ebenso wie ihr Aussehen: »Die Augen schwarz, blonde Haare.« Besonders schön ihr Duett mit Papageno:

Bei Män-nern wel-Lie-be füh len

Mozarts Schwägerin Josepha Hofer bekam als »Königin der Nacht« für ihre hohe Stimme zwei halsbrecherische Arien (»O zittre nicht, mein lieber Sohn« und »Der Hölle Rache kocht in meinem Herzen«), die ihr sicheren Erfolg brachten, vor allem die Koloraturen:

Schikaneder brachte bis zur letzten Minute noch wirksame Szenen hinein, ob sie nun zu dem Ganzen paßten oder nicht. Hauptsache war der Erfolg.

So wurde aus der »Zauberflöte« ein abenteuerliches Sammelsurium. Wer immer sich die Mühe macht, die Handlung zu verstehen, muß scheitern: Zuerst ist Sarastro ein Bösewicht, dann plötzlich ein edler Mann. Die Königin der Nacht erscheint als arme Mutter, der man die Tochter geraubt hat – und dann ist sie eine böse, falsche Frau. Eigentlich ist der Text sehr gegen Frauen gerichtet (»Bewahret euch vor Weibertücken, das ist des Bundes erste Pflicht«), und dann wird Pamina doch in den Kreis der »Eingeweihten« aufgenommen. Über die vielen, vielen inhaltlichen Fehler der »Zauberflöte« sind manche Bücher geschrieben worden.

Doch Mozarts Musik macht all diese Überlegungen überflüssig. Denn hier stimmt plötzlich alles zusammen. Aus dem bescheidenen Gebrauchsstück für ein Vorstadttheater wird ein musikalisches Wunderwerk, das jeder anders erlebt und begreift, das immer zu neuen Deutungen herausfordert – und doch geheimnisvoll bleibt.

Mozarts Gesundheitszustand war in diesem Sommer – seinem letzten – sehr schlecht. Er war einsam und tieftraurig. Konstanze fuhr wieder nach Baden. Seine Briefe waren zärtlich wie immer: »Es fliegen 2999 und ½ Busserl von mir, die aufs Auffangen warten.« Und: »Ich kann Dir sagen, was ich darum geben würde, wenn ich, anstatt hier zu sitzen, bei Dir in Baden wäre. Aus lauter Langeweile habe ich heute von der Oper eine Arie komponiert.«

So oft wie möglich fuhr Mozart nach Baden hinaus. Um fünf Uhr früh mußte er sich auf den Weg machen, um fünf Stunden später in Konstanzes Armen zu sein. Dem Lehrer und Chorleiter Stoll, der sich viel um Konstanze kümmerte, brachte er zum Dank einige seiner Messen für die Badener Pfarrkirche mit und half bei den Proben. Bei einem dieser kurzen Besuche entstanden, rasch niedergeschrieben und wie nebenbei komponiert, die achtundvierzig Takte des wunderbar-frommen Chorwerks »Ave verum corpus« zum Fronleichnamsfest in Baden. Es zeigt die in sich gekehrte, sehr gesammelte und ernste Stimmung Mozarts in dieser Zeit.

Das Komponieren wurde ihm schwer, denn er brauchte dazu ein heiteres Gemüt, Ausgeglichenheit – und Konstanze neben sich. Er schrieb Anfang Juli: »Wenn ich denke, wie lustig und kindisch wir in Baden beisammen waren und welch traurige langweilige Stunden ich hier verlebe. Es freut mich

Das »Zauberflötenhäuschen«, das zur Mozartzeit im Freihaus in Wien stand, nun aber im Garten des Mozarteums in Salzburg zu besichtigen ist

auch meine Arbeit nicht, weil, gewohnt, zuweilen auszusetzen und mit Dir ein paar Worte zu sprechen, dieses Vergnügen leider eine Unmöglichkeit ist. Gehe ich ans Klavier und singe etwas aus der Oper, so muß ich gleich aufhören. Es macht mir zuviel Empfindung.« Das hieß, daß er viel weinte.

Schikaneder tat, was er konnte, um die Oper voranzubringen: Er lud die Sänger, allen voran Annerl Gottlieb, in das Holzhäuschen beim Theater ein, ließ Wein und gutes Essen bringen. Mozart wurde mit allen möglichen Späßen wieder in Stimmung gebracht. Er mußte die »Zauberflöte« zu Ende bringen! Manchmal soll Schikaneder ihn sogar in das Häuschen eingesperrt haben, bei gutem Essen und Wein versteht sich.

Konstanze, die wieder ein Kind erwartete, erfuhr in Baden von diesen lustigen Abenden – und wurde eifersüchtig. Mozart wiederum konnte seine Eifersucht auf einen jungen Mann nicht unterdrücken, den er selbst nach Baden geschickt hatte: seinen um zehn Jahre jüngeren Schüler und Helfer Franz Xaver Süßmayer. Fürchterlich schimpfte er in seinen Briefen auf den »Sauermayer«, war gereizt, verletzt – ob zu Recht oder zu Unrecht, wissen wir nicht. Eines war jedoch sicher: Jeder Tag der Trennung von Konstanze fiel ihm sehr, sehr schwer.

In dieser Stimmung schrieb er Papagenos lustige Arien, die Koloraturen der Königin der Nacht, die Liebesarien Taminos und die verzweifelte Musik der Pamina: »Ach ich fühl's, es ist verschwunden, ewig hin der Liebe Glück« mit dem Schluß: »So wird Ruh im Tode sein«.

Freund da Ponte mußte sich verabschieden: Der neue Kaiser hatte ihn entlassen und sogar des Landes verwiesen. Da Ponte ging nach England und bat Mozart mitzufahren. In England waren so viele Freunde und Verehrer! In England würde es Mozart besser gehen! Sie würden dort miteinander viele große Opern schreiben! Doch Mozart lehnte ab: Er war ja mitten in der Arbeit für die Zauberflöte. Jetzt konnte er nicht aus Wien weg. Vielleicht in einem halben Jahr!

Requiem

Dann kam jener Auftrag, der Mozart zutiefst erschreckte, ja sein Leben verdüsterte: Ein unbekannter, »langer, hagerer Mann in grauer Kleidung« überbrachte in Mozarts Wohnung einen anonymen Auftrag für eine Totenmesse, ein Requiem. Mozart, von Geldsorgen bedrückt, mußte annehmen: hundert Dukaten! Außerdem paßte eine Kirchenmusik (ebenso wie das »Ave verum«) gut zu seinen Plänen. Denn er hatte sich um die Stelle des Domkapellmeisters von St. Stephan beworben – und würde dafür Kirchenmusik brauchen.

Das finstere Aussehen des geheimnisvollen Boten, der anonyme Auftrag (so etwas war ihm noch nie passiert!) verfolgte ihn nun in seinen Träumen. Krankheit, Melancholie, Arbeitsüberlastung, die Einsamkeit fern von seiner Familie – all das zusammen löste Todesangst aus.

Was hinter diesem Auftrag steckte, erfuhr Mozart nie: Der Auftraggeber war ein Graf Walsegg, der sich, mehr schlecht als recht, als Komponist versuchte. Nach dem Tod seiner Frau wollte er nun eine Totenmesse aufführen und suchte einen Komponisten, der sie für ihn schrieb. Er selbst wollte sich als Komponist ausgeben, deshalb die Geheimnistuerei. Daß er ausgerechnet an Mozart dachte, ist ein Zeichen dafür, wie heruntergekommen Mozart inzwischen war: Einem angesehenen Künstler hätte man nie ein solch unseriöses Angebot machen können. Mozart selbst wäre in besseren Tagen auch nicht darauf eingegangen.

Mitte Juli holte Mozart Konstanze aus Baden ab. Am 26. Juli 1791 kam in der Rauhensteingasse das sechste und letzte Kind, Franz Xaver Wolfgang, auf die Welt. Es hatte ein verkrüppeltes Ohr wie der Vater – ein Glückszeichen. Ein neuer Mozart? (Der Bub war wirklich musikalisch und wurde schon früh als Wunderkind gepriesen. Ein neuer Mozart wurde aber nicht aus ihm.)

Kurz darauf mußte Mozart seine Arbeit an der Zauberflöte und am Requiem unterbrechen: Leopold II. sollte in Prag zum König von Böhmen gekrönt werden, und die treuen Prager setzten ihren Liebling Mozart als Komponist der Krönungsoper durch. Die Zeit war denkbar knapp: In vier Wochen mußte die Oper fertig sein. Das Textbuch war in der Eile nicht mehr zu ändern. Es war »La clemenza di Tito« von Metastasio, ein Loblied auf die Güte und Milde des römischen Herrschers Titus – und damit auch des neu gekrönten böhmischen Kö-

Das Prager Ständetheater, wo »Don Giovanni« und »Titus« uraufgeführt wurden

nigs Leopold und aller anderen Herrscher, zu deren Huldigung dieser Text schon mehrmals, auch von Gluck, vertont worden war.

Wieder also eine opera seria wie einst die frühen italienischen Opern und der Münchner »Idomeneo«! Inzwischen war diese Form der Oper unmodern geworden, und Mozart hatte sich längst von ihr fortentwickelt. Sein Kopf war voller Musik für die Zauberflöte und sein Requiem. Aber konnte er zweihundert Dukaten ausschlagen, immerhin fast neunhundert Gulden?

Also machte er sich an die Arbeit. Konstanze: »Er komponierte oft bis zwei Uhr und stand um vier Uhr morgens auf, eine Anstrengung, die zu seinem Tod beitrug.« Es gab keine Stunde der Erholung. Erstaunt beobachtete ihn eines Morgens sein Friseur: Mozart kam zu Pferde daher, nahm beim Reiten eine Tafel heraus und schrieb Noten.

Aber auch während des Frisierens konnte er nicht ruhig bleiben. Der Friseur: »Als ich eben mit der Vollendung des Zopfes beschäftigt war, stand Mozart plötzlich auf und ging, ungeachtet ich ihn beim Zopfe hielt, mich nachschleppend, ins Nebenzimmer zum Klavier, wo er zu spielen anfing.« Der Friseur hatte vorher noch nie ein Klavier gesehen: »Voll Bewunderung über sein Spiel und den schönen Klang ließ ich den Zopf aus und vollendete erst denselben, als Mozart wieder aufstand.«

Die ständige Überanstrengung ist dem Titus anzumerken: Es gibt wunderbare Arien in dieser Oper und herrliche Orchesterstellen. Aber ein wirkliches Operndrama wie der Don Giovanni oder der Figaro ist Titus nicht geworden. Die Oper war einem kranken Körper und einem tieftraurigen Geist abgerungen. Zum erstenmal nahm Mozart auch Hilfe in Anspruch: Süßmayer schrieb die Rezitative, wie es einst zur Zeit der ganz frühen Mailänder Opern Leopold Mozart für den jungen Wolfgang getan hatte.

LA CLEMENZA
DI TITO,
DRAMMA SERIO PER MUSICA
IN DUE ATTI
DA RAPPRESENTARSI
NEL TEATRO NAZIONALE
DI PRAGA
NEL SETTEMBRE 1791.
IN OCCASIONE DI SOLLENIZZARE
IL GIORNO DELL' INCORONAZIONE
DI SUA
MAESTA L'IMPERATORE
LEOPOLDO II.

Titel des Textbuches von »La clemenza di Tito«

Schon Mitte August brach Mozart mit Konstanze und Süßmayer nach Prag auf. Als sie gerade in den Wagen steigen wollten, tauchte plötzlich (nun schon zum drittenmal) der »graue Bote« auf, zupfte Mozart am Ärmel und mahnte ihn, das Requiem fertigzuschreiben. Konstanze vertröstete ihn auf die baldige Rückkehr. Mozart blieb sprachlos: Wieder diese Todesangst! Er komponierte während der Fahrt und nachts im Gasthaus unermüdlich, stets in der Furcht, nicht fertig zu werden – über der Arbeit sterben zu müssen. Auch während die Prager ihr großes Krönungsfest vorbereiteten mit Feuerwerken, Bällen und anderen Lustbarkeiten, saß Mozart und schrieb den »Titus«.

Auch Salieri war in Prag: Er dirigierte zum feierlichen Aufzug des neuen Königspaares im Veitsdom und glanzvolle Konzerte. Als kaiserlicher Hofkapellmeister wohnte er in der königlichen Burg, dem Hradschin, Mozart dagegen wieder in einem Gasthaus. Immerhin aber durfte er in Anwesenheit des Königspaares eine Festaufführung seines »Don Giovanni« dirigieren und einige Tage später die Erstaufführung von »La clemenza di Tito«.

Die neue Oper hatte keinen Erfolg. Erstens waren die Zuhörer schon von all den Festlichkeiten des Krönungstages ermüdet und außerdem auch nicht freiwillig in der Oper: Nur offizielle Teilnehmer an den Feierlichkeiten hatten Eintrittskarten bekommen, also der kaiserlich-königliche Hofstaat, die in- und ausländischen Diplomaten und wichtige Vertreter Böhmens. Unter ihnen gab es wenig Musikkenner und wenige Mozart-Verehrer. Die meisten langweilten sich. Jedenfalls war der Beifall (verglichen mit den Triumphen des »Don Giovanni« einige Tage vorher) sehr mager. Erst die weiteren Aufführungen – vor einem musikverständigen Publikum – brachten Erfolg.

Mozart konnte sich um das alles nicht kümmern. Er nahm seine zweihundert Dukaten Honorar – und arbeitete weiter an der Zauberflöte, wieder in der Villa Bertramka bei der Freundin Josepha Duschek. Wieder konnte er zur Entspannung ausreiten, kegeln und Billard spielen. Das Quintett des ersten Aktes (Tamino, Papageno und die drei Damen: »Hm, hm, hm«) soll er beim Billard zunächst auf einer Serviette notiert und gleich den Freunden am Klavier vorgespielt haben.

Trotzdem: Die Prager Freunde sahen mit Bestürzung, wie gezwungen Mozarts Heiterkeit war. Traurig und nervös war er, furchtsam und »von Todesgedanken beunruhigt«. Wieder suchte er Trost bei seinen Freimaurer-Brüdern, besuchte mehrmals eine Prager Loge und dirigierte für die »Brüder« seine Kantate »Die Maurerfreude«.

Beim Abschied aus Prag Mitte September gab es wieder Tränen. Größte Eile war angebracht, denn schon am 30. September sollte die Uraufführung der Zauberflöte in Wien stattfinden, und die Komposition war noch längst nicht fertig.

Am 28. September schrieb Mozart noch am Priesterchor und an der Ouvertüre. Süßmayer half beim Schreiben der Stimmen. Auch die Orchesterproben schaffte der Schwerkranke nicht mehr. Aber er dirigierte die erste Aufführung vom Flügel aus, Süßmayer saß neben ihm, um umzublättern (und wohl auch, um einzuspringen, falls Mozart ohnmächtig würde).

Diesmal war der Komponist sehr ängstlich. Nach dem zweiten Akt kam er leichenblaß auf die Bühne, und Schikaneder mußte ihn beruhigen: Es ging doch alles bestens! Wirklich: Das Wiener Vorstadtpublikum ließ sich von der »Zauberflöte« in Bann nehmen, von der Musik wie von der märchenhaften Handlung – und den aufwendigen Kulissen und all dem Theaterdonner, den Schikaneder meisterhaft einsetzte. Zum Schlußbild öffnete sich zum Beispiel »nach langem Feuergeprassel, Windgeheul, Ton eines dumpfen Donners und Wassergeräusch der Eingang in einen hell beleuchteten Tempel«, dann verwandelte sich die ganze Bühne »unter Donner, Blitz und Sturm« in eine Sonne. In hellem Sonnenglanz vereinte Sarastro das Liebespaar.

Schikaneder als Papageno, die Schwägerin Josepha als Königin der Nacht, Sarastro und Tamino: alle wurden gefeiert. Die glücklichste aber war Annerl Gottlieb als Pamina: Sie hatte in den letzten Monaten mehr als die anderen um den kranken Meister gezittert, ihm Trost zugesprochen, ihn erheitert und freute sich nun für ihn. Eine letzte, sehr traurige Liebesgeschichte.

Konstanze fuhr gleich nach der Premiere wieder nach Baden. Mozart war mit seiner Arbeit am Requiem und seiner Todesangst in Wien allein. So oft

Szenenbild aus der Zauberflöte: Tamino spielt auf seiner Flöte, Papageno mit seinem Glockenspiel. Sie müssen schweigen, und Pamina versucht vergeblich, von ihnen eine Antwort zu bekommen.

wie möglich besuchte er seine »Zauberflöte«: Er nahm den freudestrahlenden siebenjährigen Carl mit, die offenbar nicht sehr musikalische Schwiegermutter Weber (»Bei der Mama wird's wohl heißen, die schaut die Oper, aber nicht, die hört die Oper«), dann den Hornisten Leitgeb, der ihn noch einmal zu Schabernack anstiftete:

Mozart schlich sich in die Kulissen und spielte dort statt des gewohnten Musikers Papagenos Glockenspiel (»Klinget, Glöckchen, klinget«), aber anders, als es in den Noten stand. Deshalb stimmten Schikaneders Handbewegungen nicht mehr, denn er tat ja nur so, als ob er selbst spiele. Nach einigen verzweifelten Versuchen, auf die ungewohnte Musik zu reagieren, verlor Schikaneder schließlich die Geduld, schlug auf die Glöckchen und brummte: »Halt's Maul.« Mozart: »Alles lachte dann. Ich glaube, daß viele durch diesen Spaß das erstemal erfuhren, daß er das Instrument nicht selbst schlägt.«

Sogar der Hofkapellmeister Salieri und dessen Lieblingssängerin ließen sich in die neue Erfolgsoper in der Vorstadt führen. Mozart berichtete stolz nach Baden, »wie sehr ihnen nicht nur meine Musik, sondern das Buch und alles zusammen gefiel«. So schlimm kann also Salieris Feindschaft nicht gewesen sein.

Nach der Oper setzte sich Mozart manchmal allein in das nahe Bierhaus zur »Silbernen Schlange«. Hier beobachtete ihn der Hausdiener, wie er, den Kopf auf die rechte Hand gestützt, vor sich hin brütete: »Mozart sah ungewöhnlich blaß aus, sein gepudertes blondes Haar befand sich in Unordnung, und der kleine Zopf war nachlässig gebunden.« Der Diener redete ihn an, wollte ihm die Geschichte »von der türkischen Musik« erzählen, die Mozart sonst immer zum Lachen brachte. Doch Mozart wehrte ab: »Nein, ich fühle, daß es bald ausmusiziert sein wird. Mich befällt eine Kälte, die ich mir

»Wie stark ist nicht dein Zauberton, weil, holde Flöte, durch dein Spielen selbst wilde Tiere Freude fühlen.«
(Hier sind es freilich nur Affen.)

nicht erklären kann.« Auch der Wein schmeckte ihm nicht. Der Diener solle ihn trinken!

Mitte Oktober fuhr er mit dem kleinen Carl nach Baden, um Konstanze heimzuholen. Er war in einem schlimmen Zustand, phantasierte und war (laut Konstanze) »vom Gedanken besessen, daß man ihn vergifte«. – »Ich weiß, daß ich sterben muß«, rief er aus, »jemand hat mir aqua toffana eingegeben und hat den Tag meines Todes genau vorherberechnet – und dafür haben sie ein Requiem bestellt – ich schreibe es für mich selbst.«

Damals sprach man in Wien viel von dem Gift aqua toffana, das, in kleinen Portionen längere Zeit eingenommen, langsam zum Tod führte. Mozart konnte sich seine zunehmende Schwäche nur aus diesem Gift erklären. In Wirklichkeit waren seine Nieren schwer krank und vergifteten nach und nach seinen ohnehin schwachen Körper.

Konstanze drang in ihren verzweifelten Mann, die Totenmesse beiseitezulegen. Er tat es für eine Weile, fand Trost in den Gedanken der Freimaurerei und komponierte die »Kleine Freimaurer-Kantate« zur Einweihung eines neuen Logentempels in Wien. Es war die letzte Komposition, die er in sein Werkverzeichnis schrieb. Er dirigierte die Erstaufführung am 18. November und sang mit seinen »Brüdern« auch den Schlußchor zu einem Text von Schikaneder (diese Musik ist heute mit anderem Text die Bundeshymne der Republik Österreich):

Laßt uns mit ge - schlung - nen Hän - den

219

Ein typisches Wiener Bierhaus im 18. Jahrhundert, so wie es Mozart liebte

Dieser letzte Abend im Kreis seiner Freunde, dieses letzte gemeinsame Musizieren heiterte den Kranken auf. Er kehrte »ganz stolz« nach Hause zurück und sagte (laut Konstanze): »Wüßte ich nicht, daß ich Besseres geschrieben habe, dann würde ich dieses für mein bestes Werk halten ... Ja, ich sehe, daß ich krank gewesen sein muß, um einen so verkehrten Gedanken zu fassen, ich hätte Gift genommen. Gib mir das Requiem wieder, und ich will daran weiterarbeiten.«

Doch schon drei Tage später mußte er sich ins Bett legen. Seine Hände und Füße waren geschwollen, fiebrig und unbeweglich. Er hatte bei der kleinsten Bewegung fürchterliche Schmerzen. Diese rheumatischen Entzündungen hatte er seit seiner Kindheit immer wieder gehabt, nun waren sie unerträglich.

Die Freunde taten ihr möglichstes, um zu helfen. Mutter Weber nähte ihm einige »Nachtleibel, welche er von vorwärts anziehen konnte«, so daß er sich beim Wäschewechseln nicht bewegen mußte.

Sehnsüchtig wartete der Kranke auf Nachrichten von der »Zauberflöte« und hörte mit Freude, daß das Theater jeden Abend ausverkauft war. Er wünschte sich, noch einmal etwas aus der Zauberflöte zu hören, und summte Papagenos Lied vom Vogelfänger leise vor sich hin. Einer der Freunde ging ans Klavier und spielte es ihm vor, was den Kranken für eine Weile beruhigte. Ein anderes Mal sang Mozart mit den Zauberflöte-Sängern vierstimmige Teile des Requiems und übernahm dabei selbst die Altstimme. Wieder konnte er vor Schluchzen nicht weiter. Er litt unter großer Angst. Schließlich mußte Konstanze sogar den Kanarienvogel aus dem Nebenzimmer wegbringen, denn das Zwitschern des geliebten Vogels machte den Kranken ganz melancholisch.

Die Nächte waren schlimm. Konstanze wachte bei ihm. Am Morgen des 4. Dezember wirkte er frischer. Konstanzes jüngste Schwester Sophie kam zu Besuch, von Mozart herzlich mit den Worten begrüßt: »Ach gut, liebe Sophie, daß Sie da sind. Sie müssen heute nacht dableiben. Sie müssen mich sterben sehen.«

Sie versuchte, ihn zu beruhigen. Er aber antwortete: »Ich habe ja schon den Totengeschmack auf der Zunge, und wer wird meiner liebsten Konstanze beistehen, wenn Sie nicht hierbleiben?«

Süßmayer kam dann wie jeden Tag, um am Requiem zu arbeiten. Mozart war bis zum »Lacrimosa« (»tränenreich«) gekommen. Die Hauptstimmen für die anderen Teile waren skizziert, und Mozart zeigte Süßmayer, wo und wie er die fehlenden Stimmen einfügen sollte.

Gegen Abend sandten sie nach dem Arzt. Es war Schikaneders Theaterarzt, der erst nach dem Schluß der Abendvorstellung kommen konnte. Er machte dem Kranken einen kalten Essigumschlag auf die vor Fieber glühende Stirn und die Schläfen. Die plötzliche Kälte ließ den Kranken zittern. Sophie:

Mozart auf dem Sterbebett, umgeben von Konstanze, den beiden Kindern und musizierenden Freunden – eine spätere, sehr romantische Darstellung düsterer Stunden

»Sein Letztes war noch, wie er mit dem Munde die Pauken in seinem Requiem ausdrücken wollte, das höre ich noch jetzt.« Dann wurde er ohnmächtig und starb kurz darauf. Es war der 5. Dezember 1791, ein Uhr in der Früh.

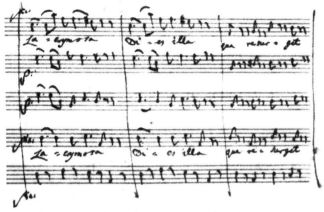

Die letzten Zeilen, die Mozart schrieb: »Lacrimosa dies illa« (dieser tränenreiche Tag)

Die Magd Elise wurde um Hilfe geschickt. Sie holte auch den Diener aus dem Bierhaus »Silberne Schlange«. Gemeinsam kleideten sie den Toten an und bahrten ihn in seinem Arbeitszimmer neben dem Klavier auf. Nach und nach versammelten sich die Freunde um den Toten, laut klagend und weinend. Der Inhaber des Wachsfigurenkabinettes nahm die Totenmaske ab. Die achtundzwanzigjährige Witwe Konstanze war vor Schmerz so gebrochen, daß sie vom Arzt versorgt werden mußte und unfähig war, Anweisungen zu geben.

Gottfried van Swieten organisierte das Begräbnis. Da nur sechzig Gulden Bargeld im Haus waren, riet er zu einem Begräbnis dritter Klasse, also der einfachsten Art. Es kostete acht Gulden sechsundfünfzig Kreuzer für die Kirche und drei Gulden für den Wagen.

Schon am nächsten Tag, dem 6. Dezember drei Uhr nachmittags, wurde der Leichnam an der Außen-

seite des Stephansdomes, also im Freien, vor der Kreuzkapelle eingesegnet. An dieser kurzen Zeremonie ohne Musik nahmen Freunde, Schüler und Verwandte teil. Konstanze blieb krank zu Hause.

Der Sarg wurde in der Totenkammer abgestellt und durfte erst am Abend nach sechs Uhr formlos (das heißt: ohne feierliches Geleit) auf den Friedhof im Vorort St. Marx, fünf Kilometer vor der Stadt, gebracht werden, über eine sehr schlechte Straße in einsamer Gegend. Trotzdem wollten zwei Mozart-Schüler dem Totenwagen folgen, mußten aber ihr Vorhaben bald aufgeben, »weil der Fuhrknecht, der auf Begleiter keine Rücksicht zu nehmen brauchte, das Pferd zu größerer Eile antrieb und sie nicht mehr nachkommen konnten«.

Auch beim Begräbnis am nächsten Morgen gab es keine Zeugen: Der Sarg wurde in einem Schacht-

Mozarts Leichenwagen passiert das Stadttor – eine spätere, phantasievolle Darstellung

222

grab gemeinsam mit fünf anderen beigesetzt. Ein Grabstein war auf solchen Gräbern verboten, ebenso Blumenschmuck und Trauerbänder. (Deshalb kennen wir Mozarts Grab nicht genau, nur ungefähr den Platz, wo die Toten in der fraglichen Zeit beigesetzt wurden.)

Über dieses Begräbnis ist viel Schauerliches erzählt worden. Aber es war gar nicht außergewöhnlich, sondern genau so, wie Kaiser Joseph es festgelegt hatte: Um die übertrieben prunkvollen und teuren Wiener Leichenfeiern einfacher und billiger zu machen und die Bevölkerung zu entlasten, erließ er eine »Begräbnisordnung«. Nach der Einsegnung sollte der Sarg in der Nacht aus der engen Innenstadt hinaus auf die weit entfernten neuen Vorstadt-Friedhöfe gefahren und dort in Schachtgräbern – jeweils vier Erwachsene und zwei Kinder – beigesetzt werden. Joseph II. befahl sogar, die Toten aus Sparsamkeit in Säcken und nicht in Särgen beizusetzen. (Dagegen lehnten sich die Wiener aber auf, und er mußte diese Verordnung zurücknehmen.) Alle Innenstadt-Friedhöfe, auch der für Mozart zuständige Stephansfriedhof gleich neben dem Dom, wurden wegen Gesundheitsgefährdung eingeebnet. Nur jene Familien, die eigene Grüfte kauften, konnten prunkvollere Begräbnisse abhalten. Freilich: Irgendein reicher Gönner hätte auch für Mozart ein eigenes Grab kaufen können. Aber nach allem, was wir wissen, waren Mozarts Freunde durch den schnellen Tod des Fünfunddreißigjährigen überrascht und in den wenigen Stunden, in denen das Begräbnis organisiert werden mußte, wohl überfordert.

Unvergleichlich größer als in Wien war jedenfalls die Trauer in Prag: Am 14. Dezember 1791 veranstaltete das Orchester des böhmischen Nationaltheaters eine Trauerfeier in der St. Niklaskirche. Eine halbe Stunde lang läuteten die Glocken, die Kirche war mit über viertausend Trauergästen über-

Die beiden Mozart-Söhne, gemalt einige Jahre nach dem Tod des Vaters

füllt, ein Trauergerüst war aufgebaut. Hundertzwanzig der besten böhmischen Musiker, an der Spitze die Sängerin Josepha Duschek, musizierten zu Ehren des Toten.

Wie üblich wurde das Vermögen des Verstorbenen genau errechnet. Hausrat, Kleider und Bücher hatten einen Wert von etwa fünfhundert Gulden. Dem standen dreitausend Gulden Schulden gegenüber, beim Schneider, Schuster, Apotheker – bei Puchberg allein 1 415 Gulden, eine sehr hohe Summe

Der jetzige Zustand von Mozarts Grabstelle am Friedhof von St. Marx mit dem trauernden Biedermeier-Engel und der abgebrochenen Säule

(ein Gulden war damals soviel wert wie vierzig D-Mark oder fast dreihundert Schilling). Puchberg stand der Witwe in dieser schweren Zeit zur Seite und beruhigte sie: Er brauche das Geld vorerst nicht, vielleicht einmal später. (Viele Jahre später war Konstanze wirklich wohlhabend und zahlte das

Geld an Puchberg zurück. Er aber starb als armer Mann.)

Nun, nach dem Schock der Todesnachricht, kam von überall her Hilfe für Mozarts Familie: Wohltätigkeitskonzerte, Geldsammlungen, Spenden. Konstanze verkaufte nun auch sehr geschickt Arbeiten ihres Mannes: Allein vom preußischen König erhielt sie für acht Kompositionen fast viertausend Gulden. Das Requiem wurde von Süßmayer vollendet. Konstanze bekam dafür das vereinbarte Honorar. 1793 wurde es in Wiener Neustadt zum erstenmal aufgeführt, und zwar als Werk des Komponisten »Graf Walsegg«.

Die siebzehnjährige Anna Gottlieb war so untröstlich über Mozarts Tod, daß sie nie mehr die Pamina sang. Sie lebte als schlecht bezahlte Schauspielerin und Sängerin sehr ärmlich, heiratete nie und starb erst 1856 nach einem langen Leben der Erinnerung und der Trauer. Beim Sterben hielt sie den Fächer in der Hand, den ihr einst ihr geliebter Lehrer von der Frankfurter Kaiserkrönung mitgebracht hatte. Mit diesem Fächer wurde sie begraben – auf dem Friedhof von St. Marx, nicht weit von Mozart. Eine Gedenktafel erinnert dort an sie.

Auch Joseph Haydn trauerte zutiefst: »Die Nachwelt bekommt nicht in hundert Jahren wieder ein solches Talent!« klagte er und betonte immer wieder, Mozart sei besser gewesen als er, Joseph Haydn. Noch nach Jahren konnte er nicht ruhig über den Toten sprechen und entschuldigte sich: »Verzeihen Sie mir – ich muß immer weinen beim Namen meines Mozart.«

Konstanze erlebte, wie der Name Mozart berühmter und berühmter wurde – vor allem, als nach 1800 seine großen Werke im Druck erschienen. Sie wurde nun selbst als »Witwe Mozart« berühmt. 1809 heiratete sie den dänischen Legationsrat Nissen, einen glühenden Mozart-Verehrer, der die erste Biographie Mozarts schrieb. Nach seinem Tod

1826 lebte Konstanze in Salzburg, ganz in der Nähe der ebenfalls verwitweten und erblindeten Maria Anna Freiin von Berchtold zu Sonneburg, dem ehemaligen Nannerl. Die beiden Frauen mochten einander nach wie vor nicht leiden. Nannerl starb 1829, Konstanze 1842. Sie überlebte also ihren ersten Mann um mehr als ein halbes Jahrhundert.

Mozarts Söhne blieben unverheiratet, und so gibt es keine Enkel und Urenkel. Carl Mozart wurde von Prager Freunden, auch dem Ehepaar Duschek, erzogen, wurde Beamter und starb erst 1858 in Mailand. Der Vater sicherte ihm ein gutes Einkommen – dank dem neuen Urheberrecht: Allein aus den Erträgen von drei Pariser »Figaro«-Aufführungen konnte sich Carl als Erbe seines Vaters für zehntausend Francs einen Landsitz in Italien kaufen.

Der jüngere Sohn Wolfgang, beim Tod des Vaters erst fünf Monate alt, erhielt von Mozarts Freunden eine gute musikalische Ausbildung, erfüllte aber die übergroßen Erwartungen nicht und starb 1844 als Pianist, Musiklehrer und Komponist in Karlsbad.

Mozarts Totenmaske wurde im Wachsfigurenkabinett am Kohlmarkt in Wien ausgestellt, ebenso wie eine Wachsfigur, der man seine Originalkleider angezogen hatte. Dazu spielte eine Spieluhr jene Stücke, die Mozart einst so widerwillig gegen Geld komponiert hatte. Das Wachsfigurenkabinett blieb leider nicht erhalten – ebensowenig wie die Kopie der Totenmaske, die Konstanze besaß: Irgendwann fiel sie in Scherben. Konstanze sah befriedigt, daß »das häßliche Ding endlich entzwei« war, und warf die Scherben in den Mülleimer.

Die Nachwelt weiß nicht, wie Mozart wirklich aussah. Die wenigen – schlechten – Bilder widersprechen einander. Auf jedem sieht Mozart anders aus. Auch die Geschichte seines Lebens kann das »Wunder Mozart« nicht erklären.

Um zu erfahren, worin das Wunder Mozart besteht, muß man seine Musik hören.

Mozarts Bühnenwerke

1766	Die Schuldigkeit des ersten Gebots	Nr. 35 Köchelverzeichnis
1767	Apollo und Hyazinthus	38
1768	Bastien und Bastienne	50
1768	La finta semplice	51
1770	Mitridate, rè di Ponto	87
1771	Ascanio in Alba	111
1772	Il sogno di Scipione	126
1772	Lucio Silla	135
1774	La finta giardiniera	196
1775	Il Re pastore	208
1781	Idomeneo, Re di Creta	366
1782	Die Entführung aus dem Serail	384
1786	Der Schauspieldirektor	486
1786	Le nozze di Figaro	492
1787	Don Giovanni	527
1790	Così fan tutte	588
1791	Die Zauberflöte	620
1791	La clemenza di Tito	621

Rechts: Zur Mozartzeit entwickelte sich die Form der Sinfonie entscheidend – und damit vergrößerte sich das »Sinfonie-Orchester«. Oben eine typische Orchester-Besetzung in Mozarts Anfangsjahren, unten die stark erweiterte Besetzung für die späten, »großen« Sinfonien.

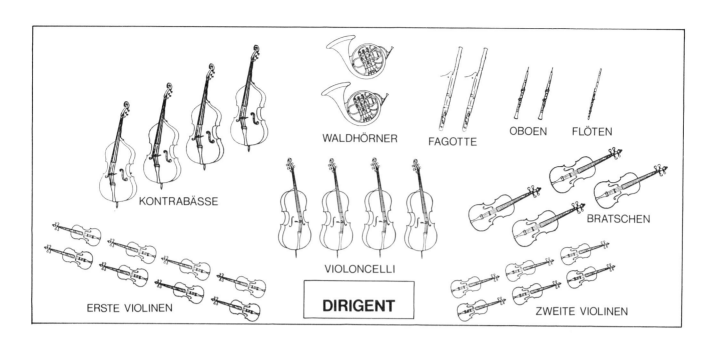

KONTRABÄSSE · WALDHÖRNER · FAGOTTE · OBOEN · FLÖTEN · VIOLONCELLI · BRATSCHEN · ERSTE VIOLINEN · **DIRIGENT** · ZWEITE VIOLINEN

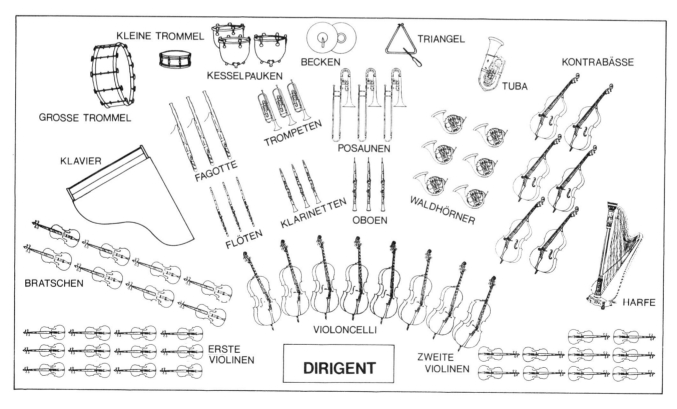

KLEINE TROMMEL · KESSELPAUKEN · BECKEN · TRIANGEL · KONTRABÄSSE · TUBA · GROSSE TROMMEL · TROMPETEN · POSAUNEN · KLAVIER · FAGOTTE · KLARINETTEN · OBOEN · WALDHÖRNER · FLÖTEN · BRATSCHEN · VIOLONCELLI · HARFE · ERSTE VIOLINEN · **DIRIGENT** · ZWEITE VIOLINEN

Zwei beliebte Mozart-Kanons in der Urfassung

Bona nox

Bo - na nox! bist a rech - ta Ox; bo - na

not - te, lie - be Lot - te; bonne nuit, pfui, pfui; good night, good

night, heut müß - ma noch weit; gut - te Nacht, gu - te Nacht, scheiß ins Bett, daß'

kracht; gu - te Nacht, schlaf fei g'sund und reck den Arsch zum Mund.

Gehn wir im Prater

Gehn wir im Pra - ter, gehn wir in d'Hetz, gehn wir zum

Kas - perl, zum Kas - perl, zum Kas - perl. Der Kas - perl ist krank, der

Bär ist ver-reckt, was tät' ma in der Hetz drauß, in der Hetz drauß, in der

Hetz drauß? Im Pra - ter gibt's Gel - sen und Hau - fen voll Dreck , im

Pra - ter, im Pra - ter gibt's Dreck. Der Bär ist ver - reckt, der Kas - perl ist

krank, und im Pra - ter gibt's Hau - fen voll Dreck, voll Dreck, voll Dreck

Register

Bildnachweis